乡村振兴和农村就地现代化研究

萧洪恩　王娟 ／ 著

中国国际广播出版社

图书在版编目（CIP）数据

乡村振兴和农村就地现代化研究 / 萧洪恩，王娟著 . -- 北京 : 中国国际广播出版社，2021.10

ISBN 978-7-5078-5030-7

Ⅰ . ①乡… Ⅱ . ①萧… ②王… Ⅲ . ①农村－社会主义建设－研究－中国②农村现代化－研究－中国 Ⅳ .

① F320.3 ② F320.1

中国版本图书馆 CIP 数据核字（2021）第 220072 号

乡村振兴和农村就地现代化研究

著　　者	萧洪恩　王　娟
责任编辑	张娟平
装帧设计	武汉中图图书出版有限公司
责任校对	黄　琼

出版发行　中国国际广播出版社有限公司 ［010–89508207（传真）］

社　　址　北京市丰台区榴乡路 88 号石榴中心 2 号楼 1701

　　　　　　邮编：100079

印　　刷　廊坊市海涛印刷有限公司

开　　本	710×1000　1/16
字　　数	282 千字
印　　张	17.75
版　　次	2022 年 1 月　北京第 1 版
印　　次	2022 年 1 月　第 1 次印刷
定　　价	70.00 元

前　言
写在中国共产党建党百年之际

　　"历史学家应当不哭，应当不笑，而是应当求得深解。"这是对历史学家最起码的要求。是的，我们应当不哭，应当不笑。当我们翻开中国历史，特别是翻开中国近三百年史，在这段历史上曾出现的壮烈的征战、奔驰的生命、豪放的呐喊和英雄的献身中，我们会看到一代代革命者的奋斗足迹，理解他们的奋斗终于汇集在中国共产党人身上，锻造了新一代中华民族的脊梁；我们会看到一个个政党组织为中华民族振兴的探索历程，理解中国共产党人找到了他们失败的秘密，发现了成功的诀窍，造就了新一代的中华民族的舵手；我们会看到一批批思想家凭着拳拳赤子之心为民族走出封建专制而寻求救国救民之道的探索，理解他们或陷于空想或误入歧途的根源被中国共产党人发现，从而引导中国走出了地狱之门，走上了社会主义的幸福道路，实现了中国人民站起来、富起来、强起来的民族复兴之梦；我们会看到一股股中外思潮的汇合激荡，理解它们都在马克思主义的科学真理面前败下阵来，最终由中国共产党找到了中华民族的精神之魂，并续塑着这一民族精神之魂：毛泽东思想、邓小平理论、"三个代表"的重要思想、科学发展观、习近平新时代中国特色社会主义思想。在"乡村振兴"战略的基础上提出"乡村振兴道路"并积极实践，是中国现代化进程中的新探索、新成果。

　　忘记过去就意味着背叛。只要我们真正地对过去求得深解，就一定会坚定地在中国共产党的领导下，坚持"五个认同"（对伟大祖国、中华民族、中华文化、中国共产党、中国特色社会主义的认同），笃守"四个自信"（道路自信、理论自信、制度自信、文化自信），强化"四个意识"（指政治意识、大局意识、核心意识、看齐意识），谋定"四个全面"（全面建成小康社会、全面深化改革、全面依法治国、全面从严治党），为探求有中国特色的社会主义现代化道路勇于实践而努力工作和探索。

一

"天下非多难，豪杰不豪杰。"多灾多难的近代中国，一方面是封建社会自身内部"富者愈富，贫者愈贫"的严重两极分化所导致的"贪婪罔极，骨肉相残"的严重的社会矛盾及其所引发的社会发展的凝固、迟缓和僵化；另一方面是西方帝国主义列强的破关入侵及对中国独立和主权的粗暴践踏（世界上几乎所有的帝国主义国家都侵略过中国，特别是"八国联军"）。在这内忧外患的强烈荡击下，一批批志士仁人振臂高呼，以中华民族的大气磅礴的自强精神，为整个民族摆脱苦难和耻辱做出了不朽的努力和巨大的牺牲。

早在明朝末年，中国就有了资本主义的萌芽和发展，出现了早期无产者及早期资本主义性质的生产关系，出现了金钱至上的资本主义固有观念（"钱神司天，金令卓地"，见顾炎武《天下郡国利病书》）。因而产生了王夫之、方以智、顾炎武、李贽等早期资本主义的呼唤者。他们反对封建专制的苦难，要颠倒千万世之是非。但是，由于封建制度的巨大历史惰力，他们终未呼唤出真正的结果，留下的只是不屈的生命和失败的愤怒。

清王朝统治下的中国，经过 100 年的发展，资本主义再次萌生，封建社会又一次走到了历史尽头。"日之将夕，悲风骤至，人思灯烛，惨惨目光，吸饮暮气，与梦为邻。"[1]"笔落惊风雨，诗成泣鬼神。"封建社会的衰世阶段又一次产生了呼风唤雨的改革家和诗人，诸如龚自珍、魏源等。龚自珍曾以"九州生气恃风雷"的期待，感怀于"万马齐喑究可哀"的衰世之难，以"我劝天公重抖擞，不

---

[1]　龚自珍.尊隐.

拘一格降人才"的气势，企图通过封建社会的"自改革"来使中国走出苦难的封建中世纪。但外国帝国主义和中国封建主义又一次扼杀了他们的努力。他既害怕突来的西方列强（龚自珍死于鸦片战争爆发的 1840 年），又害怕农民革命起义。于是，最终成为封建的卫道士。这说明他无法冲破其固有的阶级局限。魏源主张改革，甚至强调："变古愈尽，便民愈甚"，"治不必同，期于利民"。以"便民""利民"作为改革的标准，反映了他的封建叛逆精神。遗憾的是，外国帝国主义在"自由、平等、博爱、天赋人权"的大旗挥舞下，发动了野蛮的侵略中国的鸦片战争，使他的努力成了幻影。从此，在中国的志士仁人面前，直接站立着两个敌人：外国帝国主义（直到如今仍然如此，我们必须时刻警惕，从一定程度上说，侵略是西方文化特别是美英文化的本性，日本"脱亚入欧"所沿袭的也正是这种文化本性）和中国封建主义。

明末清初的呼唤者和清朝中叶的改革者的失败，并没有使中华民族沉沦下去。"磨砺以须，问天下头颅几许；及锋而试，看老夫手段如何？"这副太平天国起事之前的、藏有禅机的理发店联，显示了太平天国英雄们的磅礴的革命气势和历史勇气。他们高举反帝反封建的双重旗帜，于 1851 年在广西金田村举行了声势浩大的武装起义。遗憾的是，这一革命虽然坚持了十四年，纵横了十八个省，攻克了六百多个城市，在时间之长、规模之大、影响之深等方面都前所未有，甚至像地震似的震动了中国香港、新加坡、英国、美国（一些外国作家语），并因缩小了西方资本主义的市场而加速了资本主义危机的到来。但由于农民阶级自身的两重性：革命性和保守性、积极性和消极性、斗争的坚决性和斗争中找不到出路的不彻底性等矛盾性的影响；由于缺乏科学的世界观，由于中外反动势力的联合绞杀，使太平军内部出现了分裂，并最终导致革命的失败。

太平天国的英雄们用革命的手段，东征西讨，南征北战，既未造就出亿万年太平天国，又未实现救民于水火的初衷。这使他们的后继者们得出了一个错误的印象，即不能树敌太多，于是有了洋务派的洋务运动。洋务运动既不反封建，也不反对帝国主义，只是企图通过改革和戎（与帝国主义讲和）以摆脱苦难。由于洋务派对封建制度采取的是变以自保，对帝国主义采取的是"避战求和"的政策，结果是既未能自保又未能求和。洋务运动也因中日战争中北洋海军的覆灭而破产，并因此而为后世留下了一批不死的灵魂和不屈的精神。

洋务派本身有极大的封建性，窒息了洋务运动的生机。加上洋务运动"查治国之道，在乎自强"的宗旨[1]，也为西方资本主义所不容。再加上封建顽固派的阻挠和破坏，最终使洋务运动失败。中国既未因洋务运动而致富，更未因洋务运动而致强。原因何在？维新志士着眼于研究日本战胜中国、战胜俄国的历史现实，发现"日本变法，百不存一"的要诀，把洋务派的"练兵强天下之势"看成是"权宜应敌之策，非立国之策"。他们认为，"变法成天下之治"是"立国自强"的根本大计。山川奇险风景美，韵调悲凉壮乐章。维新志士们以"今日中国不变法则必亡是已"（严复语）的高度历史警觉，以"各国变法，无不从流血而成，今中国未闻变法而流血者，此国之所以不昌。有之，请自嗣同始"的崇高历史责任，以"望门投止思张俭，忍死须臾待杜根；我自横刀向天笑，去留肝胆两昆仑"（谭嗣同《狱中题壁》诗语）的无畏的历史勇气，进行了以拯救民族危亡、发展资本主义为宗旨的维新变法运动。

"历历维新梦，分明百日中。"由于阶级的局限，维新派害怕"金田之役，复将起矣"的人民革命，不敢从根本上触动封建制度，加上对帝国主义抱有幻想（这是深刻的历史教训，在任何时候都不能对帝国主义抱有幻想，在今天更应对英、美、日帝国主义有清醒的认识），于是仅短短 103 天便告失败。维新志士们只能在"有心杀贼，无力回天"的遗憾中退出历史舞台，并在中国历史上演奏出了一曲悲凉而绝壮的乐章。

家贫出赤子，国难见忠贞。孙中山先生没有被先人的失败吓倒，四十余年殚精竭虑，誓以青天白日，红血红旗，为唤起自由独立精神。他从维新派的牺牲中认识到"和平方法，不可复施"，走上了暴力革命道路（1900 年是一个根本转折点：北方的义和团运动、南方的革命党起义、长江流域的会党在维新派支持下进行的武装反抗，都说明暴力革命已经成为时代共识）。他先后领导了十数次武装起义，革命了 40 余年。然而，这样的努力同样没有产生真正的结果，但他仍不时告诫大家继续革命（1923 年，孙中山在中国国民党恳亲大会上题词"革命尚未成功，

---

[1] 奕䜣．筹办夷务始末．

同志仍须努力"），要同志们坚持三民五权，群策群力，遵行革命精神。

不理解过去的失败，就不理解今天的胜利。为摆脱苦难，从王夫之、李贽、方以智到龚自珍、魏源，到太平天国，到洋务派，到维新派，到孙中山等，前后数代人做出了巨大的牺牲，用他们颤抖着的血肉之躯托住了神州的落日，并用他们的精神激励着他们的后继者从他们的失败走向胜利。中国共产党人正是站在前人的肩上，一腔热血荐轩辕，为了实现先人的遗愿，中国共产党仅在 28 年革命战争中就有近 2000 万人献出了宝贵的生命。中国共产党人的奋斗使"中国人民站起来了"。又经过社会主义革命和社会主义建设，特别是自改革开放以来 40 多年的发展，中国人民更是走向了富起来、强起来的复兴之路，并探索出了具有中国特色的社会主义现代化发展之路。可以明确地说，没有中国共产党就不可能有现代化的中国，就没有中华民族的伟大复兴。

二

每到历史发展的关键时刻，都会有对"怎么办"的理论审视，列宁的《怎么办？》强调："给我们一个革命家组织，我们就能把俄国翻转过来。"[1]列宁的这句名言，曾使数代人为之奋斗。事实上，在中国历史上也曾有各种各样的政党组织，但都未能把中国翻转过来。在这方面，历史选择了中国共产党。

还在明朝末年，"东林党"[2]就成了封建社会丧钟的第一个敲响者，他们讽议朝政，裁量人物。以"一堂师友，冷风热血，洗涤乾坤"的精神，倡导"天下之是非，当听之天下"的民主精神。然而，由于他们的阶级局限性，加上明清之际的世代之变，并未能真正实现其"洗涤乾坤"的目标。

"拜上帝会"是太平天国革命领袖洪秀全创立的革命组织，它把斗争矛头直指清朝封建统治者（阎罗妖）和外国帝国主义，为建立"天下一家，共享太平"的理想做出了不懈的努力，他们以崇高的爱国主义精神和无畏的革命英雄气概，

---

[1]　列宁．列宁选集（1 卷）[M].人民出版社，1992：406.

[2]　东林党是明朝末年以江南士大夫为主的官僚阶级政治集团。由明朝吏部郎中顾宪成创立，直到明朝灭亡，共经历近 40 年时间。

高举反帝反封建的旗帜。遗憾的是，农民阶级的特有局限，使其无法抵御封建思想的腐蚀与影响，致使等级观念和特权思想膨胀，宗派主义盛行。特别是太平天国的英雄们以基督教思想为精神支柱，结果当然是"拜上帝会"和太平天国革命一道被请到历史的后台去，留下的虽然有历史的荣光，但却也有愧对祖先的遗憾，还有对后人的启示。

强学会是一个为维新变法而成立的政党性质的政治团体，成立于1895年8月，发起者是维新变法的积极鼓吹者康有为，办有《强学报》《中外纪闻》等刊物，提倡变法图强以挽救时局。该会成员鱼龙混杂，有帝党官僚文廷式，大官吏张之洞、刘坤一及袁世凯等。他们要挽救时局，实现国家的独立与富强。但又不反对帝国主义的侵略和封建主义的统治，更不敢相信群众、发动和组织群众进行斗争。于是，强学会及其相信的改良主义道路被帝国主义和封建主义送进了历史博物馆。它在中国历史上虽然写下了惊世之笔墨，但却未吐出胸中之块垒。

义和团是一个以农民为主体的、带有浓厚宗教神秘色彩而又组织分散的农民革命党，曾领导了震惊中外的义和团运动。对内，有力地冲击了封建统治秩序，动摇了清王朝的统治，以至于"官吏熟视之而莫敢谁何，纪纲法度，荡然无存"[1]；对外，义和团的斗争曾使教会在中国"四十余年所经营之事业一败涂地"，使帝国主义不得不承认"中国群众……尚含有无限蓬勃生机"，"无论欧美日本各国，皆无此脑力与兵力可以统治此天下生灵四分之一"，"瓜分之说不啻梦呓"。然而，义和团由于阶级局限性，提不出正确的纲领和口号，找不到正确的斗争方式，其斗争虽然勇敢悲壮，其失败则势所难免。当然，在他们的壮丽牺牲中留下了让人憧憬的高尚生活。

国民党是孙中山先生创立的革命政党。孙中山先生于1894年11月在美国的檀香山创立兴中会，规定了"驱除鞑虏，恢复中华，创立合众政府"的革命纲领。1904年2月15日，黄兴等在长沙成立华兴会。同年11月，蔡元培等在上海成立光复会，提出了"誓扫妖氛，重建新国，图共和之幸福"的革命纲领。1905年8月20日，兴中会、华兴会、光复会适应"结大团体"的革命形势需要，在

[1] 劳乃宣辑.拳案杂存[J].义和团·第四册.神州国光社，1951：451.

东京联合成立中国同盟会，提出了"驱除鞑虏，恢复中华，建立民国，平均地权"的革命纲领，确立了民族、民权、民生主义的三民主义目标。1912 年 8 月，合并数个小党成为中国国民党，并成为中国资产阶级第一大政党，提出了"保持政治统一，发展地方自治，励行种族同化，采用民生政策，维持国家和平"的纲领。1927 年大革命失败，国民党并未领导中国走向独立富强，相反把中国带进了战争的泥坑和国家分裂的苦海。

所有这些政党组织，都因阶级的局限、指导思想的错误、纪律的涣散等原因，特别是在利益问题上无法超越个人或集团利益的小圈子，因而皆不得不先后被请到历史的后台，被送进历史博物馆。他们的斗争虽勇敢悲壮，但失败在所难免；他们虽未倾吐出胸中的苦闷，却仍在历史上写下了惊世之笔；他们虽留下了愧对祖先的遗憾，但却也留下了对后人的启示；他们虽都一代代做出了牺牲，但却在其壮丽的牺牲中留下了令人憧憬的生活。

不懂得历史的艰辛，就不会珍视今日的幸福；不懂得历史上其他党派之所以无力救国，就不知道中国共产党的产生之所以必要，不懂得中国共产党的领导是中国历史的必然选择。事实正是这样，虽然在中国历史上出现了不少党派，最多时竟达 300 余个，诸如统一党、共和党、国民共进会、共和实进会等，它们和上述各种党派一样，都未成为真正的革命家组织，都未使中国摆脱苦难。与此相反，1919 年"五四"运动前后崛起了以李大钊、毛泽东等为代表的中国共产党人，并于 1921 年 7 月成立了中国共产党。作为无产阶级革命领袖，中国共产党聚集了真正的时代精华。它重新审视历史发展，思考现实问题，展示未来前景，以马列主义为武器，以十月革命为导师，呼唤起风起云涌的革命风暴，给中国革命注入了新的活力。"到中流击水"的历史责任，"谁主沉浮"的深刻思考，不仅激起了中国共产党人的奋斗热情，而且也把其他革命阶级及其政党团结在自己的周围，并最终使中华民族走出了苦难的深渊。鲁迅曾说："博大的人，应与天堂之极乐和地狱之苦痛相通。"请做一个博大的人，记住这强烈的历史对比吧！

中国共产党人的博大，正在于"共产党人同其他无产阶级政党不同的地方只是：一方面，在无产者不同的民族的斗争中，共产党人强调和坚持整个无产阶级共同的不分民族的利益；另一方面，在无产阶级和资产阶级的斗争所经历的各个发展阶段上，共产党人始终代表整个运动的利益。因此，在实践方面，共产党人是各国工人政党中最坚决的、始终起推动作用的部分；在理论方面，他们胜过其余无产阶级群众的地方在于他们了解无产阶级运动的条件、进程和一般结果"（《共产党宣言》）。实践证明，这是中国共产党人成功的关键。2020年至今的抗疫战役，世界上不同的政党面目都有了清晰的呈现，中国共产党人的成功，再一次证明了"中国共产党人博大"。

三

中华民族从中世纪走向近代，"中国向何处去"的问题，无非二途：一是社会主义，二是资本主义。其他的道路，即使是所谓的中间道路也都是不可能的。

就资本主义而言，又有全面资本主义、部分资本主义两种情况。明末清初的资本主义呼唤者们，在一定程度上反映了发展资本主义的要求。遗憾的是，他们的呼唤因清初封建主义的历史回流而破灭，"思芳春兮迢遥，谁与娱兮今朝？意不属兮情不生，余踌躇兮倚空山而萧清"（王夫之《袄褋赋》）。一方面盼望美好的未来社会，另一方面则眼前无以自娱。清代中叶龚自珍与魏源所做的努力，也可看作是向资本主义发出的微笑。魏源要"以夷攻夷"，"以夷款夷"，"师夷长技以制夷"（旧时只强调"师夷长技以制夷"，但魏源《海国图志》序强调的是："是书何以作？曰为以夷攻夷而作，为以夷款夷而作，为师夷长技以制夷而作。"是三个目标，"以夷攻夷"是重视夷的方法，"以夷款夷"是重视夷的态度，"师夷长技以制夷"是重视夷的技术，可以说是具有国际地位平等诉求的理想设定），其所指的"长技"既有坚船利炮等技物器用，又有西方的政治制度等社会的整体建构。因此，他们的呼唤是企图在中国发展资本主义的又一次尝试。但是，一方面是强大的封建历史惰力，另一方面是突如其来的西方列强破关，终于使他们的呼唤成为幻梦。

洋务派是部分资本主义化的典型，他们要在封建制度的枯树上嫁接西方的现代技术，企图在封建制度的母体上移植西方资本主义的生产方式。不难看出，这里出现了目的和手段的矛盾，出现了治标与治本的矛盾。于是，封建顽固派反对，西方资本主义列强也反对，这就不得不使他们有选择地发展资本主义的企图失败。（张之洞的《劝学篇》与福泽谕吉的《劝学篇》可以看成中国与日本变法维新的不同的文化纲领）太平天国革命的英雄们在革命后期以资本主义为方向，确认以大工业为基础的资产阶级私有制，他们企图取资西方，"兴车马之利"，"兴舟楫之利"，"兴宝藏（开矿）"，"兴银行"，"兴市镇公司"，"兴器皿技艺"等[1]，拟定了在中国发展资本主义，使中国"兵强国富"的宏伟规划。他们的失败同样是注定的，因为他们同样遇到的是帝国主义和封建主义这对双重敌人。戊戌变法的维新志士们向西方学习，企图以西方"自由为体、民主为用"为武器，通过变法维新，搞君主立宪，并把民主自由作为目标。改良主义的失败同样是不可避免的。资产阶级革命家欲号召人们"作十年血战之期"，以建立"中华共和国"。孙中山要"普列民主，确立共和"；章炳麟要实现"合众共和"，强调"千米之未明，即以革命明之；旧俗之俱在，即以革命去之"。孙中山革命四十余年，最终未能建立一个真正独立富强的资产阶级共和国。以上表明，发展资本主义的道路在中国根本走不通。

走社会主义道路，也经过了一个由空想到科学的发展过程，其中当代中国特色社会主义是科学社会主义发展的新阶段。中国古代的大同社会、桃花源理想，可以看成是中国社会主义思想的文化资源。太平天国所要努力实现的"天朝田亩制度"，虽然没有创造出一个"新天、新地、新人、新世界"，但他们主张废除土地私有制，要使"耕者有其田"，强调"凡天下田，天下人同耕"。应当看成是"民主主义的伴侣和象征"。特别是他们"分田照人口，不论男女，算其家口多寡"，好坏搭配分配，这种"把全部土地从地主那里夺过来，分配或平均分给农民……表达了最彻底地消灭整个旧制度和全部农奴制残余的最坚决的愿望"[2]。孙中山最初是一位社会主义和共产主义的同情者，知道它"今日成为各国之潮流"。后来，他领导的资产阶级革命失败后，转而相信社会主义，认识到"工人大团结""农民大联合"的历史作用，认识到"俄国革命"是第一次世界

---

[1] 俱见《资政新编》。

[2] 列宁. 列宁全集（第十二卷）[M].1 版. 人民出版社，1955—1963：450.

大战留下的"一个人类中的大希望",认识到"今后之革命,非以俄为师,则断无成就"[1],认识到"法美共和国皆旧式的,今日惟俄国为新式的,吾人今日当造成一个新式的共和国"[2]。诚然,这些认识都得到过中国共产党人的帮助。事实也正是如此,当孙中山倾向社会主义、共产主义时,社会主义和共产主义已成为中国共产党人的自觉行动。

研究历史要有现实感,研究现实要有历史感。当我们发现历史上走资本主义道路未走通,走科学社会主义道路得胜利,并探索出了一条有中国特色的社会主义道路时,我们有什么理由来诅咒科学社会主义的中国实践呢?当我们享受中国特色社会主义给我们带来的物质文明和精神文明成果时,我们又为什么不去研究历史以了解是谁把我们引向科学社会主义的光辉殿堂的呢?"博大的人,应与天堂之极乐和地狱之苦相通;健康的神经,应该与慈母之心和赤子之心相连。"鲁迅这句名言会提醒我们时刻牢记这样一个真谛:一个具有博大心胸的中国人,要看到中国人民对社会主义的赤子之心,看到中国共产党领导中国人民走科学社会

---

[1]　孙中山 . 孙中山选集 .[M]. 人民出版社,1956:659、948.

[2]　孙中山 . 总理全集(第二卷)[M]. 上海民智书局,1930:241. 据笔者考证,黔军总司令席正铭(1884—1920),沿河大垭乡人,是中国提出"以俄为师"口号的第一人。他至迟在 1918 年底已提出了"师法俄国"的思想,并得到了孙中山的赞同。孙中山于 1919 年 4 月 8 日函复席正铭云:"来书感喟于时局,谓俄国可为导师,深表同情,此次俄国革命,乃以人民自动而结合,军队自动而有同情附和平民政治,盖其成功之速,乃在人民之奋发,非以金钱为力也……若兄能师俄人之所为,于所接近之军人,开示以平民政治之利益,则并革命亦不须起,此一国之改良已有可望,要在同志各尽其力以感化各地之人,使趋于革新之方面,则以人民大多数之志愿,何事不成,若各人能尽力于此,有成绩可见,则除金钱实无可设法外当代划种种进行之策,以冀进步。"[席少丹 . 席正铭革命事略 [J]. 贵州文史丛刊,1996(5):30.] 1919 年 9 月 7 日,席正铭致沿河一绅士张筱岩(1800—1962,土家族)函提供了他的相应思想:"此回欧战影响最大的事件,就是社会的变化,英、俄、德、日四大魔王,俄、德已改观了,英、日社会亦有变动迹象,所以我们法国式的革命是不能救国了,今后须学俄国式的。不特科举式的人材是旧的了,即学校式的人材,若不加以改新,亦不能说是新的,改良社会以救己,危己就无生的了。此后吾国教育方针必须迎合世界新潮而定立,但现在之政府是无希望的,惟望地方之教育当局各尽所能,各择所需。"(周万国、敬克基整理《席正铭函电选载》,中国人民政治协商会议沿河土家族自治县委员会文史资料研究委员会所编《沿河文史资料》第 2 辑,内部资料 1990 年版。)

主义道路的慈母用心，要看到中国共产党有不畏地狱之苦的奋斗牺牲。正是为了创造一个中国特色社会主义的理想"天堂"，而不应别有用心地去说走社会主义道路是历史误会。"道路自信"是我们对自己发展方向的自信，同时也是对我们的理论、我们的文化的自信。

四

在近代中国的历史长河中，许多思想家都曾探索过如何立国的问题。他们为建立一种自认为合理的国家而奔走呼号，而奋斗牺牲。

明末清初的启蒙思潮在十分不清晰的思维中反映了建立民主国家的要求。然而，他们最终未能冲破封建网罗，未能呼唤出一个真正的民主国家。到清代中叶，魏源以便民利民为原则求治国之道，要求改革，倾心于美国总统制和西方的议会民主制。他认为西方国家制度无世袭，公正周到，人皆称善。遗憾的是，他满心"以夷制夷""以夷攻夷""以夷款夷"，得到的是帝国主义的疯狂侵略，于是蜕变为佛教徒（*魏源晚年潜心学佛，法名承贯，辑有《净土四经》*），空叫心力尽瘁。

太平天国要造就的是亿万世太平天国，开始是设立军政合一、政教合一的制度，实行"由天王决断"的中央集权制和个人专制，并实行公举或保举委派相结合的乡官制度。这种制度因反封建的不彻底性而葬送。后期倾慕西方，"准富者请人雇工"，"倘有百万家财者，先将家资契式禀报入库"，承认了资本主义私有制和雇佣劳动制度。在此基础上，他们企图搬用西方的社会制度，强调官要"民有仁智者写票公举，置于柜内（投票箱）"。要为改变"上下梗阻，君臣不通"现象设"书信馆"；要为"议大事""明决断"设"暗柜"，即"意见箱"；要设"新闻馆"以收买人心等。当然，他们的努力也未成功。

洋务派要以"中学为体，西学为用"（避开"体用"的实际内容而言，这个口号在方向上是正确的，在形式上是可取的），实际上是照抄中国封建国家制度：中央集权制、封建官僚制、宗法等级制。虽然曾"立译馆""翻夷书"，但规定要"每日清晨，先读《四书》《五经》数刻，以端其本"。

维新派政治上强调"身贵自由，国贵自主"，把西方"自由为体、民主为用"

统一起来，求西方"人人得以行其意、申其言，上下之势，不相悬隔，君不甚尊，民不甚贱，而联若一体"的自由、民主、平等的社会制度。维新派的努力在历史上留下的也只是遗憾。

所有这些努力，都未获得成功，都未冲破封建罗网，都未赶走帝国主义，都未真正以人民为中心谋发展，因而也未呼唤出真正的民主国家来。

中国共产党致力于建立真正的民主共和国。在100年的历史上，它解决了五大问题，奠定了人民共和国的坚实基础。一是合理地解决了人民与政权的关系，建立了以工人阶级领导的，以工农联盟为基础的人民民主专政的社会主义国家政权。二是合理地解决了中央与地方、国家整体与部分的关系，确定了合理的单一制的国家结构形式，其中包括在民族聚居地方实行民族区域自治，在香港、澳门、台湾实行一国两制。三找到了人民行使国家权力的有效形式，实行人民代表大会制度。四是找到了保障人民当家作主的法宝，官僚主义的天敌——民主集中制。五是找到了政党与人民群众的关系正确通路，实行中国共产党领导的多党合作和政治协商制度。

历史只提供事实。这些事实需要我们有健全的理智去分析、思考。若此，我们有什么理由怀疑中国共产党是人民共和国的伟大旗手呢？有什么理由怀疑我们的"制度自信"呢？有什么理由不热爱我们的伟大祖国呢？

五

没有革命的理论，就没有革命的行动。伴随着一个民族走出中世纪的历史运动，各民族都有自己的历史探索。西方启蒙思潮是西方资本主义发展的精神分泌物，天赋人权、社会契约、法权平等、诸权分立等理论则是西方资产阶级铸造资产阶级国家的精神支柱。在中国，由于奴隶社会的早熟性所套在中华民族身上的血缘关系、宗法制度、重农抑商等文化绳索，在保持中国文化连续性的同时，也使近代中国新社会长期难产，中国资产阶级晚生早熟，其理论准备严重不足，放眼西方但又饥不择食、食而不化，出现畸形。因此，在中国没有出现成熟的资产阶级革命运动。结果是在20世纪初叶的思想激荡中，马克思主义占领思想阵地，引导中国走上了科学社会主义革命的轨道，并探索出了中国特色社会主义道路。

早在明末清初，伴随着中国资本主义的早期发展，人们开始了相应的思想探索。但鉴于当时资本主义经济还很脆弱，特别是明清的世代之变使早期资本主义夭折，使这一时期的理论分泌物也很细微，难成体系。到了清中叶，魏源为奖励国民对外之观念，对中国传统思想持否定态度，以为"释、老不可治天下国家矣，心性迂谈可治天下乎"。他以为宋明理学"托玄虚之理，以政事为粗才，而不知腐儒之无用"。但他并未铸造出自己的一套完整的经世治国理论。他刚发现西方的一些实际的"长技"如总统选举制度、议会民主制度等，就对突来的西方帝国主义失去了信心，他自己也变成了一名佛教徒。

"鸦片不曾产生催眠的作用，而倒产生了惊醒的作用。"（马克思语）鸦片战争爆发后不久，拜上帝会成立，又不久便爆发了太平天国运动。在思想理论上，他们横扫中国的一切文化传统，选择了"一个危险的革命党"，作为"穷人的福音"——基督教。他们以基督教上帝面前人人平等的宗教平等观作为革命的旗帜，反对人与人之间的压迫，反对民族压迫，"天下多男子，尽皆兄弟之辈；天下多女子，尽是姐妹之群"。但是，宗教毕竟是人民的鸦片，它虽能帮助农民发动革命起义，但却不能满足革命斗争发展的需要，并最终成为导致革命失败的原因之一。太平天国革命后期，又醉心于西方的资产阶级思想，但无起死回生之效，未能挽救其必然失败的局面。

为开展洋务运动，洋务派醉心于"中学为体，西字为用"，虽讲变革，但思想理论上仍以维护封建统治秩序的纲常伦理为根本，这就注定了他们的失败。

维新派在思想理论上的创造不是很多，但却能根据《天演论》"物竞天择，适者生存"的原则，为戊戌改良运动找寻理论根据；能根据"公羊三世说"阐明改革的微言大义，并竭力探索"大同社会"的理想目标。这有一种跪着造反的意味，反映了软弱的资产阶级维新派的两面性。诚然，这种理论不可能指导出一种成功的改革运动。

封建制度的囚笼锁住的不单是囚徒，还有为推翻封建制度而奋斗的革命家、思想家和烈士。孙中山以其特有的历史洞察力发现以前各种斗争失败的原因在于没有一套好的理论，在于不知道怎样斗争。于是他创立了"知难行易"学说，探索孙文学说，筹谋"建国方略"，以解决革命理论问题。对过去不知而行做了批判。他自己则先以旧三民主义，中以新三民主义，后以共产主义作为革命的指导性理论，找到了一种鼓舞人民进行革命斗争的旗帜。诚然，由于孙中山的早逝，他要进行的"以俄"为师的革命斗争，历史性地落在了中国共产党人身上。

20世纪初，西方的各种思潮都曾在中国大地上汇合激荡。在汇合激荡、猛烈碰撞后，马克思主义排除沉渣，符合逻辑地取得了思想统治地位，并至后来把马克思主义中国化，形成了具有中国作风和中国气派的马克思主义的续编 —— 毛泽东思想、邓小平理论、"三个代表"重要思想、科学发展观、习近平新时代中国特色社会主义思想等。在这一思想发展的历史过程中，尼采"重新估价一切"的怀疑主义、以自由化为特征的无政府主义、胡适从美国引进的实用主义等最为代表。由于尼采的反传统精神与中国的反对帝国主义和反对封建主义的要求吻合，因而影响了鲁迅、田汉等，"鲁迅是由嵇康的愤世，尼采的超人，配合着进化论，进而至于阶级革命论"（《鲁迅风》创刊号语）。故鲁迅处处要"显出尼采式的强者色彩来"。但因尼采否定一切的虚无主义，特别是他的学说无法指明救亡图强的方法，故很快在中国失去了市场。无政府主义要求无地主、资本家、婚姻制度、国家等，在"五四"时期，"起初各派的社会主义思想中，无政府主义是占着优势的"（刘少奇语）。但它反映的是小生产者的反抗心理和绝望情绪，故它的信仰者分化很快，一部分投降清廷如刘师培，另一部分成为国民党显贵如吴稚晖、张继厚，还有一部分则成为坚强的共产主义战士如施洋、陈延年、恽代英等。实用主义者胡适认为中国百事不如人，要全盘西化，故当时就被不少人所批评。

理论的成功蕴藏了革命和建设的成功。当我们从历史上各种失败思潮的反差中看到马克思主义在中国的巨大胜利时，我们还有什么理由去怀疑马克思主义的真理性呢？我们有什么理由不为中国共产党人续写了马克思主义真理的伟大篇章而高兴呢？又有什么理由怀疑马克思主义中国化的理论成果 —— 毛泽东思想、邓小平理论、"三个代表"重要思想、科学发展观、习近平新时代建设有中国特色社会主义思想而失去"理论自信"呢？

考古所以决今，当我们熟读并理解中国近现代历史之后，特别是了解中国共产党人长期的奋斗足迹及其成果以后，又有什么理由不更加深刻地理解中国共产党是中华民族的坚强的脊梁，是中华民族伟大的向导，是中华人民共和国坚定的旗手呢？又有什么理由不更加深信坚持共产党领导的正确性呢？又为什么不能体会完成中国共产党庄严使命和当前任务的紧迫性呢？当然，又有什么理由去怀疑中国共产党人续写马克思主义真理篇章的必要性呢？

中国农村的就地现代化，中国的乡村振兴道路，就必然且必须在中国共产党的领导下，在中国特色社会主义建设的道路上稳健地前进，并不断地续写着中华民族新的辉煌。

六

通过文献研究与实践探索发现，特别是就中国国家发展的实际情况而论，中国其实始终坚持的是一条双轨现代化道路：一轨是大力推动农村城市化、农民市民化、农业工业化，这就是长期坚持的由农业国变为工业国的"工业化"目标，因为理论与实践都证明，没有工业化的国家可能很富裕，但却不可能很强大，中国的现代化发展到今天，这一轨始终是主导，是大目标。另一轨是农业、农村、农民自身的"就地现代化"，改革开放前的农村基础设施建设、农业机械化及至组织管理制度上的探索，在目标朝向上是为了就地现代化；改革开放以来的历年中央一号文件、历次的中央农村工作会议、各个五年计划与长远规划，都始终强调农村发展的重要性，现在提出的"乡村振兴战略"并发展为"乡村振兴道路"，在本质上就是对农村"就地现代化"的理论与实践的认定。因此，探讨这一问题，明确地提出中国农村"乡村振兴与农村就地现代化"的理论问题，具有重要的理论与实践意义。

在理论上，通过就地现代化实现乡村振兴（根本上是农业和农村现代化，基础是产业现代化），提出中国乡村的就地现代化道路问题，是对现代化理论上的丰富，这就是超越传统的工业化、城市化、市民化的单一模式，实现传统现代化的"老三化"模式与就地现代化双轨并行的现代化道路，会极大地拓展全球性现代化理论的深度与广度。

从宏观上看，对像中国这样的地大人多（2020 年的第 7 次人口普查数据表明，中国仍然是世界人口最多的国家[1]）的国家如何实现现代化发展，适应全球性现代化潮流有重要的实践意义。在中国坚持双轨并行的现代化道路，在具有充分工业化、城市化、市民化以保障国家强大的基础上，坚持农村就地现代化道路，夯实国家的基础地位，保障国家的粮食安全，促进国家的全面现代化，是中国梦得以实现的大战略、大谋划、大智慧，有利于提高全国人民贯彻落实新发展理念的坚定性、自觉性、实效性。

从中观层面，一方面是让各地方决策在战略谋划上突破过去"老三化"的思路，调整发展布局，坚持就地现代化以实现乡村振兴战略，而这在中国各地目前都还是发展战略布局中急需解决的问题；另一方面是有利于调动和鼓励农村农民坚定自身的发展信心，立足本土优势谋划发展，解决现实中国农村的"留守村""空壳村"等发展不足的问题。

从微观层面，一方面可以让农民个体实现现代化，让农民在"新三化"的过程中获得切实利益；另一方面，农村、农业的就地现代化发展的出发点是为广大欠发达农村地区谋求一条新的发展路径，通过走多元化的现代化道路，推动农村"新三化"政策的不断完善，以农民的现代化带动农村、农业的发展。

为此，本研究紧紧围绕"乡村振兴与就地现代化道路研究"，理论研究结合实证解剖，总体上分为三部分：

内涵阐明：乡村振兴战略的内涵，在一般阐明的基础上特别强调乡村振兴的趋势是全面建设现代化，一是"建成"，一是"全面"，即以现代化作为乡村振兴的尺度，具体目标是城乡等值、城乡融合；就地现代化的内涵，在一般阐明的基础上特别强调"就地"而区别于"异地"或"外迁"，特别强调农村、农民、农业的现代化，但这"三农"现代化并不否认多元现代化路径，即通过"就地多元化"实现；在中国这样的地大且人多（同时存在）的大国实现现代化必须坚持

---

[1] 第七次全国人口普查主要数据情况（以下简称"七普"数据）发布。数据显示，全国人口共 141178 万人，与 2010 年第六次全国人口普查数据相比，增加 7206 万人，增长 5.38%，年平均增长率为 0.53%。

两条腿走路，即一方面充分实现城市化、工业化、市民化，另一方面又必须大力实施乡村振兴战略，努力实现农村、农民、农业的现代化。

核心内容：本研究的核心内容可以分为六个部分：实施乡村振兴战略的国际国内背景与就地现代化的必要性。这里面要解决两个关键问题，核心是国际经验如何运用发展于中国的乡村振兴战略，既面向中国问题，又吸纳国际智慧；以全球性现代化理论为世界观与方法论分析中国实施乡村振兴战略及实现就地现代化的世界价值，其中特别强调其所具有的世界现代化的中国模式意义；阐明乡村振兴战略的多元动力，特别是中国现代化进程中的文化动力。一是具体解剖中华民族的文化自豪感与近现代屈辱感在中国现代化进程中的动力作用，具体阐明其在思想理论领域引起的几次大的争论，阐明这种动力的当代表现、当代价值。二是具体阐明乡村文化在实施乡村振兴战略中的动力作用；以中国现代化发展中的国家观为分析路径，阐明中国现代化建设需要有国家的主导力量，民众主体也需要国家来组织。而且还必须强调国家在中国现代化进程中的作用不只是政治上的，还包括道义上的，是一种具有中国文化特色的特殊力量；以工业化与农业化为分析路径，阐明中国农村现代化目标取向中存在的"工化"与"农化"之争，这个争论不仅在中国国内长期存在，而且也是历史上中日关系、中苏关系争论的焦点之一，我们坚持中国特色的双轨现代化道路；以城乡等值与城乡融合为目标诉求，阐明中国乡村振兴的理想境界，强调其与传统的城乡二元结构不同，通过就地现代化实现乡村振兴战略，最终实现的是城乡共同发展，达到城乡等值化发展式融合，这是中国乡村振兴的理想境界。

目　　录

第一篇
核心问题的文献梳理

习近平总书记在中国共产党第十九次全国代表大会报告中首次明确提出以"产业兴旺、生态宜居、乡风文明、治理有效、生活富裕"为总要求的乡村振兴战略；2017年12月底在北京召开的中央农村工作会议对乡村振兴战略做出了进一步部署，明确了乡村振兴三个阶段的目标，并首次提出了走中国特色社会主义乡村振兴道路；2018年发布的中央一号文件《中共中央国务院关于实施乡村振兴战略的意见》则更为详细具体地规范了乡村振兴战略。为此，我们以中国特色社会主义乡村振兴道路为视野探讨就地现代化发展问题，阐明乡村振兴战略对现代化道路探索的新成果。

一、乡村振兴与农村就地现代化视野：两条腿走路的现代化取向

与乡村振兴研究的相关成果十分丰富，我们仅从四个紧密相关方面进行具体阐明：一是关于乡村振兴战略的研究，二是关于就地现代化的研究，三是关于中国现代化道路的研究，四是关于一般现代化的理论研究。

（一）关于乡村振兴战略的研究

乡村振兴战略提出来后，在学界即进行了热烈的讨论，仅中国知网文献的主题检索即已达 70000 多条（2018 年 2 月 27 日为 1996 条，其中报纸刊文达 1427 条，期刊论文 538 条；2021 年 5 月 14 日达到了 70968 条，其中学术期刊 48200 万条，学位论文 4827 条，会议 1024 条，报纸 11000 条，其他的 100 多条。具体研究涉及对乡村振兴的多个方面，具体包括：①科学内涵研究（廖彩荣、陈美球，2017；王丽丽，2017；丁忠兵，2017；姜长云，2017；彭玮，2018；瞿长福，2018；钟钰，2018），这些研究成果从不同层面对乡村振兴战略进行了具体而详细的阐明；②实现路径研究（王传明，2017；蒋星梅，2017；杨苹苹，2017；王艳，2017；刘合光，2017、2018；赵宇鸾等，2018；郑有贵，2018），其中有的指向非常具体，如产业融合、农民合作社、优秀乡土文化传承、生态宜居乡村、小城镇培育、大学生返乡创业等，都从不同的层面阐明了乡村振兴的具体路径；③城乡关系研究，这是乡村振兴战略研究中得到重点关注的方面，其中张立冬（2017）认为乡村振兴是城乡发展的重大战略转变，专家在 UP 论坛上讨论乡村振兴是从"城乡统筹"到"城乡融合"（2017），刘守英（2017）认为是"城乡中国"由单向城市化转向城乡互动，彭训文等（2017）认为从乡村振兴战略探讨城乡命运共同体如何打造，李国祥（2017）强调乡村振兴战略要实行村镇化与城镇化双轮驱动，党鹏（2017）认为实施乡村振兴战略要探索城乡融合发展创新路径，魏桂霞（2018）强调乡村振兴战略是新时代城乡融合发展的动力源泉等；④乡村振兴战略的趋势研究即农村农业现代化，这也是研究的重点方面，一般都强调的是实施乡村振兴战略以加快推进农业农村现代化（郭翔宇，2017），但必须强调乡村振兴战略应体现现代化过程中历史与现实的统一，并期待我们的乡村回归田园本色，其中包括积极实施乡村振兴战略，全力打造具有现代化特征的美丽乡村（齐航，2017），因此，农村现代化是乡村振兴的重要一步（郑风田，2017）；⑤乡村振兴战略的意义研究，如秦中春（2017）论实施乡村振兴战略的意义与重点，陈锡文（2018）论乡村振兴是关系中国全面发展，并最终建成现代化强国的大事

等。应该说,乡村振兴战略自提出以来,获得了广泛认同与研究,但还有许多
课题需要深入。本书即从乡村振兴战略的趋势研究即农村农业就地现代化方面进
行,特别是关于农民的现代化这一重要的基础工程。因此,我们强调要通过农村
农业农民的就地现代化以实施乡村振兴战略。

(二)关于现代化的一般研究

1. 现代化的概念与内涵

"现代化"一词含义丰富,作为复杂的系统化变迁过程,其概念和内涵相对
抽象,没有统一的衡量标准。不同学者对其也从不同侧重点出发有不一样的解读。

马克思的现代化思想一般体现在马克思关于生产力与生产关系理论、无产阶
级革命理论和社会阶段划分理论等方面,他在《资本论》第 1 卷里对现代化这样
论述:"工业较发达的国家向工业较不发达的国家所显示的,只是后者未来的景
象。"在马克思看来,现代化作为人类社会发展进步的一个趋向,既要历史地遵
循一个民族的历史、文化和国情等因素,又要辩证地统筹经济、政治、文化、社会、
生态等要素,它必须内在地遵循历史唯物主义和辩证唯物主义的逻辑。[1] 这表明,
现代化既包括时间上的维度,又包括空间上的协调,应该遵循不同国家的历史实
情,且要考虑各类社会要素的统一。而罗荣渠则从广义的"历史范畴"和狭义的"政
策范畴"两方面,对现代化概念做了界定。他认为,就广义而言,现代化是一个
世界性的历史过程,是以工业革命为起点的人类社会所经历的一场急剧变革,并
以工业化为推动力,导致传统的农业社会向现代工业社会的全球性大变革过程,
它使工业主义渗透到经济、政治、文化、思想各个领域,引起深刻的相应变化。
狭义而言,现代化又是落后国家采取高效率的途径,利用传统因素,通过有计划
的经济技术改造和学习世界先进,带动广泛的社会改革,以迅速赶上先进工业国
和适应现代世界环境的发展过程。[2] 学者林被甸和董正华基本认同罗荣渠的现代

---

[1] 郑长忠 . 中国特色社会主义拓展发展中国家走向现代化的途径 [J]. 学习月刊,2017(10).

[2] 罗荣渠 . "现代化"的历史定位与对现代世界发展的再认识 [J]. 历史研究,1994(03):
153-165.

化概念，并在其基础上强调，现代化只能是一个历史的范畴，一个反映真实历史进程的现实性概念。现代化的模式和道路都不是单一的，并非都是以社会主义为原则和旗帜的社会变革运动。"已经现代化"并不意味着已经没有矛盾因而不需继续变革和发展了。同时，不少学者反对把"现代化"等同于资本主义化，也反对有人将现代化仅限于时间意义，把"现代"和"非现代"的区分完全看作是时间相对意义上的。[1] 此外，亨廷顿的现代化概念则是从"科学革命"和"工业革命"入手分析的，他认为，现代化是始于科学知识和工程知识惊人扩张的产物。这一扩张使得人类可能以前所未有的方式来控制和营造他们的环境。现代社会中的人的态度、价值、知识和文化极大地不同于传统社会。"作为第一个实现现代化的文明，西方首先获得了具有现代性的文化。"[2] 但亨廷顿反对"现代化"就是"西方化"，否认"现代西方文化将成为世界的普遍文化"[3]。

从现代化的社会学定义看，现代化是一个社会全面进步的社会变迁过程，变迁涉及工业、农业、城市、科技、教育、文化、社会组织、社会结构、政治、日常生活、国防、人等各类领域，过程是生产力质量不断提升、物质财富数量不断增加、社会规则和秩序不断完善、精神价值不断进步的过程，而且物质积累、秩序演进和价值引领之间相互促进、相辅相成、相得益彰，共同促进国家、社会和个人发展程度的协同持续提高，达到一种现代性状态。就全面性和深刻性而言，现代化过程一经启动，所及之处无不为之调整和改变。因此，现代化是一个涉及全社会的系统改造工程，从经济到社会、从社会到个人、从物质到精神、从宏观到微观，都将经历一场现代化的洗礼。但是，就时间性和渐进性而言，现代化的各个方面又是有先有后、有主有次的。现代化是一个转化过程，各个领域的变化不是齐头并进的，这符合事物发展变化的一般规则和规律，把握这一点，就有利于逐步实现现代化目标。

---

[1] 吴海江."中国模式"的实质、普适性及未来挑战 [C].上海市社会科学界学术年会，2009：10-15.

[2] 沈逸莹.面向他者的"第三种文明"——论梁启超的现代性思考与超越 [J].广州大学学报（社会科学版），2013，12（2）：80-85.

[3] 何爱国.东亚发展观研究 [D].华东师范大学，2005.

综上相关学者与学界对现代化的界定，尽管不同的学者从不同的方面对现代化进行了不同程度的解读，但还没有完全公认的解释。现代化并没有统一的模式，其概念和内涵也会随着时代的发展和实践的变化而变化，在不同的时代现代化的含义会有很大不同，在不同的国家现代化会展现出不同的特点，会形成其独特的现代化途径和模式。不容忽视的是"现代化会有其内在的一般规律"这一观点是得到认可和认同的。这个内在的规律体现在人类现代化进程之中，不管是发展的成功经验还是失败教训。综合上述，萧洪恩总结过现代化的几个特点：其一，现代化是一个世界性的变化过程，是动态的；其二，现代化是以追求发展为目标；其三，现代化并不局限于一种模式，但又有其内在规律与动力；其四，不同国家的现代化发展矛盾各异、进度各异、模式各异。现代化作为当代世界发展的主题，从其本质上来讲，是以追求发展为目标。不同的时代不同的国家都有着共同的指向，即追求发展。发达国家在不断反思现代化，继而改进现代化；发展中国家在逐步深入启动现代化，继而推进现代化。

2. 中国现代化理论论述

中国第一次正式提出"国家现代化"这个命题始于20世纪60年代中期召开的第四届全国人民代表大会，会议明确指出要在20世纪末，在工业、农业、科技和国防四个领域实现现代化。但由于当时国家政治革命的影响，国家现代化发展的进程被严重推迟。到20世纪70年代末的改革开放时代，国家现代化才又一次被提上议事日程。之后，关于现代化问题的理论讨论与战略决策也开始逐渐展开，直至形成第一个高潮，当时的主要战略构想是把国家的现代化时间表分成"三步走"：第一步，在1980年发展的基础上到1990年实现主要国民经济总量翻一番；第二步，在1990年发展的基础上到2000年再翻一番（或在1980年的基础上翻两番），人民生活标准达到小康水平；第三步比较笼统，只是原则上规定了到21世纪中期，中国将达到中等发达国家的水平，完成现代化任务。

中国共产党第十九次全国人民代表大会报告在总结中国现代化发展的经验和成就的基础上，规划了在全面建成小康社会之后分两步走实现中国现代化的部署。第一步，2020—2035年基本实现现代化，"到那时，我国经济实力、科技实力将大幅跃升，跻身创新型国家前列；人民平等参与、平等发展权利得到充分保障，法治国家、法治政府、法治社会基本建成，各方面制度更加完善，国家治理体系和治理能力现代化基本实现；社会文明程度达到新的高度，国家文化软实力显著增强，中华文化影响更加广泛深入；人民生活更为宽裕，中等收入群体比例明显提高，城乡区域发展差距和居民生活水平差距显著缩小，基本公共服务均等化基本实现，全体人民共同富裕迈出坚实步伐；现代社会治理格局基本形成，社会充满活力又和谐有序；生态环境根本好转，美丽中国目标基本实现"。第二步，2036—2050 年建成社会主义现代化强国，"到那时，我国物质文明、政治文明、精神文明、社会文明、生态文明将全面提升，实现国家治理体系和治理能力现代化，成为综合国力和国际影响力领先的国家，全体人民共同富裕基本实现，我国人民将享有更加幸福安康的生活，中华民族将以更加昂扬的姿态屹立于世界民族之林"。

相比"三步走战略"，"两步走战略"首先关于现代化所包含的各领域与要素，要基本达到现代化要求；其次在达到要求的基础上，进行强化，实现超越。但是基于上述报告，发现一个难题，即程度性的要求如何体现是否达标，非量化的指标如何体现已经完成，均需要深入进行研究。

中国共产党中央在十九大中正式提出了现代化的领域和目标，学者刘瑞将两个阶段的现代化含义和目标放在一个统一的逻辑框架下思考，他认为，未来中国的现代化应当体现在如下八个方面：一是现代化经济：中国经济达到世界一流水平，形成现代经济体系。在经济现代化中，经济总量固然是衡量指标，但是随着世界整体的进一步发展，经济结构的现代化显得更为关键，尤其是以制造业为核心的实体经济现代化。二是现代化科技：中国科技达到世界一流水平，建成创新型国家。在科技现代化中，无论是研发强度还是科技成果产出和转化，均处于世界领先水平。三是现代化社会：社会文明程度、社会治理格局、社会法治水平都达到世界一流水平。社会差距缩小，基本公共服务均等化实现，社会充满活力又和谐有序。四是现代化文化：国家文化软实力显著增强，中华文化影响更加广泛深入，中国社会主义文化繁荣昌盛，建成社会主义文化强国。五是现代化政治：法治国家、法治政府建成，实现国家治理体系和治理能力现代化。六是现代化民生：人民生活宽裕，中等收入群体比例明显提高，居民生活水平差距显著缩小，迈向共同富裕。七是现代化生态环境：生态环境根本好转，实现绿色中国和美丽中国。八是现代化国防和军队：十九大报告提到了"同国家现代化进程相一致，全面推进军事理论现代化、军队组织形态现代化、军事人员现代化、武器装备现代化，力争到2035年基本实现国防和军队现代化，到本世纪中叶把人民军队全面建成世界一流军队"。

由第四届全国人民代表大会明确规定的工业、农业、科技和国防四个领域实现现代化到如今的经济、科技、社会、文化、政治、民生、生态以及国防和军队的八个领域可知，中国对现代化的认知逐步全面清晰，范围也在逐步扩散，要求也在逐渐提升，从而整体的现代化进程也会随之加快，而且中国的现代化有丰富的中国本土化的现代化思想资源。

3. 一般现代化理论阐明

根据相关梳理，与本书相关的研究成果可以概括为以下三大部分：

首先，关于现代社会进程的社会变迁理论研究，包括洛克、孔德、斯宾塞、迪尔凯姆、滕尼斯和韦伯的社会发展理论研究方面的成果被纳入广义现代化的理论研究范围，反映了人们的初始现代化观。这些学者从各自角度对于西方近现代社会发展的动力、结构、进程等方面的研究，至今仍然是包括社会思想史与社会理论研究在内的多学科研究的重要对象。这些研究成果可以看成是本书研究的基础资料，揭示了传统社会走向现代社会的必要性、必然性及相应的价值取向。

其次，20世纪五六十年代被正式命名的"现代化理论"即后来所称"早期现代化理论"，在上述学者所阐发的社会变迁理论的基础上，以西方社会的现代化过程为参照而概括出一系列理论、观点，核心意旨是把传统与现代截然对立，认为要实现现代化就必须以现代因素完全取代传统因素。因此，其关键概念是"传统"与"现代"，强调"现代化"就是从"传统"社会向"现代"社会的转化，并从经济、政治、社会结构、文化、个人人格与行为等方面进行具体阐明，这些阐明所揭示的问题，直至今天也仍然是构成现代化理论的核心内容。通过这些研究成果发现，虽然他们各自的阐明有相当分歧，但都承认现代化是一个进步的过程，这是一个具有彻底性、系统性、长期性、内在性、全球性、从传统社会向现代社会转变且不可逆转的过程，并让现代社会表现出一定的趋同化特性。不过，这一思想受到了三个方面的批判：一是包括古斯菲尔德、本迪克斯、艾森斯塔德、亨廷顿、蒂普斯等来自西方主流社会科学内部的批判，核心是反对把传统与现代对立起来；二是来自"依附论""世界体系论"等理论学派的学者如弗兰克、卡多索、阿明、波特斯、沃勒斯坦等的批评，核心是批评早期现代化理论的"西方中心主义"特征；三是来自"后现代"诸理论的批判，这是对整个西方现代化过程的批判，但"后现代"的概念本身也很模糊。

再次，从比较现代化角度对东亚国家和地区，如对日本、韩国及中国台湾、香港等地区的工业化成就进行的研究，这类研究在一定程度上可以归入"依附论"或"世界体系论"范畴，其基本意旨与我们的论题相关的有两点：一是传统与现代的关系，核心是传统文化特别是儒家文化与现代化的关系，如 R. 霍夫汉、K. 卡尔德在《东亚之锋》中对东亚优势之源泉的论述，S. 艾森斯塔德对中国经验的反思、伊田喜家对日中两国现代化进程中文化形态的比较等；二是政府主导作用与现代化的关系，特别强调了政府的主导作用与国家权力的运用问题。虽然研究者的这两方面思想都标明是经验研究，但却在相当深刻的方面提出了东亚现代化道路的新模式问题，因而对上述"现代化理论"进行了强有力的批判。

（三）就地现代化研究

"就地现代化""两条腿走路"是我们对中国农村现代化进程及历史趋势的基本判断，是我们一以贯之的中国现代化思想的重要内容。

就地现代化理论强调的就是："农村居民利用近现代工、农业科学技术，提高农村生产力水平，发展农村经济，优化农村社会结构，逐步缩小城乡差别，最终实现城乡共同现代化。"[1]

就地现代化理论是对传统现代化理论的超越，传统"三农"现代化理论强调

---

[1] 戴维，梁博强，萧洪恩 . 农村就地现代化发展模式初探 [J]. 商业时代，2008（7）：105-106.

"城市化、工业化、农民化"，但是要实现中国"三农"的现代化，就必须看到中国特色社会主义现代化的特殊性所在。第一，中国的全面性现代化不可缺少农村的现代化（社会结构意义上的而非仅功能意义上的），中国总人口中仍然差不多有一半生活在农村，依靠农业收入生活，这一部分人所在的农村不实现现代化就谈不上中国的整体现代化，同时还会影响城市现代化的可持续发展。第二，中国的现代化不可能全部寄希望于通过城市化这一条路径来实现。中国各地的地域自然条件各异，能够通过城市化或者受到城市化辐射带动发展的地区只能覆盖国土面积的一部分，中西部地区还有很多的农村地区远在城市化发展的辐射范围之外，短时期无法搭上城市化发展的快车，这就决定了这些地方只能走出一条区别于城市化的现代化道路。第三，中国的国家粮食安全需要农村实现现代化来保障。农村作为农业生产的主要地区，它的发展直接影响到国家的农业特别是粮食生产，是关系到中国人"饭碗"是否能够掌握在中国人自己手里的事。粮食安全是国家战略大问题。第四，中国农村存在的持续农业劳动生产力流失以及相应产生的"空巢"、留守儿童等社会问题都需要通过农村的现代化来创造解决条件。城乡二元结构下中国城市化的快速发展及城乡之间的巨大差距吸引了大量农村劳动力进城务工，由此带来了诸如农村"空巢"、留守儿童等问题。这些问题解决的根本在于通过农村的现代化提升农村的经济、社会发展水平，进而解决农村留守人口以及外出农民工的生活、发展需求。[1] 第五，中国的国土安全决定在中国边疆地区始终应有广大的现代化的农村，以使当地的农村居民保卫祖国的神圣领土。

不论是哪一种现代化理论，其背后都表达着社会对于先进生产力的诉求，或者说是对于发展的展望。在罗荣渠先生所著的《现代化新论》中，即这样确定着现代化的内涵：自工业革命以来现代生产力导致社会生产方式的大变革，引起世界经济加速发展和社会适应性变化的大趋势。而何传启则谈到，在世界范围内至今仍对现代化没有一个统一的定义，但他认为，现代化应该有以下三个方面的特征：①现代化是一种世界现象，是 18 世纪工业革命以来人类发展的世界前沿，以及追赶、达到和保持世界前沿水平的行为和过程。②现代化是一种文明进

---

[1] 萧洪恩 . 城市化之外：中国农村就地现代化道路探析 [J]. 理论月刊，2015（05）：5-11.

步，是从传统文明向现代文明的范式转变，以及人的全面发展和自然环境的合理保护；它发生在政治、经济、社会、文化、环境和人类发展的各个领域；同时，文化多样性长期存在并发挥作用。③现代化是一个发展目标，已经实现现代化的国家，其目标是保持现代化水平；尚未实现现代化的国家，其目标是早日实现现代化。[1]种种关于现代化的定义，都有着明显的变革取向，而在这个变革取向之下，就是社会对于先进生产力的追求。我们可以回顾世界现代化的历程，不难得出这样的判断：作为社会经济发展中的最终动力的生产力，特别是先进生产力，对整个现代化系统起到最根本的推动作用。[2]

将先进生产力视为现代化的核心内容，是对人类现代化历程的高度概括。但这并不意味着现代化中对先进生产力的追求就一定会将中国农村的现代化历程全部带入"城市化、工业化、市民化"。在马克思主义政治经济学中，对于生产力的概念定义为具有一定的生产经验和劳动技能的劳动者，在生产过程中使用生产资料（包括劳动资料和劳动对象）进行物质生产活动的能力。[3]而正如邓小平所言："科学技术是第一生产力。"我们常常这样理解人类现代化的历程，即从传统的以农业为主的社会向现代工业社会的发展过程。诚然，由工业革命以来的发展记忆使得人类陷入了对于工业主义技术万能论盲目乐观的沉沦，殊不知，现代化诉求的是先进生产力，或者进一步理解为科学技术对于人类社会的改变，而这样的改变是为了让人类社会的发展运行变得更好。所以在就地现代化理论之中，所提倡的正是利用科学技术这一第一生产力来提高农村生产力水平，从而就地实现现代化。不过应注意的是，农村的就地现代化可以因为其非农化、非粮化而呈现不同模式，并由此引发第一生产力和不同类型。

不过应该强调的是，"农村就地现代化理论"与其他现代化理论的区别在于：①不只一般地强调现代化，而且强调"全球性现代化"；②不只一般的讲城市化、

[1] 何传启. 中国现代化研究的近百年回顾 [J]. 理论与现代化，2018（01）：33-38.

[2] 张云霞，徐玉生. 发展先进生产力是现代化的核心内容 [J]. 上海经济研究，2003（04）：37-43.

[3] 李松龄. 生产力理论的辩证认识与现实意义 [J]. 经济问题，2017（05）：1-9.

工业化、市民化（即我们所说的"老三化"），而且讲"老三化"时强调农业、农村、农民的就地现代化，是两条腿走路；③不只一般地讲"科学技术是第一生产力"，而且也讲"第一生产力的文化转向"，特别是在"文化国土"的研究开发上有所强调；④我们并不只强调农业、农村、农民的就地现代化的功能意义，我们同时强调农业、农村、农民的就地现代化的社会结构意义。

就地现代化研究主要涉及以下问题：

第一，普遍工业化、城市化、市民化的"老三化"现代化道路是否适用于像中国、印度这样地大人多又发展相对滞后的国家？这方面的研究，一方面是国外的经验路向，即美日韩等国家在经历了工业化和城镇化的快速发展阶段后通过工业反哺农业、城市支持农村，最终实现了经济社会均衡协调发展。另一方面是中国"三农"的问题导向，即对中国"三农"发展过程中的各种严重问题进行分析，提出中国农村发展的问题，如潘家恩、温铁军（2016）分析三个"百年"以探讨中国乡村建设的脉络与展开；刘彦随等探讨新时期中国城乡发展的主要问题与转型对策，做乡村衰败与复兴之辩等。我们据此坚信的是：由于人口规模导致的城市化的有限性及粮食安全问题等因素，中国、印度等地大人多而又发展相对滞后的大国，必须走以城市化、工业化、市民化的传统"老三化"与农村现代化、农业现代化、农民现代化等"就地现代化"相结合的道路，我们强调的"乡村振兴视野下的就地现代化道路研究"即专此对中国问题的研究，特别是为中国当代的"乡村振兴战略"献力；而传统研究基本上强调的是传统"老三化"道路，是"非农化"之路，包括中国学者20世纪八九十年代以来先后提出的"就地多元化""就地市民化""就地城镇化"等都是如此。也就是说，我们特别强调这是一个中国特色现代化道路问题，由此形成的是中国现代化过程中的新二元社会结构。

第二，传统文化是否只是一种精神资源而不是一种经济资源，甚至还是一种破坏性因素而不是一种经济资本、文化资本。目前，乡村振兴对经济更对文化的呼声日隆，乡村振兴战略下的乡土文化价值再认识（索晓霞，2018）已经成了共识，其中特别是对新乡贤文化建设（李静，2017）的重视，共同的声音是以文化助推乡村振兴战略（刘彦武，2018），繁荣兴盛乡村文化推动乡村振兴战略（华文逸，2017）等。我们强调在第一生产力逐步实现文化转向的当代，文化生产力应该得到特别的强调，并已通过具体指导农村田园综合体建设获得了相当丰富的实证论据，我们坚信的是：就地现代化实质上形成的是一种新的文化传统，在这种文化传统中，一切产业形式都有深厚的文化内涵（产业文化化）、传统文化得以充分的开发利用并实现现代转型（文化产业化），在一定程度上预示着第一生产力的文化转向。

第三，乡村本身能否在特定的外部条件下通过自身努力实现就地现代化，尽管可以通过多种路径实现现代化，但并不完全是"非农化"，其中即包括农业农村的现代化，这就是乡村振兴与就地现代化问题的提出背景。事实上，从"新农村建设"的提出到"城乡统筹"的深化，从"城乡一体化"的提出到"城乡融合"的目标定位，"乡村振兴"与"就地现代化"即呼之欲出；关于"农民向何处去"的问题，目前即有"就地市民化"与"农民现代化"（刘双吉、陈殿美，2014）、"就地多元化"（杨团，2005）；关于"中国农业向何处去"的问题，则以"农业现代化"为要，复有"农业的工业化"等论说；而中国农村向何处去？则有"就地多元化""就地城镇化""新乡土中国"（贺雪峰，2003）等诸说，我们主张的与"就地现代化""就地发展"（徐杰舜，2006）"乡村现代化"（朱炳祥，2015）相近。事实上，自2016年以来，我们主张的"就地现代化"已经被日益广泛地承认，如主张就地多元化的杨团开始强调"就地现代化"，且有《"三农"就地现代化实现"城乡等值"》（杨团、冯颖，2016）以强调"就地现代化"、"2017特色文化产业与扶贫攻坚（贵州）高峰论坛"发表的题为"深度对话：特色小镇的建设重在解决就地现代化问题"、各地发展现状报道中的"就地现代化"也每每见诸文字等，这都说明其已经成为一个趋势。

我们所强调的"就地现代化"概念正式提出于2005年底的竹山会议，2006年初见诸报刊，其当年的基本意旨是强调三点：一是中国农村、中国农业、中国农民，始终要担负起"中国人自己养活中国人"的使命；二是在中国地大人多的情况下，不可能完全工业化、城市化、市民化，而只能充分工业化、城市化、市民化，在巨大人口基数下始终会有巨量的农村人口，在巨大国土面积基数下始终会有巨量农村地区，在巨大粮食需求基数下始终会有巨量农业产业；三是中华民族、中华文化多元一体的格局可以提供多种路径实现就地现代化。或许正是这个原因，费孝通先生曾提出"小城镇，大问题"命题，实际上强调的是"小集镇，大问题"，可以看成是最初的"就地现代化"自觉。于是，我们的看法是："三农"就地现代化的问题，实际上是"三农"向何处去的问题。"就地现代化"的"就地"自然区别于"异地""迁移式"，"就近"也可纳入"就地"的思考范围。

根据我们在多篇文章中的论述，我们的"就地现代化"道路表现在以下方面：

首先，发展的空间维度——农村的就地现代化。农村转型历来是全球性现代化运动所面临的一个关键问题，在国际上已存在多种模式。问题的实质在于，伴随着全球性现代化运动而来的是农业文明的消失（终结）还是转型。法国学者H. 孟德拉斯在《农民的终结》中曾尖锐地提出：20亿农民站在工业文明的入口处，这就是20世纪下半叶的世界向社会科学提出的主要问题。但是值得提出的是，一本以《农民的终结》为书名的书，其所宣告的"农民的终结"却并不是"农业的终结"或"乡村生活的终结"，而是"小农的终结"，也就是说，只是一种"转型"。在孟德拉斯看来，无论社会怎样发展，无论乡村怎样变化，农民是不会无限地减少的，作为基本生活必需品原料的生产供应者的农业从业者也不会消失。为此，作者认为"为我们提供着充裕的食品和引起社会反响的农业劳动者，虽然他们的数量仅为30年前的1/3。当然，乡村居民始终是那么众多，或几乎是这样，而且正像我们看到的，乡村社会获得了惊人的复兴。但这两者都不再是农民：这个对于理解今天的社会至关重要"[1]。据此，我们认为，在全球性现代化进程中发生的，实际上是农民、农业、农村的现代转型，或者说是就地现代化，或者说是全球性现代化运动的本地化。根据孟德拉斯的一般叙述，一些人恢复到20世纪初俄国民粹主义者的立场已可表明转型问题的复杂性。不过，以下一些事实则为我们研究农村就地现代化问题提供了一些值得借鉴的思考基础：农业人口的外流仍在继续，同时乡村人口的外流却放缓了，现代化发展到一定阶段后流动方向会发生逆转，一些乡村地区的人口反而会重新增加；通讯和交通的发展改变了乡村社会的规模，城镇和小城市被并入乡村系统；从事多种就业活动的家庭经营成倍地增加，并分散在所有的地区；乡村社会越来越趋于多样化，闲暇时间和退休

[1] H. 孟德拉斯. 农民的终结 [M]. 李培林，译. 北京：社会科学文献出版社，2005：272.

时间的延长引起城里人向乡村和小城市迁移，这种迁移可能是每周一次的，也可能是季节性和终身的，由此造成了第二住宅的大量增加；机关、公用事业部门以及商业都集中在乡镇和小城市里，从而加强了它们与村庄和农村的相互依赖；所有这些趋势因地方观念和"在家乡生活"的意愿而得到加强，导致社会结构的再次地方化，地方社区和小区团体的创意能力增加了；乡下人享有城市的一切物质条件和舒适，从这种意义上说，他们的生活方式城市化了……[1] 此现象表明，即使像法国这样的发达国家，在转型过程中，农业、农村、农民都只是一个转型问题，在一定程度上说具有就地现代化的意义，更不用说中国这样一个庞大的人口大国、农业大国和农村大国了。这种趋势为农村现代化过程中的产业选择与战略定位也提供了新的视野。

根据中国问题的实际，我们已经指出 [2]，转型中的农村、农业、农民将会是我们长期不能忽视的实际，就地现代化模式是我们不得不面对的选择。因为我国的人口基数大，从而意味着通过城市化转移的农民数量有限，即不可能通过城市化的进程吸纳更多的人在城市生活。有学者预测，结合中国城市化的设计目标和人口增长的现状，即使到 2030 年农业人口和城镇人口按照对半计算，到那时总人口为 16 亿，也有 8 亿人留在农村。显而易见，在可以预见的数十年间，甚至于更长一段时期内，中国不可能像西方国家那样将农业人口基本上转移为城市人口，农民不离土也不离乡的生活方式将长久地存在。要想使广大的农村地区发展经济，实现农业、农村的现代化，必须在坚持"老三化"（工业化、城市化、市民化）的同时采取就地现代化的方式。事实上，城市的容纳程度本来就十分有限，如以北京、上海等人口约 1500 万的超大型城市为例，即使人口不再增加，也需要 86 个这样的超级大城市，显然，在短期内是不可能实现的。此外，城市的辐射能力也相对有限，一个大城市仅仅能使它周围有限的地区受到直接的辐射，拉

[1] H. 孟德拉斯 . 农民的终结 [M]. 李培林，译 . 北京：社会科学文献出版社，2005：275-276.

[2] 戴维、梁博强、萧洪恩 . 农村就地现代化发展模式初探 [J]. 商业时代，2008（07）：105-106.

动郊区的经济、社会的发展。中国幅员辽阔，国土面积大，一些大中城市不可能带动所有地区的发展。因此，必须发展中国特色的现代化道路，除选择集中型与分散型相结合、大中小城市与小城镇协调发展的多元化的城市化道路外，就地现代化就成了必然选择。[1]

其次，我们始终坚持"就地现代化道路"。我们提出"就地现代化"问题，曾有过"就地现代化发展模式"的提法，如《农村就地现代化发展模式初探》[2]一文所论，但基本上都特别强调的是"就地现代化道路"，如《城市化之外：中国农村就地现代化道路探析》一文等[3]，这些观点提出后产生了不小的影响。其中引用《城市化之外：中国农村就地现代化道路探析》的，有韩雨伦《从传统农民到花卉产业工人的现代化转变——以石林县月湖村花卉公司员工为个案》[4]、孙恰《烟台市农民就地市民化综合评价研究》[5]、张乂凡《农村土地集体所有制的历史贡献与中国社会主义现代化》[6]等硕士博士论文，何玲玲与吕翠丽《广西易地扶贫搬迁与人口市民化耦合路径研究》[7]等也有引用；《农村就地现代化发

[1] 萧洪恩. 来凤县主导产业的战略选择与政策需求研究——基于内陆腹地少数民族聚居地区生态文明建设的视角 [C]. 科学发展观与民族地区建设实践研究，2009-07-19：371-396.

[2] 戴维，梁博强，萧洪恩. 农村就地现代化发展模式初探 [J]. 商业时代，2008（7）：105-106.

[3] 萧洪恩. 城市化之外：中国农村就地现代化道路探析 [J]. 理论月刊，2015（5）：5-11；梁博强、戴维. 农村现代化模式的发展与创新——以鄂尔多斯市农村的就地现代化为例 [J]. 内蒙古农业大学学报（社会科学版），2008（4）：41-43；萧洪恩. 来凤县主导产业的战略选择与政策需求研究——基于内陆腹地少数民族聚居地区生态文明建设的视角 [C]. 科学发展观与民族地区建设实践研究，2009-07-19：371-396；石远成. 从两个农民合作组织发展看我国综合农协的成长路径 [J]. 农业部管理干部学院学报，2014（2）：8-13.

[4] 韩雨伦. 从传统农民到花卉产业工人的现代化转变——以石林县月湖村花卉公司员工为个案 [D]. 云南大学，2018.

[5] 孙恰. 烟台市农民就地市民化综合评价研究 [D]. 烟台大学，2019.

[6] 张乂凡. 农村土地集体所有制的历史贡献与中国社会主义现代化 [D]. 上海社会科学院，2019.

[7] 何玲玲，吕翠丽. 广西易地扶贫搬迁与人口市民化耦合路径研究 [J]. 钦州学院学报，2017（12）：76-81.

展模式初探》被吕冰《保定市住房价格的 hedonic 分析》[1] 引用；《"农村就地现代化"是必由之路》被孙恰《烟台市农民就地市民化综合评价研究》[2] 引用；程旭《乡村产业选择与发展研究 —— 以陕西省富平县岔口村为例》[3]、潘凡平《湖南省郴州市乡村产业发展调查与研究》[4] 引用萧洪恩所指导的肖尧《就地现代化视角下山区农村主导产业选择研究 —— 基于农民需求的实证调查》等。提"就地现代化发展模式"的如《农村就地现代化发展模式初探》[5] 等，由萧洪恩指导的《农村现代化模式的发展与创新 —— 以鄂尔多斯市农村的就地现代化为例》[6] 一文，同样主张。我们还针对具体情况有过特殊说明，如强调：从国际国内形势的发展变化及农村自身的特殊情况看，中国农村都处于发展战略选择的关键时期。全球性现代化发展的阶段性变化，国家发展战略的区域化重组，相邻地区的错位竞争，农村自身出现的工业产值骤减、三次产业结构失衡、缺乏主导产业的困境等，都给主导产业选择及政策需求提出了重要课题。最为核心的问题：是以"老三化"为基础选定产业结构，探讨工业化的工业产业主导模式，还是依据当代现代化发展趋势而在三次产业结构中采取渐进模式，走一条以生态农业、景观农业为基础，特色与绿色轻工业为中介，最终以民族文化生态旅游产业为主导的就地现代化发展模式（部分农村的非粮化而不是非农化）？我们的答案当然是后者。对此，依据我们的调查与研究提出相应的研究结论，并尽可能地提供给有关部门作决策参考。[7] 不过应特别强调的是，我们更多地是强调"农村就地现代化道路"：农村就地现代化道路是中国农村基于现实情况的现代化道路选择。在中国全面现

[1] 吕冰. 保定市住房价格的 hedonic 分析 [D]. 河北农业大学，2008.

[2] 孙恰. 烟台市农民就地市民化综合评价研究 [D]. 烟台大学，2019.

[3] 程旭. 乡村产业选择与发展研究 —— 以陕西省富平县岔口村为例 [D]. 西北大学，2018.

[4] 潘凡平. 湖南省郴州市乡村产业发展调查与研究 [D]. 河南科技大学，2019.

[5] 戴维，梁博强，萧洪恩. 农村就地现代化发展模式初探 [J]. 商业时代，2008（7）：105-106.

[6] 梁博强，戴维. 农村现代化模式的发展与创新 —— 以鄂尔多斯市农村的就地现代化为例 [J]. 内蒙古农业大学学报（社会科学版），2008（4）：41-43.

[7] 萧洪恩. 来凤县主导产业的战略选择与政策需求研究 —— 基于内陆腹地少数民族聚居地区生态文明建设的视角 [C]. 科学发展观与民族地区建设实践研究，2009-07-19：371-396.

代化和全面建成小康社会的大形势下，广阔的农村和大量农村人口不可能仅仅只是依靠城市化的一条路子来实现现代化，农村就地现代化作为植根在广大农村自然地理条件、历史现实状况的发展道路，应该也势必作为中国农村现代化发展的路径之一，也是与城市化相并行的中国现代化的道路选择。农村就地现代化强调在转变依据"老三化"的农村发展观念的同时，积极稳妥地逐步实现建设现代化农村、发展现代化的农业和培育现代化的农民，这是农村现代化发展的大势，也是与新农村建设和小康社会建设的发展要求相符合的。[1]

再次，我们强调"就地现代化道路"是中国现代化道路的特殊构成。

这方面的论述很多，有针对各地做具体论述的，如说：随着现代化脚步的深入，"农牧民向何处去的问题"成为制约农村发展的一个重大问题。广大农牧民所处的环境在都市圈之外，较难享受到都市的辐射效应，城市也很难吸纳绝大多数的农牧民进入城市。由于这些客观因素的存在，导致农村必须走一条独特的现代化之路，即农村就地现代化道路。[2] 如武陵民族地区属中国内陆少数民族聚居区，位于武陵山腹地。如果根据发展战略选择的新的核心变量、各地产业升级的"边城"战略及主导产业链条的立体定位等方面，探讨其发展的政策需求与战略对接，强调政府主导作用的多层次展开与各地发展为区域中心的发展政策问题，探讨各地在生态文明建设等多文明建设方面应走的就地现代化道路。[3] 也有做全面阐述的，如说：农村就地现代化道路是中国农村基于现实情况的现代化道路选择。在中国全面现代化和全面建成小康社会的大形势下，广阔的农村和大量的农村人口不可能仅仅只是依靠城市化的一条路子来实现现代化，农村就地现代化作为植根在广大农村自然地理条件、历史现实状况的发展道路，应该也势必作为中国农村现代化发展的路径之一，也是与城市化相并行的中国现代化的道路选择。新农村建设的概念是在 2006 年中央一号文件中加以系统阐明的，发展到现阶段

---

[1] 萧洪恩. 城市化之外：中国农村就地现代化道路探析 [J]. 理论月刊，2015（5）：5-11.

[2] 梁博强，戴维. 农村现代化模式的发展与创新——以鄂尔多斯市农村的就地现代化为例 [J]. 内蒙古农业大学学报（社会科学版），2008（4）：41-43.

[3] 萧洪恩. 来凤县主导产业的战略选择与政策需求研究——基于内陆腹地少数民族聚居地区生态文明建设的视角 [C]. 科学发展观与民族地区建设实践研究，2009-07-19：371-396.

已形成了理论，并运用于实践。这里需要强调的是：新农村建设不只是一种临时政策，而且是对中国现代化道路的新界定，即在传统"老三化"（城市化、工业化、市民化）现代化模式的基础上，另辟新农村建设的就地现代化道路（现代农民、现代农业、现代农村）；新农村建设的基本问题是在解决中国人自己养活自己的基础上（以"粮食安全"为基础的"基本农产品安全"），探讨传统农民、农业、农村的现代化出路，即实现现代化。这里有三方面含义：一是基于对中国农村城市化极限的思考，其核心问题是，中国农村城市化比率到底能够达到多少？由于中国人口基数大，这就意味着通过城市化转移的农民数量是有限的，不可能通过城市化进程吸纳所有人在城市生活。显而易见，在可以预见的二三十年间，甚至更长一段时间内，中国不可能像西方国家那样将农业人口基本上转移为城市人口，农民不离土也不离乡的生活方式将长久地存在。要想使广大的农村地区发展经济，实现农业、农村的现代化，必须采取就地现代化的方式。二是中国经济、社会发展不平衡的现状及社会发展本身的规律决定中国应采用不同的发展模式，其中也包括就地现代化模式。由于社会发展、历史、地理条件等原因导致的城乡发展差异大、南北发展差异大，各地区在经济、社会、文化发展中存在严重的不均衡情况。面对这样一种发展严重不平衡的情况，不能按照一个统一的标准、模式来进行现代化建设。对于一些不发达、欠发达的农村地区，要实行不同于发达地区的发展战略，应努力使农村就地现代化。因此，必须发展中国特色的现代化道路，除选择集中型与分散型相结合、大中小城市与小城镇协调发展的多元化城市化道路外，就地现代化就成了必然选择。三是就地现代化模式也是基于对中国基本实现现代化的时间界限做出的思考，其基本预期是到 21 世纪五六十年代（两个一百年的时限设定），实现初步现代化，达到中等发达国家水平。在这期间，不能让农村等待现代化的到来，必须由农村自我现代化来推动中国的现代化。同时，中国农村的现实状况与现实使命也决定我们必须就地现代化，才能应对国际发展风险。[1] 所以，2014 年中央农村工作会议强调推动新型城镇化要与农业现代

---

[1] 戴维，梁博强，萧洪恩 . 农村就地现代化发展模式初探 [J]. 商业时代，2008（7）：105-106.

化相辅相成，突出特色推进新农村建设。[1] 由"老三化"之路向就地现代化之路转变。围绕中国改革开放以来的中央全部的涉农一号文件，我们可以看到一条清晰的主线，这就是在加强和推进农村城市化、农民市民化、产业工业化的同时，着眼于实现"三农"的就地现代化道路。从逻辑进程来看，2004 年开始连续出台了九个指导农业农村工作的中央一号文件（含 2011 年一号文件）。2004 年以促进农民增收为主题，抓住了"三农"工作的核心问题；2005 年以提高农业综合生产能力为主题，抓住了发展农村生产力的关键问题；而要提高农业综合生产能力，就必须是整个农村的大发展，于是 2006 年以扎实推进新农村建设为主题，抓住了全面建设小康社会的根本问题；2007 年以发展现代农业为主题，抓住了新农村建设的首要问题；2008 年强调切实加强农业基础建设，进一步促进农业发展、农民增收；2009 年强调促进农业稳定发展，农民持续增收；2010 年强调加大统筹城乡发展力度，进一步夯实农业农村发展基础；2012 年强调加快推进农业科技创新，持续增强农产品供给保障能力；2013 年强调加快发展现代农业，进一步增强农村发展活力……这些重大的政策和措施，坚持以人为本、加强农业基础、增加农民收入、保护农民利益、促进农村和谐的目标和取向，重点突出、导向明确、操作性强、受益面大，基本观念取向即农村的就地现代化。事实也正是这样，不管将来城乡人口结构如何，吃饭问题都只能靠中国自身现代农业发展和农民的现代化来解决，就地现代化是中国保证基本农产品安全的特殊现代化道路。[2]

二、探索与选择：中国现代化思想的历史进程

从纵向的时间尺度来看，世界的近现代史就是一部现代化发展史。与此相应，

---

[1] 萧洪恩，张光辉，肖尧，等. 从国家农业观念的变革看山地烟区现代烟草农业合作组织的实践 —— 基于湖北恩施现代烟草专业合作社发展的实践研究 [J]. 湖北社会科学，2014（8）：71-76.

[2] 萧洪恩，张光辉，肖尧，等. 从国家农业观念的变革看山地烟区现代烟草农业合作组织的实践 —— 基于湖北恩施现代烟草专业合作社发展的实践研究 [J]. 湖北社会科学，2014（8）：71-76.

中国的现代化过程，或者更为具体而言，中国农村的现代化过程其实也是全球性现代化过程的一部分。关于"全球性现代化"，我们有着这样的界定：全球性现代化运动是一种客观的历史进程，不以人的意志为转移，是一种人类社会发展的整体化趋势，它是一个世界性、动态性和综合性的社会变迁过程。它强调五个方面的内容：第一，在其进程上强调全球性现代化运动在发展上的永恒性，永远在路上；第二，在其规模上强调全球性现代化的不可逃避性，一旦发生就会不断影响着整个社会的发展；第三，在思维方式上强调观念的超越性，强调思想上的世界史观、当代史观，要对当地史观、民族史观、国家史观、洲际史观进行超越；第四，在其选择标准上强调人们选择标准范围的世界性，以世界的最先进为基本参照，并诉求标准化；第五，在其目标上强调全球性现代化永远都会朝着新的现代化方向发展。[1] 以全球性现代化的视角来看待现代化发展，就会发现现代化本身所具有的一种强烈的扩张本能。当现代化还在欧洲推进时，它的强制性扩张性就使欧洲国家一个个被迫接受了现代化，荷兰的海上扩张式商业资本主义进一步演进为英国式工业资本主义，其他欧洲国家又不得不跟在英国后面实行相应的现代化。当现代化向欧洲（及北美）以外的地区推进时，它的扩张性和强制性就表现得更充分了。但在这样的扩张和强制之中，因宗教、传统等因素造成的抗拒则随即出现，于是，"现代"与"传统"的冲突在这些地区表现得特别强烈，现代化的进程也相应地显得特别困难。[2]

抗拒带来激烈的冲突，这样的冲突除了带来流血的战争之外，还有着各类社会思想的跌宕起伏。中国现代化思想可追溯至明清之际的启蒙思潮；中国的现代化运动亦可追溯至鸦片战争前后的冷眼向洋，在林则徐、魏源等人的组织之下，出版了《四洲志》《海国图志》等一批介绍欧洲现代化成就与变迁的书籍，魏源在其所写的《海国图志》之中提出了"以夷攻夷""以夷款夷""师夷长技以制夷"的目标，主张中国发展工业，特别是以军事工业来抵抗并战胜西方的侵略。其后爆发的太平天国运动中洪仁玕亦提出了中国第一个具有发展资本主义目标的

[1] 肖尧 . 就地现代化视角下山区农村主导产业选择研究 [D]. 华中农业大学，2016.

[2] 钱乘旦 . 世界近现代史的主线是现代化 [J]. 历史教学，2001（02）：5-10.

政治纲领《资政新篇》。而冯桂芬在《校邠庐抗议》中提出"以中国之伦常名教为原本，辅以诸国富强之术"的相应主张。面对中国"数千年未有之变局"，当时的清王朝政府开始了以维护清王朝统治的自救运动，史称"洋务运动"。当黄海大东沟硝烟散尽，也宣告着"洋务运动"的失败，一批在洋务运动之中接受了西方现代化思想影响的学者对中国的现代化有了进一步的探索，严复翻译了英国生物学家赫胥黎所著的《天演论》，宣传了《天演论》中的"物竞天择，适者生存"的思想。面对由西方帝国主义坚船利炮带来的全球性现代化浪潮，以康有为、梁启超为代表的维新派发动了救亡图存的维新变法运动，试图通过资产阶级改良运动来"托古改制"。之后建立起来的中华民国成为了亚洲第一个民主共和国，紧接着作为对辛亥革命失败的反思，新文化运动在胡适、陈独秀等一批受过西方教育的思想家发起下以"民主与科学"对尊孔复古等思想进行了批判。新文化运动之后一直到中华人民共和国成立，中国的现代化历程从坚持"中学为体、西学为用"的一类主张，步入有意识或无意识地以胡适的"充分世界化"为圭臬了。但是不难发现的是，"全盘西化"的现代化理念并没有使得中国摆脱贫弱，而将视野放之全球，众多东南亚、拉美国家在照搬了西方的传统现代化道路之后，并没有迈入发达国家的行列，反而陷入中等收入陷阱难以自拔，城市化的快速演进甚至还诞生出了"上帝之城"的苦果。日本、韩国、新加坡等国现代化的正反经验教训展现出了西方现代化道路"普世性"的局限，这些新型国家在实行自身的现代化发展过程中所凝聚形成的经验则给予了其他后发展国家的现代化探索新模式有益的启迪，甚至这些独特经验还影响到了先发现代化国家。

单纯从经济学的角度而言，似乎总能发现经济聚集带来发展红利，但是中国不是欧洲。就国土面积而言，德国的国土面积为 35.7 万平方千米[1]，而中国的一个云南省便有 39.4 万平方千米[2]；就人口而言，日本一国的总人口为 1.27 亿

---

[1] http://www.fmprc.gov.cn/web/gjhdq_676201/gj_676203/oz_678770/1206_679086/1206x0_679088/

[2] http://www.yn.gov.cn/yn_yngk/

人 [1]，而中国的一个河南省既有 1.08 亿人 [2]。

表 1-1　中国城镇化率（1950—2015）[3]

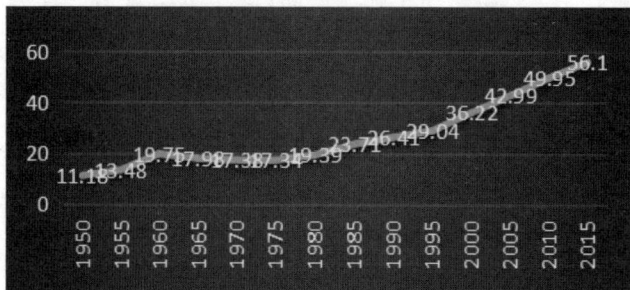

不可否认，从表 1-1 中便能够发现自改革开放以来，特别是进入 21 世纪以来中国的城镇化率不断攀升，在 2011 年中国的城镇人口也第一次超越了乡村人口，而从表 1-2 中也能发现 1997—2017 年的 20 年间，中国的城镇化率一直稳步攀升。而根据一些学者的预测，在 2035 年中国城镇化率将达到 71%—73%，2050 年将达到 76%—79%，即 2035 年中国将进入城镇化发展的平缓阶段。[4] 由于自 2011 年以来中国计划生育政策的不断调整，有学者预测到完全二孩生育政策会使人口峰值在 2028 年达到 14.38，若实施完全放开生育政策，人口峰值将推迟在 2030 年达到 14.58 亿。[5] 而就总体的人口趋势而言，人口峰值过后，在 2030—2040 年 10 年间将会有一个缓慢回落的过程，然后从 2040 年开始人口数量急剧下降，下降速率越来越快，最终在 2070 年左右回落到现在的数量水平。[6]

---

[1]　http：//web-japan.org/factsheet/ch/pdf/C02_region.pdf

[2]　http：//www.henan.gov.cn/hngk/system/2011/03/04/010233542.shtml

[3]　数据来源：中华人民共和国国家统计年鉴 2017 年中国统计年鉴。

[4]　乔文怡，李玏，管卫华，等 . 2016—2050 年中国城镇化水平预测 [J]. 经济地理，2018（2）：51-58.

[5]　刘庆，刘秀丽 . 生育政策调整背景下 2018—2100 年中国人口规模与结构预测研究 [J]. 数学的实践与认识，2018，48（08）：180-188.

[6]　虞力，杨林涛 . 基于双线性模型的中国人口发展预测 [J]. 统计与决策，2014（22）：90-92.

将这样的人口预测对应到之前的城镇化率的预测，可以大致预测到 2035 年中国的农村人口还有 4 亿左右，这样的人口规模甚至接近了欧盟的总人口规模，所以面对农村人口不可能在短时间内实现传统现代化理论中的"农民市民化"，就有必要对中国农村现代化理论进行调试，使其符合中国农村的实情。

表 1-2　中国城镇化率（1997-2017）[1]

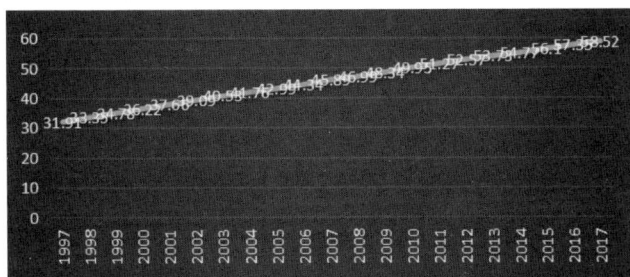

就地现代化理论正是基于中国农村存在并将长期存在大量人口的实情出发，强调中国农村需要发展，而且是需要就地的现代化发展，这就涉及中国地理的格局。有学者在对中国 652 个设市城区的城市人口与城市建成区土地面积异速生长关系的分析中指出：从时序上看，中国城镇建成区土地面积年均增长为 4.42%，而城镇人口年均才增长 1.48%，面积增长是人口增长的 2.98 倍，从而使得土地城市化快于人口城市化。[2] 这不免让人感到警醒，土地城市化快于人口城市化说明了就现代化的动力源来说，中国目前的城市辐射能力有限，地方政府只能选择加快基础设施的建设来试图让农民"进城""上楼"，但事实却证明了这样的选择的失误，而这样的土地城镇化快速增长带来的除了大量浪费之外更容易陷入基础设施越建越多的不良循环之中。中国除了有着江浙沪、京津塘、粤港澳等让人瞩目的发达的城市化、工业化区域之外，还有着占有中国国土面积 71% 的西部。广袤的中国西部在拥有丰富矿藏和壮美风景之下的是极其脆弱的生态现况，西北

---

[1]　数据来源：中华人民共和国国家统计年鉴 2017 年中国统计年鉴，2017 年数据来源于《中华人民共和国 2017 年国民经济和社会发展统计公报》。

[2]　傅建春，李钢，赵华，等 . 中国城市人口与建成区土地面积异速生长关系分析 —— 基于 652 个设市城市的实证研究 [J]. 中国土地科学，2015，29（02）：46-53.

地区的荒漠化、西南地区的石漠化等生态危机都限制了大规模进行工业化、城市化开发的可能。同时，中国的西部独特的地理地质制约了大规模进行工业化、城市化开发的可能。以青藏高原为例，青藏高原丰富的冰川资源和高海拔的地势使其成为了三江之源、中华水塔，如果对其进行传统现代化发展，带来的生态恶果不止是会造成中国一国的危机，因狮泉河—印度河、澜沧江—湄公河、雅鲁藏布江—布拉马普特拉河等众多国际河流均源自青藏高原，所以一旦进行传统现代化发展模式将会带来的是国际性的生态危机。

同时，随着中国人口规模的变化以及中国现代化发展的历程，其带来的结果会是中国人均粮食消费水平的提升以及更为多元化、精细化的农产品需求。有学者分析到 2020 年在人均粮食 420—435 千克的消费水平上，基于 18 亿亩耕地保证的粮食生产能力可以基本满足 14.36 亿人口的粮食需求；在人均 450 千克的消费水平上，中国未来耕地的粮食生产能力足以支持中国未来人口的峰值需求，但受耕地资源有限约束，人均粮食占有水平很难有进一步提高。[1] 而这里还需要考虑到现代化的发展过程中必然会带来的更为多元化、精细化的农产品需求，所以这就会涉及农产品结构，特别是粮食结构的分析。毛学峰等学者指出当前所谓"十一连增"准确地说是传统意义上的粮食总量实现了"十一连增"，而且是相对于粮食产量的一个历史低点（2003 年）；粮食增量主要来源于玉米产量提高，口粮增加有限，而且中国粮食进口状况发生了实质性变化，从之前调剂余缺向大规模进口转变。同时，人口结构的改变就会因此而变，我们在关注粮食总量问题的同时，需要更加关注粮食的结构问题。[2] 所有的这些担心与焦虑都是期望一个强大的中国农业的出现，一个强大的中国农业正是需要用近现代工、农业科学技术，提高农村生产力水平。就地实现中国农村的现代化就是为了建立一个强大的中国农业。

在探索与选择上，我们强调的农业、农村、农民的就地现代化，在以下方面

---

[1] 封志明. 中国未来人口发展的粮食安全与耕地保障 [J]. 人口研究，2007（02）：15-29.

[2] 毛学峰，刘靖，朱信凯. 中国粮食结构与粮食安全：基于粮食流通贸易的视角 [J]. 管理世界，2015（03）：76-85.

表现出特殊性：①中国的城乡关系由传统的二元结构升华为新型的现代融合型二元结构，城乡有相对确定的边界但又应融合发展。②全球性现代化的中国模式必须在坚守一些基本底线的基础上进行，其中城乡边界至关重要。就粮食安全等国家总体安全观而言，以城市化率在 70% 左右为宜。③农村的就地现代化有多种模式，不能机械、教条。特别是在"七区二十三片"之外更是这样。④中国的农村就地现代化和整个中国的现代化一样，都有自身的内在动力，其动力机制是先内生而又有外力推动。

（一）现代发展意识的萌化：南宋事功学派功利思想的启蒙价值

盛极一时的唐朝灭亡后，古代中国的土地上上演了藩镇割据的纷乱场面。五代十国时期，由于北方的战争和王朝更替非常频繁，避乱的人民不断迁到南方，带来了北方的生产技术和经验，增加了南方的劳动力。这样，中国的经济中心南移。宋金对峙时期，南方经济迅速上升，明显超过了北方。尤其是 1126 年"靖康之难"的变迁，据记载，南迁人口为 150 万—200 万人。其后八百多年间，朝代变更，北京始终是首都，是政治中心，但是，经济和文化的中心或重心，始终在南方。

这一时期的文化表现为南宋时期书院兴盛，以朱熹、陆九渊等为代表，各立书院，互相论难。朱熹代表的理学是那一时期兴盛的学术流派，他们认为，凡是符合封建礼法的言行为"天理"，不合于封建礼法的言行为人欲。这就是要人们完全接受封建礼法的统治，而不得有任何违背封建礼法的言行发生。面对封建统治弊端，他们主张通过正君心来解决社会问题。他们认为，帝王的心术是天下万事万物的根本，目的是希望通过从君王个人自身的修养入手，达到兼济天下的目的，最终解决社会的矛盾。然而当时严重的社会问题和统治危机并不是通过简单的强调个人修养就可以解决的，在理学思想解决现实问题的软弱无力下，12 世纪中后期崛兴了以叶适为代表的浙东事功学派。该派注重解决现实问题，倡导功利思想，一度成为与朱学、陆学相鼎峙的一大学术流派。事功学派的学者们立足现实，针砭时弊，反对"抑末厚本"，主张"农商并重"，鼓励发展农业和商业，鼓吹富人在社会经济发展和国家强盛中的作用，呼吁施行有利于百姓利益的种种措施，从而实现藏富于民，最后达到民富而国强、国家中兴统一的目的，具有比较突出的现代发展意识的萌芽。这一学派在南宋商品经济逐步发展的背景下产生，并且基于对当时主导思想界的唯心主义道学的批判，其政治、经济、思想均从唯物、功利角度出发，反映出当时进步的思想潮流，具有一定的"启蒙"意义。

首先，事功学派坚持"义利双行，王霸并用"的价值原则，反对朱熹、陆九渊等人"存天理，灭人欲"的禁欲主义。朱熹、陆九渊把天理与"人欲""人之情"对立起来，认为情、欲与道德是对立的，他们把物质欲望看成是引向罪恶的渊薮，因而主张"存天理、灭人欲"，以禁欲主义作为价值观的基本内容，这种理论严重影响了人们的事功追求。虽然陈亮、叶适也坚持着封建的伦理纲常，并在维护封建道德的权威方面同朱熹、陆九渊等相一致，但陈亮、叶适却把人的物欲限制在封建道德的范围内，充分肯定物欲是人的自然本性，认为合理的、有节制的欲望并不损害道德，承认在封建道德范围内的人欲的合理性。以此为基础，陈亮、叶适认为，道德和功利不是绝对对立的，而是统一的，道德通过功利表现出来，而功利本身也包含着道德。陈亮认为追求物质欲望是人的本性，因此，应该承认追求物质利益是合乎道德的。这一思想主张为人们追求财富和欲望的满足解开了绳索，同时也奠定了基础，具有明显的现代发展意识成分。

其次，事功学派坚持农桑并重的发展原则，反对中国封建社会重农轻商思想，既适应了当时发展中的商品经济，又隐含了一定的现代启蒙意义。重农轻商思想一直是经济思想的主流，崇本抑末是历代统治者一脉相承的基本国策。但到了宋代，沿海地区的商品经济已经相当发达，处在这些地区的一些有识之士也渐渐改变了以往把商业视为"末业"的观点，认为士农工商"此四者皆百姓之本业"。表现在：正确认识商业的重要性。就农业与商业在社会经济体系中的地位而言，南宋浙东事功学派的学者们认为并无轻重高低之分，坚持认为"官民一家也，农商一事也。上下相恤，有无相通，民病则求之官，国病则资诸民"，从而强调农商关系的互惠互利、互为促进、互为基础，"商藉农而立，农赖商而行，求以相补，而非求以相病"[1]，只有真正做到农商"有无相通""求以相补"，经济才能发展，

---

[1] 陈亮. 陈亮集 [M]. 卷 14. 问古今财用出入之变.

才能达到民富而国强的目标。在这些思想的基础上，陈亮进一步提出，财富和仁义并不是对立的，"仁者天下之公理，而财者天下之大命"①，强调人为地将义与利、仁与富割裂和对立起来乃是主观之迁见。

再次，与上述思想相应，事功学派思想中还蕴涵有现代自由、私有、平等早期"资产阶级"的社会理念。南宋时期，中国正处于南北分裂时期，陈亮在经济上竭力提倡发展商业与他们在政治上主张联合抗金是一致的，商品经济发展需要一个开放自由的统一市场的形成。因而，主张南北统一也成为他们的强烈呼声。实质上，事功学派对商业的重视已经触及了现代化的核心问题——商品经济。时至今日，无论哪一个国家，在现代化的选择问题上，都首先面临着经济问题，历史的发展已经证明，商品经济是不可回避的选择。南宋浙东事功学派力主发展工商业，并提出了保护工商业发展的措施，是顺应两浙地区客观社会经济发展要求的，鲜明地体现了反传统色彩。另外，南宋时期的土地制度也隐含了一种进步的新因素。这时的土地制度不再分等级，解除了自古农民对土地的人身依附关系，将农民还原为了自由的个体。这些新因素反映出时代的变化，也是南宋时期商品经济在东南沿海的发展所催生的。思想与实践互动，使得现代化这一历史进程尽管处于封建社会体制的压制之下，还是艰难而义无反顾地起步了。

综上所述，南宋事功学派从价值观上肯定追求财富的合理性出发，进一步论证商业的重要性，从而形成系统的富国强民思想，彻底颠覆了程朱理学为封建统治服务的唯心主义学说。南宋浙东事功学派的"富民论"虽然根本的出发点是为了更好地维护统治者治理国家，但在根本上已经提出鼓励致富、发展私有经济等有利于发展商品经济的思想，在当时的思想界是具有思想解放的巨大意义的。其富民强国、藏富于民的经济思想，8个世纪以来一直推动着他们的家乡两浙地区乃至东南沿海尤其是温州、金华、义乌、永康一带经济的持续发展，享誉全国乃至全世界。

（二）现代主体意识的催化：明代异端李贽私心思想的现代价值

明代是封建统治继续加强的时代，政治上的集权黑暗和文化上相当程度的专制严重阻碍了中国向现代化的演变。但即使在这样的条件下，现代化这一历史潮流还是在中国社会进一步发展了。最明显的应是商品经济的发展，在农业和手工业生产水平提高的基础上，明中叶以后，商品经济有了很大的发展，超过了以前任何时期，商品经济对自然经济所起的分解作用，也比以前更加明显了。文化上，西方传教士在中国传教的同时也带来了先进的科学技术，郑和下西洋又加强了与外界的联系，开阔了视野。政治上，后期葡萄牙、西班牙的入侵进一步刺激了明朝，可以看作是西方列强打开中国大门的序幕。

整个明代，全国的发展重心都已明显转移到南方地区。工商业城市在北方的比较少，绝大多数在南方。中国封建社会已趋衰落，资本主义生产方式已经萌芽。与此相应，在意识形态领域也蓬勃滋生出与封建正统思想相左的"异己"力量。突出表现是李贽反道学的思想。如果说陈亮、叶适以一种实用功利的态度开启了现代化的物质层面的改变，那么李贽以"心"为内核的主张发挥人的主观能动性的哲学则是为现代化提供内在精神推动力。

作为"异端之尤"的李贽，他的启蒙叛逆思想最集中地体现在对"假道学"的猛烈抨击上。所谓"假道学"，主要指宋朝程朱派的理学。李贽看到当时的程朱理学日趋凝固化、程式化、绝对化，其虚伪、非人道、保守与空疏已经成为了社会发展的阻力，于是他以"异端"自居，摆开"堂堂之阵"，举起"正正之旗"，以"坚其志无忧群魔，强其骨无惧患害"[1] 的大无畏精神，公开向理学和道学家们宣战："今世俗子与一切假道学共以异端目我，我谓不如遂为异端，免彼等以虚名加我。"不仅如此，李贽又进一步指出，要批判道学，就必须祛除孔子头上的神圣光环，破除对孔子的迷信，要把批判的矛头指向四书五经。李贽从抽象的、一般的人的观点出发，对封建"纲常"人伦提出了怀疑和批判，认为人们具有同等的认识能力、道德意识和物质要求，由此得出了人人平等的结论。同时，李贽对封建社会根深蒂固的男尊女卑的观念进行了批驳。他认为，妇女的地位与男子一样重要，离开了妇女，社会将不复存在。他要求复"真心"，做"真人"，呼唤"最初一念之本心"的觉醒，提倡人按照先天就具有的纯朴天真的本性自由地发展，不受任何外来的干扰和束缚。这种在封建礼教的重压下发出的个性自觉的

---

[1]　李贽 . 续焚书 [M]. 卷 1. 与周友山 .

呼声，透露出李贽摆脱思想束缚、向往自由的思想倾向，具有重要的启蒙意义。

针对宋代理学家程、朱的"存天理、灭人欲"的金科玉律，李贽明确地提出了"人必有私"的功利主义价值观。李贽说："穿衣吃饭即是人伦物理，除却穿衣吃饭，无伦物矣。世间种种，皆衣与饭类耳。故举衣与饭，而世间种种自然在其中。非衣饭之外，更有所谓种种绝与百姓不相同者也。"[1] 这样就把道学家们讲得神乎其神的"天理"，从天上拉回到了人间，并把它还原为老百姓的穿衣吃饭等维持人的生命存在的物质生活。由此，李贽为了揭露道学家们于人心外别立道心的欺骗性，进一步提出了"人必有私""无私则无心"的命题，他说："夫私者，人之心也。人必有私，而后其心乃见，若无私，则无心矣。如服田者私有秋之获，而后治田必力……此自然之理，必至之符，非可以架空而臆说也。"[2] 这里所谓的"私"，显然是指人的谋生意识。这是对维持生命必不可少的物质条件的追求，是人的生存的需要，是任何人都无法逃避的"自然之理，必至之符"，圣人也不例外。从此可以看出，与"假心"对立的"真心"，不是抽象的"童心"，而是市民阶层追求"自由私产"的"私心"；与"假人"对立的"真人"，也不是抽象的一般的人，而是那些"力田作者""作生意者"的现实的人。他们要求发展私有经济的愿望，是一种"自然之理，必至之符"的不可阻挡的发展趋势，是一种具有现代发展理想的主体诉求。

李贽的这些思想大致与西方启蒙运动产生于同一个时期，体现了中国思想界的进步潮流，沉重打击了封建道学家们的禁欲主义。虽然在当时中国的历史条件下没能产生如西方一样大的影响，但是不容置疑地代表了先进解放的思想因素，开启了中国启蒙思想的先河，客观上反映了萌芽中的资本主义生产关系的要求，包含了新兴市民阶层的需要，有着鲜明的时代特征。李贽倡导人的个性解放，重视人的主观能动性，重视心的作用，这实质上是对人性的重视和张扬，是发掘人的巨大潜力来取得社会的进步、繁荣和发展。李贽之后，中国出现了以顾炎武、黄宗羲、王夫之等为代表的一批启蒙思想家，兴起了一场声势浩大的人文主义启

---

[1] 李贽 . 焚书 [M]. 答邓石阳 .

[2] 李贽 . 藏书 [M]. 业儒臣后论 .

蒙思想运动，促进了中国传统文化思想的新变。

（三）现代道路意识的激化：中西碰撞下发展模式选择的文化价值

清朝是中国历史上最后一个封建王朝。"康乾盛世"时期，清王朝的农业、手工业、对外贸易、科学工程、城市发展等，都取得了辉煌的成就，达到了当时世界的先进水平。乾隆末年，中国经济总量占世界第一位，人口占世界1/3，对外贸易长期出超，以致英国迟迟不能扭转对华贸易逆差。然而，历史是无情的。几乎是同一个时间，当康乾君主谨慎地牵引中国社会这艘古老的大船，沿着原有的航线进行又一轮冲刺的时候，西方社会爆发了一系列改天换地的伟大革命，迅速地脱离传统的发展路线而突然加速前进，跃上了世界文明进程的制高点。而清王朝却在闭关锁国的状态下如一潭死水。经济上，闭关锁国，重农轻商，越来越落后于西方世界；政治上，为了加强封建统治，实行专制独裁，极力抑制资本主义发展；思想上，几千年来的儒家社会思想已经逐渐变得贫乏与僵化，程朱理学成为正统思想，并通过科举制度的功利诱导，取得了对中国思想界的控制地位。

这一时期，东南沿海地区作为资本主义萌芽最先发展和接触西方最多的窗口，在历史选择的际遇中，诞生了一批先进的思想家和革命家。如清朝初期的顾炎武、黄宗羲，后期的林则徐、龚自珍、郑观应等。他们对近代化的探索极大地推动了中国举步维艰的现代化进程，成为可贵的思想改革的先驱。可以说，这一时期东南沿海的思想家对现代化的探索是全方位的，涉及军事、经济，甚至是体制。

顾炎武、黄宗羲生活在明末清初，封建统治加强和发展到顶峰的时期。这个时候，西方社会还没有对中国形成直接的威胁。中国社会内部早期民主进步的启蒙思想悄悄萌芽。

黄宗羲是明末清初著名的启蒙思想家。他生长在中国历史上动荡混乱的明朝末年，是中国封建官僚统治机构最腐化的时期，而当时的西方各国已进入近代资本主义的社会。东西方思想的碰撞和现实社会的各种矛盾，使他陷入了深沉的思考。黄宗羲的主要民主思想可概括为："为天下之大害者，君而已矣。"[1]反对

---

[1] 黄宗羲.明夷待访录·原君.

"家天下"的君主专制制度，认为君主应该明白设君的本意，如果把天下占为己有，就损害了人民的权利，违背了人的本性，是真正危害天下的人。黄宗羲认为国家主体是万民而不是君，强调君主的职分应是"不以一己之利为利，而使天下受其利；不以一己之害为害，而使天下释其害"⑤，应该大公无私、一心为天下人谋利。设立君主是为了让君主为天下万民服务，成为天下万民的公仆。

黄宗羲提倡用"天下之法"代替"一家之法"。"天下之法"必须要真正符合天下人的利益，反映天下人的生活要求，维护天下人的生存、财产、教育、安全等利益。这种"天下之法"是作为一种社会规范来满足社会公共福利、维护天下人利益的社会公共职能。黄宗羲提出应使学校成为舆论、议政的场所。设立学校，不仅是为了养士，而是"必使治天下之具皆出于学校，而后设学校之意始备"。学校应该成为一个言论自由的场所，在这里人们可以参政议政。

这些思想反映出当时资本主义生产关系萌芽在启蒙学者心灵中所激起的浪花，目的是把至尊无上的君主，拉回与臣属等同的地位上，这对于千古如斯的主—奴根性是一个有力的冲击，是对于封建专制主义的有力批判，具有相当明显的民主启蒙思想。黄宗羲作为明末清初一代卓越而有创见的思想家，其社会政治思想在中国历史上具有划时代的意义。他第一次以较为明晰的理论体系为中国社会的发展提供了一种具有近代民主、平等色彩的历史选择，为资产阶级改良主义和旧民主主义革命提供了重要思想武器。黄宗羲是一位立足于当时社会现实，而又大胆地面向未来的启蒙运动的先行者。

同一时期的顾炎武也反对君主专制的政治，他的政治见解大体与黄宗羲相呼应，主张限制君主集权，扩大地方权力。他反对理学，认为理学空言心性，令人不得其解，那不是学问。顾炎武的主要贡献是提倡"实学"，主张"经世致用"。他看到统治阶级太过腐化无耻了，所以特别提出注重廉耻的主张，认为"士而不先言耻，则为无本之人"。这些思想家强烈反对君主专制，呼唤民主法治，反映出东南沿海地区在早期商品经济发展的刺激和需求下所产生的进步思潮，同时也是现代化的思想前奏。

林则徐、龚自珍生活的时期，中华民族开始面临外民族入侵的民族威胁，封建的清王朝统治危机进一步加深，封建统治岌岌可危。这个时候，西方传教士在中国的活动也愈加频繁，他们陆续介绍了西方有关天文学、兵工学、数学和地理学等方面的成就，使当时的中国士大夫对"西学"有了进一步的了解，扩大了"西学"的影响，丰富了中国的科学文化知识，开阔了国人的视野。

由于资本主义经济因素的重新出现和发展，也由于清王朝由盛转衰，对意识形态失去了控制力，而外国资本主义为了争夺中国的市场和原料，加紧了对中国的侵略，使得"经世致用"派乘机兴起。龚自珍、林则徐等封建士大夫中的有识之士，觉察到空谈义理无法解决现实社会问题。他们开始面对社会现实，呼吁革除弊端，提倡"经世致用"，引导人们挣脱程朱理学的枷锁。龚自珍提出："自古及今，法无不改，势无不积，事例无不变迁，风气无不移易。"非常赞成"穷则变，变则通，通则久"，主张变法，以此来改造清王朝。而魏源则提出"天下无百年不弊之法，亦无穷极不变之法"。他认为，礼法随着历史的延伸和发展，是必然要发生变化的。顺应历史潮流，顺应民意，社会才能维持下去。因此，龚自珍、魏源等人大声疾呼："变古愈尽，便民愈甚。"虽从本质上讲，他们和过去王朝的改革动机基本相似，都是为维护封建统治。但因时代不同，加上在探索改革的道路上大胆进取，这些人的经世思想成了中国步入近代社会的内部动力。

林则徐为了探求西方国家的情况，他下令搜集外国人在广州、澳门用中文出版的各种刊物，其中包括传教的小册子，并打破天朝的"禁区"，召集通晓英文的翻译人才入幕，组织翻译外国人出版的书报。另外，林则徐嘱托魏源编译的《海国图志》一书，正是我国近代史上第一部比较全面介绍西方新兴的资本主义国家的政治体制和社会制度的巨著，具有创新意义。林则徐向西方国家寻求真理的努力使数千年生活在封建制度下的亿万中国人民打开了一扇窗户，开始了解到中国以外的西方国家的情况，林则徐也由此而成为近代睁眼看世界的先驱者。

在中华文化对西方文化有着强大抗拒力的时候，这些思想家由盲目排外、妄自尊大到真正关注西方、学习西方，是一个了不起的跨越和进步，已进入到对中国新的发展模式进行探讨的境界。这一时期向西方学习已经由排斥贬低西方变为正视西方文化，学习西方的器物，这对中国的知识分子来说是一次较大的转变，过程是痛苦的。对于一个长期受到异族膜拜而养成了优越感的泱泱华夏大国，要转而向曾经的膝下学习，是艰难的抉择。客观上来讲，是由于西方的侵略，以及由此而来各种具体的刺激，使得这些思想家开始意识到封建清朝的落后，进而开始学习西方。他们怀着"欲求超胜，必先汇通"的心态迈出了这一步，将中国文化纳入世界转变的大潮中，使得中国文化在一定程度上又有了变化而发展的土壤。

结语：欲求超胜，必先汇通

在思想家们探索现代化道路的背后，隐藏的实际上是两种文明文化的斗争。古老深厚的东方文明如何对待西方先进的文明，又如何在这两种文化的斗争中找到自己的位置进而继续发展的问题。

以上对于东南沿海现代化历程的回顾，旨在回顾历史，梳理历史。更重要的是在当下中国的现代化进程如火如荼，并且卓有成就的时候，牢记历史，继往开来。东南沿海地区自宋代开始一直处于全国经济中心的地位，历代思想成就也颇为不凡，二者互为动力，相互促进，使东南沿海愈来愈成为中国对外开放的窗口。现代化是一个复杂的课题，中国在这条道路上走得尤其漫长而曲折。从改革思想的萌芽到种种武力的斗争，从学习器物到学习制度，社会中出现的新因素不断催生新的思想，新思想又指导着中国向现代化一步步迈进。

当今社会，中国终于以开放的全新姿态站在世界人民面前，但是对于如何对待中西文化，即如何向西方学习或者向西方学习什么来怎样进行中国的现代化仍然没有定论。尽管目前中国在现代化的道路上，已经走得比较平稳和成功，甚至西方社会开始以"中国模式"来称呼中国创造的成功的现代化模式。但无论如何，我们要走的路还很长，唯有以史为鉴，才能不断开拓，自强屹立于世界民族之林。亨廷顿说："现代化并不一定意味着西方化，非西方社会在没有放弃它们自己的文化和全盘采用西方价值、体制和实践的前提下，能够实现并已经实现了现代化。"在这一方面，中国也许正成为一个成功的典型。

三、救亡与启蒙：中国现代化进程中的文化动力

相对于英、法、美等先行现代化国家而言，后发现代化国家的思想家、政治家们始终面临着两大难题：一是从英、法、美等先行现代化国家的发展模式中进

行目标选择，其中包括思想选择；二是面对先行现代化国家文明与野蛮的双重挑战，反思先行现代化国家人道文明与丛林法则的历史变奏。对于前者，后现代国家面对的是一种历时性问题的共时性呈现；对于后者，后发现代化国家则面对着一种先行现代化国家的民主自由环境与后发现代化国家的民族主义诉求的"悖论"。相对于英国，法国出现了这类问题；相对于英、法、美，德国、日本等也出现了这类问题，德国的马克斯·韦伯与日本的福泽谕吉可以看成是这种矛盾冲突的产物。中国的严复作为与马克斯·韦伯同时代的人物，也具有相同的思想性格。

最初，"在中国，这个世界上最古老国家的腐朽的半文明制度，则用自己的手段与欧洲人进行斗争"。"这是保卫社稷和家园的战争，这是保存中华民族的人民战争。虽然你可以说，这场战争充满这个民族的目空一切的偏见、愚蠢的行动、饱学的愚昧和迂腐的野蛮，但它终究是人民战争。而对于起来反抗的民族在人民战争中所采取的手段，不应当根据公认的正规作战规则或者任何别的抽象标准来衡量，而应当根据这个反抗者民族所刚刚达到的文明程度来衡量。"[1] 而事实上，这一战争的性质本身是西方文明"即将对天朝人进行另一次文明战争"[2]。这两种文明战争的具体表现，马克思在《对华贸易》中有所阐明，其中特别强调文明差异对双方决策的影响，凸显了各自的不同困境。[3] 对后发现代化国家来说，越到后来，这种冲突就越具自觉的形态，且会越具多样性特征。

在中国，首要的困境表现为问题、思潮的集聚性特征，即西方在现代化过程中产生的各种问题及相应的社会思潮，必然会因为中国选择者的知识素养、生活背景等的不同而随着时代风云相互激荡和融汇到中国来，成为一个问题、思潮集中的时代。以"五四"前后为例，有学者统计，当时的各种思潮即有上百种。[4] 至于"问题"，毛泽东 1919 年 9 月在《问题研究会章程》中所列出的各种问题

---

[1] 恩格斯. 波斯和中国 [A]// 马克思恩格斯选集·第 1 卷 [M]. 人民出版社，1995：706、710.

[2] 马克思. 新的对华战争 [A]// 马克思恩格斯选集·第 1 卷 [M]. 人民出版社，1995：746.

[3] 马克思. 对华贸易 [A]// 马克思恩格斯选集·第 1 卷 [M]. 人民出版社，1995：755-759.

[4] 陈哲夫等. 20 世纪中国思想史 [M]. 山东人民出版社，2002：238-239.

即有 71 个大问题，有些大问题中又分若干小问题。[1] 这种情况既说明各种西方文化思潮在中国的流行传播，也说明中国先进分子为救国救民而多角度、多面向地思考中国问题；既说明思想界的活跃及对抽象理论的某种崇拜，也说明人们的认识还不清晰，说明因缺乏理论研究而致选择能力较弱时的含混状态。

从另一困境看，现代化运动是世界革命从英法双元革命（英国工业革命和法国政治革命）向外扩展，并且首先是以欧洲扩张的方式征服世界其他地区，从而建立了统辖全球的霸权。[2] 因此，资本主义集文明与强权于一身，它既是自由民主现代性的典范，又是殖民主义霸权的化身。西方现代化的这一文明进步与伦理罪恶、人道精神与丛林法则并存的两面神形象，表征着西方现代文明深刻的二律背反。所以，几乎所有西方思潮进入中国，都经过了深刻的过滤，变成了复兴中华民族的武器。例如，无论西方启蒙思潮怎样变化，也无论它在英国、法国或意大利表现出多少不同的特征，一到中国，救亡的诉求就既是启蒙的动力，也是启蒙的最后目的。因此，中国启蒙从来就是救亡式启蒙。在中国启蒙思想中，各种西方思潮都从属于救亡的诉求。这种救亡式的启蒙主义，恰恰是后发现代化国家现代性的典型表现。如果不分辨中西启蒙的历史语境、问题意识和思想取向的差异，就会出现认识的误谬。[3] 所以，在中国，任何决策都必须避免从救国目标出发而导致的误国怪圈，即马克思在《鸦片贸易史》中所揭示的怪圈："半野蛮人坚持道德原则，而文明人却以自私自利的原则与之对抗。一个人口几乎占人类三分之一的大帝国，不顾时势，安于现状，人为地隔绝于世并因此竭力以天朝尽善尽美的幻想自欺。这样一个帝国注定最后要在一场殊死的决斗中被打垮。在这场决斗中，陈腐世界的代表是激于道义，而最现代的社会的代表却是为了获得贱买贵卖的特权——这真是任何诗人想也不敢想的一种奇异的对联式悲歌。"[4]

在这一过程中，自豪感与屈辱感同样成为现代化的文化动力。其中民族自豪

---

[1] 毛泽东 . 问题研究会章程 [A]// 毛泽东早期文稿 [M]. 湖南人民出版社，1990：396-402.

[2] 艾瑞克·霍布斯鲍姆 . 革命的年代·导言 [M]. 王章辉，等，译 . 江苏人民出版社，1999.

[3] 高力克 . 五四的思想世界 [M]. 学林出版社，2003：9.

[4] 马克思 . 鸦片贸易史 [A]// 马克思恩格斯选集·第 1 卷 [M]. 人民出版社，1995：716.

感是爱国主义的重要因素，是指对本民族的历史文化、传统精神、价值取向、现实状况、未来发展等表示高度认同，充满信心和乐观主义精神的情感。

民族自豪感的主体始终是各个社会里的人民群众，因而和剥削阶级宣扬的民族主义意识有着原则区别。其内容随着民族历史的发展而不断丰富和发展。民族自豪感作为民族的共同心理倾向，必须遵循各民族之间一律平等、互相尊重的原则。中国人民历来具有强烈的民族自豪感。它源于中国富饶辽阔的疆土、悠久的历史、勤劳的人民、灿烂的文化、世代相传的民族美德。这种民族自豪感是中华民族自立于世界民族之林的重要心理保证。

在中国现代化的过程中，民族自豪感彰显了强大的生命力与创造力。从鸦片战争至新中国成立之前，近代中国的思想界经历了从"学器物"到"仿制度"、"走俄国的路"再到"走自己的路"的曲折历程。中华民族在五千多年的历史发展中，创造了举世闻名的灿烂文明，曾经长时期走在世界前列。但是，由于封建统治的腐败和束缚，中国渐渐从先进转为落后。到清代的康、雍、乾时期，虽然号称"盛世"，在一些方面也仍然具有优势，其实已经走到了封建末世，光彩夺目的只是"落日的余晖"。此后，中国同世界先进国家间的差距逐渐拉大。从1840年的鸦片战争开始，中国屡屡遭受殖民主义、帝国主义列强的侵略和蹂躏，国家主权和领土完整不断受到侵蚀。在帝国主义和封建主义的双重压迫下，政治黑暗，经济凋敝，社会残破，民不聊生。中华民族蒙受着巨大的屈辱和灾难，国家濒临灭亡的边缘。面对着辉煌历史同衰败现实之间的强烈对比、面对着存在"亡国灭种"危机的有志之士，合乎逻辑地把"振兴中华"作为最紧迫、最重要的历史任务提了出来，其具体内容，一个是"救亡图存"，一个是"发愤图强"。

四、自由与必然：中国现代化发展中的国家观

（一）中国现代化在历史进程分析

国际上对世界现代化进程有多种说法。一种说法是两阶段说，如以色列S.N.艾森斯塔在所著《现代化：抗拒与变迁》一书中，将现代化的变迁分为两个阶段模

式。第一阶段模式为 17—19 世纪西欧、美国及英国自治领的持续现代化的模式。第二阶段模式为 20 世纪现代化模式，其中包括拉美模式，苏联东欧、中国共产主义模式，其他殖民地现代化模式。另一种是三阶段之说，如帕森斯在其《社会系统》一书中，把现代化分为三个阶段：第一阶段以欧洲的西三角（英、法、荷）为主，其代表是英国的产业革命和法国的民主革命；第二阶段以欧洲东北角（德国）的急速工业化为主导，由于民主化不平衡的落后状态，产生了纳粹大动乱；第三个阶段的主导者是第二次世界大战后的美国。但是，这种分法几乎把日本和东方新兴国家完全排斥在外。在中国颇有代表性的划分法，则是罗荣渠教授的世界现代化三次浪潮说。这三次浪潮与世界三次工业革命是一致的。第一次浪潮（18 世纪后期—19 世纪中叶）是由英国工业革命开始、向西欧扩散的早期工业化过程；第二次大浪潮（19 世纪下半叶—20 世纪初）是工业化向整个欧洲扩散并取得胜利的过程，同时在非西方世界产生强大的冲击，拉开了非西方世界也走向现代化的序幕；第三次大浪潮（20 世纪下半叶）是发达工业世界向高工业化的升级与欠发达世界的大批国家卷入工业化的过程，东亚新兴工业化国家则率先进入这一过程。[1]

从时间跨度上来说，世界现代化历程缘起于 18 世纪中叶英国的工业革命，从轻工业开始延展到重工业，直至推动整个社会的进步，并由此引发了人类历史上的第一次技术革命，英国也因此成为世界上第一个实现工业化的国家。借着第一次科技革命的热潮，葡萄牙、西班牙、荷兰、法国、德国等都搭上了工业化的快车，并逐渐进入发达阶段。但是，这些国家现代化的原始积累都可以"系统地综合为殖民制度、国债制度、现代税收制度和保护关税制度。这些方法一部分是以残酷的暴力为基础，例如殖民制度就是这样"[2]。这些原始积累几乎都有一个相似的过程，即对外侵略和殖民掠夺为早期工业化积累了巨额财富，为其资本主义发展和工业革命奠定了物质基础。西方发达国家通过掠夺贵金属、奴隶贸易、

[1] 罗荣渠 . 东亚崛起的现代历史意义与 21 世纪前景 [J]. 天津社会科学，1992（2）：4-8.

[2] 刘大明 . 从英国资本的原始积累过程看资产阶级的本质 [J]. 郑州大学学报（哲学社会科学版），1964（4）：75-79.

不平等的经济秩序造就了宗主国的经济盈余，为持续工业化、现代化提供动力。系统地看，西方现代化以工业化与农业现代化作为基础，以科技与文化创新作为驱动，以政治与社会革命作为保障，是一种自发式的现代化模式，同时呈现出了外向型、扩张型的特点。然而，历史经验表明：当一个国家达到它扩张的极限时，其自身的霸权地位很难继续维持，其持续发展的机体也将受到"自噬"。一路走来，西方现代化面临着资本原始积累留下的无穷后患、无限工业化带来的深刻忧虑、传统文化现代转型的火热剧痛、全球化进程中的话语霸权以及逆全球化思潮的纷扰。[1] 尤其近些年，西方发达国家集体性陷入不同程度的困境，西方模式的输出也渐渐式微。以经济发展为例，虽然与 20 世纪初的"大萧条"相比，2008 年经济危机之后的"萧条"相对较为乐观，但国际货币基金组织则预测称，到 2021 年，西方发达经济体的年均经济增长率将比"大萧条"爆发的 14 年后的年均增长率低一半还多。[2] 这显示出西方国家经济体制的脆弱性，从而更深层次地揭露西方现代化进程中所遗留或说一直存在的缺陷与弊端。

中国和其他东亚国家和地区在现代化进程中，关于经济、政治与文化诸多方面有基本上一致的地方，但应当指出的是，中国肯定并非一般的东亚模式。从社会主义制度衡量，中国是属于社会主义特色的东亚模式，具有社会主义的深深烙印。[3] 中国现代化发展的不同点主要在于以下几个方面：首先，从市场经济角度而言，不是东亚一般政府主导下的资本主义市场经济，而是在中国共产党和人民政府指导下的社会主义市场经济；其次，从政治体制而言，中国是在中国共产党领导下的多党合作制度和政治协商制度，中国是社会主义民主集中制的政治体制；再次，从文化上说，中国是华夏文化的发源地，有深厚的儒释道家等多元文化融合发展的根基。但中国的意识形态其主流或说指导思想是中国特色社会主义思想，它与儒释道家等多元文化紧密结合，正在形成一种带有中国特色的社会

---

[1] 黄日生.农业劳动积累：国家工业化与农业现代化的资本原始积累 [J]. 江西社会科学，1991（1）：40-43.

[2] 闫二旺，姬利君.20 世纪 30 年代与 21 世纪初全球经济大萧条比较 [J]. 太原师范学院学报（社会科学版），2014（4）.

[3] 陈峰君.现代化模式的多样性 [J]. 当代亚太，2000（8）：48-52.

主义新文化。中国文化的现代化并不是对传统文化的改头换面，也不是中西文化的简单拼凑或西方文化的变相移植，而是在中国特色主义思想的指导下，结合新时代习近平总书记的系列讲话，充分吸收和继承古今中外一切优秀文化遗产，在社会主义建设的实践中创造出的新文化。这种文化形态既具备了现代化的一般特征，又体现了中华民族的特色，并以中国特色社会主义贯穿民族文化的内核，是一种有中国特色的社会主义新文化。

中国对现代化目标的探索从社会主义制度在中国确立初期就"崭露头角"，其间有重大进展，也有挫折和徘徊，甚至出现过失误。改革开放以来，中国现代化的道路、理论和制度进一步明确，并不断驱动发展，形成了现代化强国目标的中国方案。中华人民共和国成立初期，毛泽东把社会主义分为不发达和比较发达两个阶段。其中，比较发达的社会主义阶段就是现代化的阶段。1964 年，全国三届人大一次会议正式提出了分两步走实现"四个现代化"的战略部署。1975 年，周恩来在四届人大一次会议上重申了实现"四个现代化"的设想。改革开放之后，中国共产党对中国社会主义现代化建设做出战略安排，提出了"三步走"的战略目标。21 世纪初，解决人民温饱问题、人民生活总体上达到小康水平这两个目标已提前实现。在这个基础上，中国共产党提出，到建党一百年时建成经济更加发展、民主更加健全、科教更加进步、文化更加繁荣、社会更加和谐、人民生活更加殷实的小康社会。党的十八大再次强调了"两个一百年"奋斗目标，强调到2020 年全面建成小康社会，然后再奋斗三十年，到中华人民共和国成立一百年时，基本实现现代化，把我国建成社会主义现代化国家。[1] 中共十九大系统地分析了国际国内形势、基本实现现代化的基础形势以及中国的发展条件，基于社会主要矛盾的转变，做出了"基本实现现代化"的目标将提前实现的战略判断，并提出了"建设现代化强国"的战略部署，把到 21 世纪中叶建设富强民主文明和谐美丽的社会主义现代化强国的目标分两个阶段来实施。自然，目标的探索之后，还需要对目标的实现程度进行分析。

---

[1] 萧洪恩 . "农村就地现代化"是必由之路 [J]. 人民论坛，2015（14）：73-73.

（二）中国现代化研究的本土思想资源

与本书相关的研究成果，目前已极为丰富，除学术专著、论文集、资料汇编之外，仅中国知网上关于"现代化"的主题检索条目即达 11 万多条。我们在此特别关注四个方面。

首先，学界积累的中国本土化的现代化思想资源。20 世纪中国本土化的现代化思想资源，特别是自"五四"运动以来中国思想界进行的各种论战中，与中国实现现代化相关的大论战至少有五次：约从 1915—1927 年发生的关于东西文化问题的论战，约 1933 年发生的关于中国现代化问题的讨论，20 世纪 20 年代至 40 年代关于中国应以农立国还是以工立国的论战，在 20 世纪 30 年代至 40 年代关于中国文化出路问题的再论战，20 世纪 80 年代的"文化热"及相关的争论等。综观这些争论，如果用一个主题加以概括，那就是在"中国向何处去""中华民族向何处去""中国人向何处去"的大背景下思考中国如何应对全球性现代化而实现自身现代化的问题，其中包括从"东方化"引出中国本位文化观点，从"西化"引出"现代化"的观点，把现代化的基本概念确定为工业化、科学化、合理化、社会化，形成了"现代化的正路与歧路""中国现代化之前提与方式""中国现代化的基本问题""论中国现代化""生产现代化与中国出路""怎样使中国文化现代化""中国生产之现代化应采个人主义"……及至"欧化""西化""全盘西化""充分世界化""现代的中国文化""农化""工化""孔化""中国特色现代化"等一系列的问题与概念，正是这些讨论，提供了中国本土化的现代化思想资源。

正是以上思想上的论战与讨论提供了中国本土化的现代化思想资源。"现代化"概念的出现与对现代化问题的集中讨论，说明现代化理论不只是舶来品而且有中国自己的思想资源。据学界研究，"现代化"一词在"五四"运动以后关于东西文化观的争论中已出现，例如在严既澄的文章中就出现过"近代化的孔家思想"的提法，当时是"近代化""现代化"一义的；在柳克述著的《新土耳其》（1927 年）一书中，"现代化"已经与"西方化"并提且有了把二者分开的意象；到 1929 年，胡适在一篇文章中写道："新文化运动的根本意义是承认中国旧文化不适宜于现代的环境，而提倡充分接受世界的新文明。"在这里，"新文化运动"在本质上就是现代化运动，尽管有把现代化运动"文化化"之局限性；同样是 1929 年，胡适在为英文《基督教年鉴》写的《文化的冲突》一文中也正式地使用了"一心一意的现代化"（Whole-hearted modernization）的提法（或谓为"全力的现代化""充分的现代化"）。不过应强调的是，"现代化"一词在报刊上正式以现代发展问题为主旨使用并进行学术讨论则是在 20 世纪 30 年代，就是 1933 年 7 月《申报月刊》为创刊周年纪念而发行特大号刊出"中国现代化问题"特辑。当时讨论的重点是中国现代化的困难和障碍是什么，要促进中国现代化，需要几个怎样的先决条件；中国现代化当采取哪一种方式，个人主义的或社会主义的；外国资本所促成的现代化或国民资本所自发的现代化，以及实现这一方式的步骤怎样等。因此，我们有理由相信，"现代化"理论不只是舶来品，因为它比西方 20 世纪 50—60 年代形成的所谓现代理论要早约 20 年。

其次，中国启蒙运动中之"新民"的思想资源，提供了充分的关于人的现代化的基本思路。这方面的代表人物如梁启超，在《新民说·释新民之义》中从根本改造国民素质方面强调："新民云者，非欲吾民尽弃其旧以从人也。新之义有二：一曰，淬厉其所本有而新之；二曰，采补其所本无而新之。二者缺一，时乃无功……故吾所谓新民者，必非如心醉西风者流，蔑弃吾数千年之道德学术风俗，以求伍于他人，亦非如墨守故纸者流，谓仅抱此数千年之道德学术风俗，遂足以立于大地之上也。"为此，梁启超提出了"新"化思想中的现代世界意识、中国处在过渡时代的意识、自由意识、现代竞争意识等[1]；梁启超还在《新民说》中为现代国民设计了包括自由、自治、进步、自尊、合群、尚武、进取冒险、权利思想、国家思想、义务思想等新德性，这与当代英格尔斯在《人的现代化》一书中所开列的现代人特征相比较即有许多吻合。这种"新民"思想实际上强调的是人的现代化，其影响了一代青年人，如胡适说"《新民说》诸篇给我开辟了一个

---

[1]　参见梁启超所著《中国积弱溯源论》《过渡时代论》《灭国新法论》《新民说》等篇，见《梁启超选集》，上海人民出版社出版。

新世界，使我彻底相信中国之外还有很高等的民族，很高等的文化"；毛泽东等将自己早期建立的革命组织叫"新民学会"，本身已经说明了这一事实。后来，到了"五四"运动前后，陈独秀更把"新青年"所应有的"现代人"特质做了特别申明：自主的而非奴隶的，进步的而非保守的，进取的而非退隐的，世界的而非锁国的，实利的而非虚文的，科学的而非想象的。即使在今天，这也是现代人意识的一些基本方面。

再次，胡适等对中国追赶型现代化类型的初步认知，有利于我们把握和理解中国式现代化建设中的各种问题。如胡适即言："至于欧洲文化今日的特色，科学与德谟克拉西，事事都可用历史的事实来说明：我们只可以说欧洲民族在这三百年中，受了环境的逼迫，赶上了几步，在征服环境方面的成绩比较其余各民族确是大得多。这也不是奇事：本来赛跑最怕赶上；赶上一步之后，先到的局面已成。但赛跑争先，虽然只有一个人得第一，落后的人，虽不能抢第一，而慢慢走去终也有到目的地的时候。现在全世界大通了，当初鞭策欧洲人的环境和问题现在又来鞭策我们了。将来中国和印度的科学化与民治化，是无可疑的。"很显然，胡适强调我们东方落后民族、落后国家应当追赶以实现现代化。他还在《我们对西洋近代文明的态度》一文中充分肯定西洋文明中"神圣的不知足是一切革新一切进化的动力"，而"这样充分运用人的聪明智慧来寻求真理以解放人的心灵，来制服天行以供人用，来改造物质的环境，来改造社会政治制度，来谋人类最大多数的最大幸福——这样的文明应该能满足人类精神上的要求；这样的文明是精神的文明"。显然，我们现在实现现代化的努力，以至于我们此前的一些如"大跃进"那样的错误，都与这"追赶"有关。

最后，20世纪30年代的文化争论。在20世纪20年代文化争论的基础上从"东方化"引出了中国本位文化观点，从"西化"引出了"现代化"的观点等一系列的问题与概念，"在这些年中也基本形成，中国知识界通过自身的思想论辩与探索得出的现代化概念，与战后西方学者根据马克斯·韦伯的观点提出的现代化概念，是基本一致的"。到20世纪40年代初，"现代化"问题即已经成了政治学家、哲学家等共同思考的问题，如冯友兰即曾说："从前人常说我们要西洋化，现在人常说我们要近代化或现代化。这并不是专是名词上的改变，这表示近来人的一种见解上的改变。这表示，一般人已渐觉得以前所谓西洋文化之所以是优越的，并不是因为它是西洋的，而是因为它是近代的或现代的。我们近百年之所以到处吃亏，并不是因为我们的文化是中国的，而是因为我们的文化是中古的。这一觉悟是很大的。即专就名词说，近代化或现代化之名，比西洋之名，实亦较不含混。"应该说，这类思想与我们现代不少人拿中国传统文化与西方现代文化相比而得出悲观结论的思维相比是大异其趣的。由此，我们自然应该坚信的是，我们应充分利用好自己文化中的有关中国式现代化问题的思想资源。自然，这些思想资源除了上述而外，还有很多，此不申论。

还应看到的是，作为中国共产党集体智慧结晶的现代化思想理论创获。这方面的研究成果很多，但一般没有把其作为现代化理论看待而只作为指导思想研究。事实上，一方面，毛泽东思想、邓小平理论、"三个代表"重要思想、科学发展观、习近平新时代中国特色社会主义思想，都具有深刻而丰富的现代化建设思想，应作为现代化理论加以研究，并以之作为指导思想。另一方面是关于"三农"工作的相关文件，特别是改革开放以来的 20 个一号文件，其中也有丰富的乡村振兴与就地现代化思想，此不例举。我们在此强调的是：这两个层次的思想都是本书研究的重要依据。

（三）国家在中国现代化进程中的作用

中国是后发型现代化国家。所谓后发型现代化，是相对于早发型现代化而言的，它指的是国家的现代化不是由于本土各种因素的合力所导致的自然过程，而是在外力的刺激下才发生的。[1] 中国作为后发型现代化国家，只靠市场规律而没有政府强有力作用的主导，容易造成无序和混乱，因此，国家必须通过强有力的主导作用来处理和化解在现代化进程中发生的一些矛盾与冲突。国家在现代化进程中的主导作用主要是指在现代化的进程中，政府以较高的"政府强度"和"政

---

[1] 戴维，梁博强，萧洪恩 . 农村就地现代化发展模式初探 [J]. 商业时代，2008（7）：105-106.

府能力"[1]，实现有利于推动经济增长和环节随之产生的政治、经济、文化等方面的矛盾而形成的一种主导作用。[2] 这种主导作用能有效确保各种制度安排的顺利实施，从而有力地推动经济增长及工业化进程。在这里，我们暂时重点介绍国家在中国现代化进程中的政治作用和道义作用。

《中共中央关于全面深化改革若干重大问题的决定》中明确指出"全面深化改革的总目标是完善和发展中国特色社会主义制度，推进国家治理体系和治理能力的现代化"。国家治理是一个多维度的治理过程，根据当代中国社会主义建设"五位一体"的总布局，可以分类划分为政治治理、经济治理、社会治理、文化治理和生态治理，其中政治治理是国家治理最为基础和关键的部分。中国政治治理现代化的逻辑主线是以中国共产党为核心，以政府为主体，坚持党的领导、人民当家作主和依法治国有机统一的基本原则，并以此建构相应的协商民主和社会治理现代化的辅助体系。[3] 国家在中国现代化进程中的政治作用主要体现在中国特色社会主义制度和国家治理体系上，这套制度的优越性在于：高度的统一性，能集中力量办大事，能保证对全国集中统一领导；广泛的民主性，能保持决策的科学性，人民代表大会制度、中国共产党领导的多党合作和政治协商制度等都体现了中国特色社会主义的新兴民主；高度的统一性和组织性，执行力强，办事效率高；规划的长期性和计划的连贯性；具有社会主义加市场经济的独特优势。[4] 中共十九大报告也对我国政治建设取得的成就给予了肯定说明，"积极发展社会主义民主政治，推进全面依法治国，党的领导、人民当家作主、依法治国有机统一的制度建设全面加强，党的领导体制机制不断完善，社会主义民主不断发展，党内民主更加广泛，社会主义协商民主全面展开，爱国统一战线巩固发展，民族

――――――――――――

　　[1]　翟年祥，项光勤．政府在后发型国家现代化进程中的主导作用 [J]. 安徽大学学报（哲学社会科学版），2008，32（1）：137-141.

　　[2]　冯香香．国家治理体系现代化进程中的服务型政府建设 [D]. 南京师范大学，2016.

　　[3]　萧洪恩．"三农"向何处去：乡村振兴战略与就地现代化之路探析 [J]. 徐州工程学院学报（社会科学版），2018（2）.

　　[4]　何传启．现代化强国建设的路径和模式分析 [J]. 中国科学院院刊，2018，33（3）：274-283.

宗教工作创新推进。科学立法、严格执法、公正司法、全民守法深入推进，法治国家、法治政府、法治社会建设相互促进，中国特色社会主义法治体系日益完善，全社会法治观念明显增强。国家监察体制改革试点取得实效，行政体制改革、司法体制改革、权力运行制约和监督体系建设有效实施"[1]。在此基础上，国家将会在中国现代化进程中发挥更强有力的政治作用。

中国的现代化建设是一个包括政治、经济、文化等各个层面在内的全方位建设。其中，文化建设无疑占据着重要的地位。这是因为文化是人类社会的灵魂，是人类社会不断向前发展的内在驱动力和凝聚力，没有文化上的进步，就不会有社会的全面进步。现代化国家在中国现代化建设中的道义作用，其实是一种具有中国文化特色的特殊力量，这也是中国文化力量的体现。中共十七大提出文化软实力概念，是中国软实力打造自己特色的一个重要标志，彰显了中国软实力"以文化天下"的情怀。继而十八大以来，习近平总书记关于"夯实国家文化软实力根基""传播当代中国价值观念""展示中华文化的独特魅力""树立当代中国国家形象""提升中国国际话语权"[2]等一系列重要论述，对中国的文化建设有着方向性的指引。中华优秀传统文化和社会主义核心体系、核心价值观起着核心作用。中华优秀传统文化是中国文化的根基所系、优势所在。其中许多精华具有跨越时空、超越国度的价值和意义，如讲仁爱、倡忠勇、敬廉洁、誉气节、崇智慧、申正义、重民本、守诚信、尚合和、求大同等价值理念。这些理念一旦被赋予新的时代内涵，就会成为增强文化力量的巨大正能量。任何民族、任何国家最长久、最深厚的发展动力，都源自其所尊崇的核心价值体系与核心价值观。文化生产力、文化资本化、文化产业等一系列由文化衍生的极具现代化要素的热点涌现，对于我国的现代化建设有新的建设方向。

---

[1] 陈金龙.发展中国家走向现代化的中国经验 [J].思想理论教育导刊，2017（12）：12-16.

[2] 邱实."四个全面"和国家治理现代化 [J].人民周刊，2016（12：）：49-50

（四）从促进农村就地现代化看中国现代化发展中的国家观

中国是一个庞大的传统农业国家，要想使占大多数的农业人口实现现代化，就必须推进现代农业发展和实现农村现代化。在中国努力全面实现现代化的时代背景下，如若仅依靠走传统的"城市化、工业化、市民化"（老三化）之路是不够的，农村就地现代化作为植根于广大农村自然地理条件、历史现实状况的发展道路，应该作为中国农村现代化发展的路径之一，成为与城市化相并行的中国现代化道路选择。[1] 就地现代化的道路，即指农村居民利用近现代工、农业科学技术，提高农村生产力水平，发展农村经济，优化农村社会结构，逐步缩小城乡差别，最终实现城乡共同现代化。[2]

走农村就地现代化发展的道路，是立足于中国农村自然地理文化条件和发展的实际，有其深刻的必要性。首先，国家安全中的粮食安全问题是中国现代化发展中被极为关注的问题。中国人口众多，要想实现"把中国人的饭碗牢牢端在自己手中"，"三农"就地现代化是必然选择。其次，中国庞大的人口基数增强了"三农"就地现代化的必然性。一方面，中国人口基数庞大，按照现有的城市化率来进行计算，到2025年仍然有相当一部分人口为农村人口；另一方面，城市的容量有限，将农村人口转移为城市人口只是暂时的，并不能从根本上解决问题。再者，中国广阔的国土空间放空了城市化辐射的能力。城市辐射能力不足导致仅仅依靠城市化道路不足以实现中国全面现代化的发展目标，农村周边及偏远农村地区需要挖掘更多地区特色，走就地现代化之路。

国家在加强和推进农村城市化、农民市民化、产业工业化的同时，一直着眼于实现"三农"的就地现代化道路。2004年开始连续出台了多个指导农业农村工作的中央一号文件（含2011年一号文件），再到最近的十九大报告表明的"实

---

[1] 萧洪恩 . "农村就地现代化"是必由之路 [J]. 人民论坛，2015（14）：73.

[2] 戴维，梁博强，萧洪恩 . 农村就地现代化发展模式初探 [J]. 商业时代，2008（7）：105-106.

施乡村振兴战略"的论述，描述了以"三农"来界定"乡村"的就地现代化模式的整体建构。我们从中可以看到一条清晰的主线，即国家始终坚持以人为本、加强农业基础、增加农民收入、保护农民利益、促进农村和谐的目标和取向，重点突出、导向明确、操作性强、受益面大，基本观念取向即农村的就地现代化，发挥了强有力的主导作用。

政治上，根据中国农业发展实际，贯彻发展本位观，形成了中国农业发展的主要国家观念，把农业发展提升到国家安全、主权的高度。首先，站在中国发展全局性和战略性的高度来强调解决"三农"问题的重要性。以最近的十九大报告为例，习近平总书记在十九大报告中特别提出了"乡村振兴战略"，肯定三农问题是关系国民生计的根本性问题，并强调要实现农村农业的现代化，要求我们必须始终把解决好"三农"问题作为全党工作的重中之重。其次，从战略的角度对"乡村振兴"进行规范。在国家发展的顺序上，坚持农业农村优先发展，这两个优先自然内在地包含了农民的优先发展，强调的是"三农"的整体联动，而且把"三农"统一叫作"乡村"，因而"乡村振兴"实质上就是要实现"就地现代化"或"乡村现代化"。[1] 再者，出台政策措施从制度性上进行根本保障。巩固和完善农村基本经营制度，保持土地承包关系稳定并长久不变，第二轮土地承包到期后再延长三十年，这为农地流转、为发展社会主义现代大农业提供了制度性保障。同时，加强农村基层基础工作，培养造就一支懂农业、爱农村、爱农民的"三农"工作队伍，健全自治、法治、德治相结合的乡村治理体系。

文化上，由于 2000 多年的封建社会残余以及农村相对闭塞的环境，导致传统农村文化中的封闭、自给自足、小农意识等观念很强，用现代性来改造农村传统文化，推动农村传统文化价值观的现代转型显得尤为重要，这也对农村就地现代化发展意义重大。首先，国家一直以来就注重对农村的文化建设和改造，如加强文化设施建设，巩固农村文化阵地，落实文化经济政策，加大文化投入力度，推动县级图书馆、文化馆、乡镇文化站及村文化室的建设使用。其次，除了对农

[1] 萧洪恩．"三农"向何处去：乡村振兴战略与就地现代化之路探析 [J]. 徐州工程学院学报（社会科学版），2018（2）.

村文化的重视，国家也尊重农民在乡村文化建设中的自主选择地位。如通过民办公助、政策扶持，鼓励农民自办文化，开展各种面向农村、面向农民的文化经营活动，使农民群众成为农村文化建设的主体。再者，国家注重发展农村文化产业，推动农村文化资本化发展。如国家鼓励扶持以公司加农户、专业加工户等形式，从事农村特色文化产品开发和文化服务，促进农村文化产业发展。鼓励社会资本在政策范围内，以各种形式兴办文化实体，形成以公有制为主体、多种所有制共同发展的文化产业格局。

习近平总书记指出："乡村振兴要推动乡村文化振兴，加强农村思想道德建设和公共文化建设，以社会主义核心价值观为引领，深入挖掘优秀传统农耕文化蕴含的思想观念、人文精神、道德规范，培育挖掘乡土文化人才，弘扬主旋律和社会正气，培育文明乡风、良好家风、淳朴民风，改善农民精神风貌，提高乡村社会文明程度，焕发乡村文明新气象。"乡村文化建设对我国农村现代化发展意义重大，推动农村文化大发展大繁荣，才能更好反哺促进农村就地现代化发展，进一步促进我国实现全面建设现代化强国的目标。

五、工业化还是农业化：中国现代化的问题纠结

（一）以何立国

改革开放四十余年，中华大地发生了翻天覆地的变化，和平与发展是当代世界的两大主题。在全球性现代化发展的大潮流中，中华民族也无例外参与其中，谋求着自身的兴盛与发展。自 1840 年鸦片战争以来，中国社会和中华文化均受到了西方社会发展模式的严峻挑战，遭遇了"三千年未有之变局"，20 世纪注定是个发展变动的时代，而现代化则是这个时代的重要主题。

罗荣渠在其《现代化新论》中认为："广义的现代化主要是指工业革命以来现代生产力导致社会生产方式的大变革，引起世界经济加速发展和社会适应性的大趋势；具体来说，这是以现代化工业、科学和技术革命为动力，实现传统的农业社会向现代化工业社会的大转变，使工业文明渗透到经济、政治、文化、思想

各个领域并引起社会组织和社会行为深刻变化的过程。"从以上定义中可以看出，现代化主要表现为经济领域的工业化和市场化、政治领域的民主化和法制化、思想文化领域的理性化和科学化等。

魏源在《海国图志》中提出了中西方"以农立国"与"以商立国"的根本性差异，自此关于"以何立国"的争论就贯穿了中国整个现代化发展过程。中国早在明清之际的早期启蒙思想思潮中已有了非常丰富的有关现代化的思想资源，尽管都没有使用"现代化"这一名称；并且在以后的思想探索中，有不少的思想观念本身即近于西方的所谓现代化理论。

在全球化与现代化的问题上，一直以来均有一种观点认为，全球性现代化就是西方化，根据西方国家的价值观念，现代化的主要标志是经济工业化和政治民主化，其理念核心是工业化，是人类社会从传统农业社会向现代工业社会转变的必经阶段。在经历了第二次世界大战以后，新独立的民族都渴望在和平稳定的环境中进行战后恢复和发展，先发型现代化的西方国家主张通过工业化来促进国家的现代化发展，大力推崇从上至下的工业化。但是近现代以来，纵观全球，尤其是部分发展中国家的实践结果来看，照搬照套西方发达国家的现代化模式是不可行的，甚至会使得国家陷入发展的怪圈中，例如拉美陷阱，给发展中国家的现代化敲醒了警钟。如何实现政治独立、经济富强和民族复兴，是每一个新型独立民族的愿望，中国在进入近现代以来，也在不断发展中获取经验和教训，在这个过程中逐步总结出了适合中国发展现代化的道路和模式。

综合现有的文献资料来看，中国的现代化发展可以几次思想大论战为主要线索来进行考察，本土思想资源为我们提供了很好的切入点。从中国的发展进程来看，内部制度的衰退加上外部的入侵，使得中国的现代化是在外部刺激和内部回应中所产生的。面对西方资本主义的强势，中国首先想到的就是学习西方先进的科学技术，因而从自强运动开始，在中华大地上便展开了关于"中体西用"还是"全盘西化"的争论，这场文化争论在"五四"新文化运动前后达到了顶峰。最早提出的"中学为体，西学为用"的口号，是在维持中国原有的体制模式下引进西方的先进技术，这个口号事实上属于一种保护本国文化的防御性现代化；辛亥革命前后，则有人提出了"全盘西化"的理念，将西方的模式用于发展中国；其次就是关于究竟是"农化"还是"工化"的争论，提倡以农立国的代表性人物是章士钊，他主张"反求诸农，以安本国"的发展理念；而杨明斋、杨铨等人则主张"以工立国"，而后发展出更为深入的争论，在此期间出现了以梁漱溟为代表的乡村建设派，和以吴景超为代表的以工立国派，随着时间的推移，随后还出现了单一的工业化和单一的农业化发展论、农先工后论、农后工先论以及农工并重论，有坚持振兴农业以引发工业的思想，也有坚持主张发展工业以工带农的发展理念，可见当时的仁人志士对于中华民族的发展都积极各抒己见，都力图通过自己探索出的思想理念来指导中国的发展，这些思想实则为中国后来的发展奠定了一些基础。

自"五四"运动以来中国思想界进行的各种论战中，与中国实现现代化相关的大论战至少有五次：约从 1915 到 1927 年间发生的关于东西文化问题的论战，约 1933 年发生的关于中国现代化问题的讨论，20 世纪 20 年代至 40 年代关于中国应以农立国还是以工立国的论战，在 20 世纪 30 年代至 40 年代关于中国文化出路问题的再论战，20 世纪 80 年代的"文化热"及相关的争论等，综观这些争论，如果用一个主题加以概括，那就是在"中国向何处去""中华民族向何处去""中国人向何处去"的大背景下，思考中国如何应对全球性现代化而实现自身现代化的问题。

（二）大国抉择

在世界现代化潮流中，中国作为一个具有古老文化传统的东方国家，在西方近代文明的直接冲击下，与西方近代文明相汇合，并在本民族文化精神的支配下，以自己特有的方式走上了独具特色的近代化发展道路。中国在现代化过程中，一直贯穿着两大核心问题：一是国家独立和民族解放；二是繁荣富强和持续发展。毋庸置疑，中国想要屹立于世界民族之林，首先必须实现现代化，但基于中国自古以来即是一个农村人口占据绝大多数的农业国家，如何进行现代化是值得深思熟虑的问题。

在中华人民共和国成立以前，国内动荡不安的局势和外部侵略者的掠夺，即使现代化思想已有相当多的讨论，但是实则缺乏可以进行建设发展的大环境，现代化发展看起来仍然是不可实现的，对于改良与革命，各党派之间也是各持己见，直到 1949 年中华人民共和国诞生以后，中国才从真正意义上开始了其现代化的进程。中国的现代化是在一个农村居民占据绝大多数的传统农业国之中进行的，因而不可避免地要根据特定的历史条件，发掘出符合中国国情的发展道路。

新中国成立初期，毛泽东主席在 20 世纪 50 年代初提出要将新中国建设成一个社会主义强国，因而优先发展工业化，这一阶段的典型特征是经济上实行高度集中的计划经济体制，政治上实行高度集权的行政命令体制。在此阶段新中国进行了民主革命，创造性地建立了以农业为基础，以工业为主导，以农、轻、重为序安排国民经济的中国社会主义工业化发展模式，但发展后期由于受到"左"倾思想和文化大革命的影响，对中国的现代化进程产生了毁灭性的打击，中国的现代化进程因而停滞不前。直到 1978 年十一届三中全会以后，以邓小平为核心的中央领导集团，在深刻总结了前期错误的发展路线后，从社会主义初级阶段的国情出发，坚持"解放思想，实事求是"，从全球性的发展视野出发，提出了"什么是社会主义，怎样建设社会主义"的问题，并在此基础上建立了具有中国特色的发展道路，进行改革开放，使得中国的现代化建设发生了翻天覆地的变化。20世纪 90 年代后期，国际形势发生了改变，世界走向多元化，以江泽民为中心的中央领导集团，提出了各项事业协调发展的模式，工农并重，积极促进社会的平衡发展，工业农业得到了较为均衡的发展。进入新世纪，以胡锦涛为中心的领导集团，明确地提出了科学发展观，其中发展的基本要求是"全面协调可持续"，统筹城乡发展，保障农村地区和城市地区的和谐发展。进入新时期，自党的十八大以来，习近平总书记多次在重要会议上针对三农问题发表了一系列的讲话，提出了"务农重本，国之大纲"的"农业梦"，指出"中国要强，农业必须强；中国要美，农村必须美"的理念，并指出在任何时候都不能忽视农业，要始终重视。

中国的现代化建设与全球化是同时存在的，在发展的过程中既不能排斥全球化，也不能背离民族和国家的主体性。应该保留自己的民族文化传统，保证自己的利益诉求。西方的现代化模式并不具有普世性，界定现代化、认识现代化必须首先从思想上打破西方中心论，关注到本国的文化资源。中国能够在几经周折后找到适合自己的现代化发展道路，原因就在于对本土传统文化资源的"转化"与

"活用"，为中国后继的现代化带来了源源不断的活力。而我们在谈到中国未来的现代化发展时，是必须联系我们原有的文化资源的。

（三）必要探索

中国要发展，就必须发展乡村、发展农业。在长期的二元发展模式下，中国才会富强。为什么要重视农业，可从以下三个视角探讨。

首先，基于国际粮食安全下的必要。

"手中有粮，心中不慌，粮袋子是头等大事。"十九大报告中再次强调了粮食生产对于稳定国家的重要性。2014 年的《关于全面深化农村改革加快推进农业现代化的若干意见》中也明确提出了要把饭碗牢牢地端在自己的手中。中国作为世界上人口最多的国家，粮食安全也是一个经久不衰的话题。在 2018 年召开的博鳌亚洲论坛上，会议主题提出了"粮食安全：亚洲携手，共同面对"，再次说明了粮食生产的重要性。近年来的国际金融危机、全球气候的变化以及能源政策的冲突等问题，使得全球的粮食供求关系处于紧张的状态，国际粮价也受到了剧烈的波动，在结构性矛盾凸显的情况下，现如今人们对于粮食的需求已经从"吃得饱"向"吃得好""健康绿色"转化。而当前我国的粮食市场呈现出三多一少的现象，即粮食生产量越来越大，进口量越拉越大，库存量越来越大，但粮食自给率持续降低。在国际贸易战中，粮食战争打垮了许多国家，甚至也危及目前中国的粮食安全问题。国家的粮食生产要安全，就必须保证农业生产持续高效进行，其重要性自不待言。

其次，基于农村现实情况。

中国拥有庞大的人口基数，农民的数量也是巨大的。经预测，到 2030 年，中国的农民数量将会达到 8 亿。按照西方的现代化模式，将农业人口全部转移成为城市人口是不可行的，不可能像人口少的小国家，比如日本和韩国以及西方一些小国，达到百分之九十的城市化、市民化。大城市的容量是有限的，根据人口的预测，未来中国达到 15 亿，中国未来可以达到的像上海这样规模的大城市会有多少呢？全国第七次人口普查结构显示，居住在城镇的人口为 90199 万人，占63.89%（2020 年我国户籍人口城镇化率为 45.4%），尽管城镇常住人口持续增加，但我们始终面对着庞大的农村人口基数（50979 万人），即使发展，也不可能全部市民化、城镇化。从另一个角度来说，城市的容纳能力和辐射能力也是有限的，我国国土面积辽阔，各个区域从自然条件到发展模式均有差异，城市周边所能拉动的郊区和农村区域也是有限的，因而必须立足于农村地区的就地现代化。而不能仅仅依赖于工业化。

再次，基于乡村振兴。

十九大报告中首次提出了"乡村振兴战略"一词，是对三农事业重大决策部署绘就的崭新蓝图，具有划时代的里程碑式意义。从宏观上来看，乡村振兴问题的实质是全球性视野中的中国模式问题。从"新农村建设"到"乡村振兴战略"，即是一次理念创新和战略跃升，也是全面的内涵提升和外延拓展。实施乡村振兴战略的总要求，就是坚持农业农村优先发展，努力做到"产业兴旺、生态宜居、乡风文明、治理有效、生活富裕"。在新的发展时期，中国的主要矛盾已经转化成人民日益增长的美好生活需要和不平衡不充分的发展之间的矛盾。从中国的现实国情来看，最大的不平衡是城乡发展的巨大差异，而最大的不充分则是乡村发展的不充分。当前，中国扶贫工作成就突出，"十三五"期间基本完成精准扶贫"打赢脱贫攻坚战，消除绝对贫困"的目标。十九届五中全会提出了"十四五"时期巩固拓展脱贫攻坚成果，"实现巩固拓展脱贫攻坚成果同乡村振兴有效衔接"的发展目标。从这些年的扶贫成效来看，较大程度地促进农村地区与外界更为便捷的互动、一部分农村地区先行发展起来，但在地区均衡发展、产业扶贫可持续性、基础设施和公共服务建设等方面还面临不同程度的挑战，如何进一步巩固脱贫攻坚成效，确保扶贫的有效性和可持续性成为精准扶贫与乡村振兴相互衔接的关键。可见，中华民族的发展，必然是要求工业农业并重的。现代化并不单单是经济上的增长，而是整个社会结构的变革，是一个动态的过程，中国社会主义的现代化必须建立在全方位多层次的视角下，从我国的实际国情出发，灵活转化本土的思想资源，处理好工业和农业的关系，坚持两手抓生产，不断提高现代化的水平。

六、城市与乡村：农村现代化的城乡等值目标

（一）城乡等值化内涵特征

城乡等值化发展是实现城乡平衡发展的一种新型理念。城乡等值化（urban-rural equalized development）概念源于德国的赛德尔基金会在 20 世纪中叶提出的等值化思想。德国在二战后由于农村基础落后，大片土地长时间荒芜，大量的农民涌入城市，对城市造成很大压力，德国政府为了使农村发展加快、让农民生活方式与城市相近、留住农村人口采取一系列举措，其中巴伐利亚州就是德国城乡等值化建设的重要代表地区。[1]

关于城乡等值化的内涵，中国学者在相关研究中提出了大致相同的见解。其中穆兴增认为，等值化指的是不通过耕地变厂房、农村变城市的方式使农村在生产、生活质量而非形态上与城市逐渐消除差别，使农村生活条件、生活质量达到与城市生活"不同类但等值"的目标，包括劳动强度、工作条件、就业机会、收入水平、居住环境等，使在农村居住仅是环境选择、当农民只是职业选择。[2] 毕宇珠认为城乡等值是通过空间发展规划，统一相同的生活质量和公用设施、劳动就业、居住等条件，落实城乡协调发展理念。她强调巴伐利亚州城乡等值化发展不是城乡差别、产业结构、经济生产方式、文化、空间景观等消失，也不是社会区域由非均质空间演变为一种绝对的均质空间，而是逐渐缩小城乡社会经济发展程度及生态基础设施享用水平，从而加强城乡相互依存关系，促进城乡发展更趋协调。[3] 李文荣等指出城乡等值化的核心内涵是"不同类但等

[1] 谭文兵."城乡等值化"发展理念对城乡统一建设用地市场的启示 [J]. 中国人口・资源与环境，2014，24（S3）：179-181.

[2] 穆兴增. 怎样理解城乡等值化发展 [N]. 河北日报，2011-03-29（03）.

[3] 毕宇珠，苟天来，张骞之，等. 战后德国城乡等值化发展模式及其启示 —— 以巴伐利亚州为例 [J]. 生态经济 .2012（5）：99-102+106.

值"，即在承认城乡在社会形态、生产和生活方式等方面存在差别的前提下，通过投资和财政再分配，大力发展农村经济，加强农村基础设施和公共服务建设，健全社会保障体系，使城乡居民享有同等水平的生活条件、社会福利和生活质量，共享现代文明。[1] 陈国华在论述破解农村教育难题时指出，"城乡等值"既是一种理念，也是一种目标。他认为在实现城乡等值的过程中，尊重城乡差异是基础。主张用一定的财力、物力投入，让农民生产、生活得更美好，建设"低消费、高福利"的新农村生活方式，并且农村建设不应以城市为标准，农村生活与城市生活不同类但等值。简单来说，即农村生活的优质与特色，农村生活的品质与城市一样，且具有农村特色，不与城市完全同类。[2] 范海玲指出城乡等值化理念通过土地整理、村庄革新等方式，实现了"在农村生活，并不代表可以降低生活质量"，"与城市生活不同类但等值"的目的，使农村经济与城市经济得以平衡发展。陈菊根认为城乡等值化是指通过消除城乡差别，促进农村经济发展与社会发展的均衡实现，提升农村居民的整体生活质量，使在农村生活和在城市一样舒适方便，价值一样体现。他也指出"城乡等值化"的建设理念所追求的目标是农村与城市生活不同类但等值。[3] "城乡等值化"的建设理念是将建设的基点立足于农村，追求的是农村的发展，并不是要将农村城市化；追求的是与城市不同的、更符合农民需求的生产和生活方式，这就为以有限的财力物力给农民创造更好的生产和生活条件提供了可能。李培在探索社会主义新农村模式的时候指出"城乡等值化"的建设理念是将建设的基点立足于农村，追求的是农村的发展，并不是要将农村城市化；追求的是与城市不同的、更符合农民需求的生产和生活方式，这就为以有限的财力物力给农民创造更好

[1] 李文荣，陈建伟.城乡等值化的理论剖析及实践启示 [J].城市问题，2012（01）：22-25+29.

[2] 陈国华.城乡等值：破解农村教育难题的关键 [J].人民教育，2016（12）：28-30.

[3] 陈菊根."城乡等值化"：发达地区新农村建设的有效途径 [J].中共杭州市委党校学报，2007（01）：63-66.

的生产和生活条件提供了可能。[1] 胡振亚指出城乡等值化确立的核心思想是：让农民在工作条件、就业机会、收入水平、居住环境、社会待遇等生活质量方面与城市形态不同类但等值，追求与城市不同的更符合农民需求的生产和生活方式。[2]

从学界对于城乡等值化的内涵表述中我们能够发现，城乡之间的"不同类但等值"已经成为对于城乡等值化的共同认识。城乡等值化强调农村发展应立足于农村实际，尊重城乡差异，在发展过程中不应与城市发展模式一致，也不应将农村完全城市化。它所期盼的农村生活应该是符合农村自身发展特色的，切合农民需求的生产生活方式，且在就业、医疗、教育、基础设施等方面与城市享受着相等地位和相同水平的待遇。城乡等值化是为了使农民能够在农村安居乐业，实现农村发展与城市发展相同步，共享发展成果，实现城乡生活和发展的"等值不同类"。

本书基于乡村振兴战略实施背景和就地现代化视角，认为城乡等值化是农村基于自身条件就地实现现代化，以达到农村在良好生态、文明乡风的自然与社会环境下农村产业繁荣发展、农村有效治理、农民生活富裕等目标，农村居民的生活水平与质量和城市居民保持相近，在生活方式和生活环境方面保持着农村特色，让农民能够在农村以符合自身状态的方式生活和享受与城市居民相等值的发展成果，即不追求农村的城市化，但一样享受等值的社会发展成果。

（二）城乡等值化实践探索

1. 起源：德国城乡等值化实验

"城乡等值化"概念源于二战后德国巴伐利亚州的城乡等值化实验。二战后

---

[1] 李培. 社会主义新农村建设的模式探究——以"城乡等值化试验"为例 [J]. 财经问题研究，2007（5）：83-88.

[2] 胡平，胡振亚."城乡等值化"实验及其对我国新农村建设的启示与借鉴价值 [J]. 重庆邮电大学学报（社会科学版），2008（3）：117-120；胡振亚."城乡等值化"实验及其对我国新农村建设的启示与借鉴价值 [J]. 湖北行政学院学报，2007（S2）：93-94.

德国社会经济处于恢复和发展时期，城市具有的集聚效应吸引工业向城市集中，进一步加强城市对农村资源包括农村人口的吸纳功能，从而促使巴伐利亚州的城市规模扩大，而巴伐利亚州农民仅靠农业生产难以维持生计，选择卖掉田产涌入城市寻找就业岗位，这促使巴伐利亚州城市快速发展，但农村人口减少、农村趋于凋零。[1] 大量的农民涌入城市，不仅造成了农村的衰败、农田的荒芜，也给城市造成很大压力。在此背景下，巴伐利亚州开始了城乡等值化最初的尝试，20世纪 50 年代，德国政府就在巴伐利亚州进行包括土地整理、产业布局和区域功能划分等方面的试验，让农民的生产生活与城市基本相近，留住农村人口。[2] 这一系列举措被认为是城乡等值化的初始实践探索，在后来巴伐利亚州不断改进和探索，巴伐利亚州这种城乡等值发展模式从此成为德国农村发展的普遍模式，且在 20 世纪 90 年代成为欧盟农村政策的方向。巴伐利亚州的发展模式主要是通过土地整理、村庄革新等方式，缩小城乡差距，使农村经济与城市经济得以平衡发展，进而实现"在农村生活，并不代表可以降低生活质量"的目的，减少农村人口向大城市的涌入。[3]

巴伐利亚州的城乡等值实践被学界分为四个阶段：第一阶段（1950—1975年），巴伐利亚州着重提高基础设施建设水平，大力提高农业生产力；第二阶段（1976—1992 年），通过建立法律体系、提供资金保障，并且引入景观规划，保护乡村景观；第三阶段（1993—2004 年），巴伐利亚州通过引入公众参与机制，提升项目决策的科学性与公共性；第四阶段（2005 年至今），巴伐利亚州扩大村庄土地综合整治项目区规模，提高乡镇竞争力。[4] 巴伐利亚州几十年的城乡等

[1] 毕宇珠，苟天来，张骞之，等 . 战后德国城乡等值化发展模式及其启示 —— 以巴伐利亚州为例 [J]. 生态经济，2012（5）：99-102+106.

[2] 谭文兵 . "城乡等值化"发展理念对城乡统一建设用地市场的启示中国人口 [J]. 资源与环境，2014，24（S3）：179-181.

[3] 李文荣，陈建伟 . 城乡等值化的理论剖析及实践启示 [J]. 城市问题，2012（01）：22-25+29.

[4] 毕宇珠，苟天来，张骞之，等 . 战后德国城乡等值化发展模式及其启示 —— 以巴伐利亚州为例 [J]. 生态经济，2012（5）：99-102+106.

值实践有着成功，如极大地促进了农村的发展、农业生产力的提高、农村生态环境的改善，使得农民享受着农村发展成果和社会福利，减少了农民向城市流动。但是其实践也有教训，过度追求农村发展经济效益，忽视农村环境保护，给农村环境造成极大负面影响。

巴伐利亚州的城乡等值化实验有着诸多探索，学界对此实验进行了系列总结，并针对中国农村实际提出了诸多建设性意见。

李文荣等人对城乡等值化理论核心观点进行了概述，指出城乡等值化是社会发展的必然趋势，是城乡一体化的重要标志，核心内涵是"不同类但等值"，实现城乡等值以经济高度发达为基础，关键是农村的繁荣与发展。[1] 城乡等值化有着其必然性，对城乡发展有着极其重要的作用。第一，随着社会生产力的不断发展，城乡物质财富扩大，必将逐步缩小城乡差距，实现城乡居民在生活条件、生活质量上"不同类但等值"的目标。第二，让农民享受到与城镇居民同样的待遇水平，使整个城乡经济社会全面、协调、可持续发展，以实现城乡一体化这一目标。第三，在承认城乡社会形态、生产和生活方式等方面存在差别的前提下，通过大力发展生产力，使城乡居民享有同等水平的生活条件、社会福利和生活质量，共享现代文明。第四，随着经济的发展、政府能力的提升，投资和财政再分配将给乡村居民带来更好的福利，其中包括基础设施、环境、教育和医疗等，而这些要以经济高度发展为必要基础。第五，立足农村，促进农村的繁荣与发展，从而缩小城乡差距，而非通过城市倒退来达成这一目标。

毕宇珠等人根据相关研究把城乡等值化发展的内涵所包含原则概括为可持续发展原则、因地制宜原则、系统化原则、治理原则，并且进行了详细的陈述。[2] 第一，提倡通过城乡经济由粗放型向集约型增长，提倡正确处理眼前利益与长远利益、局部利益与整体利益的关系，以实现在现有资源环境条件约束下的可持续发展原

[1] 李文荣，陈建伟 . 城乡等值化的理论剖析及实践启示 [J]. 城市问题，2012（01）：22-25+29.

[2] 毕宇珠，苟天来，张骞之，等 . 战后德国城乡等值化发展模式及其启示 —— 以巴伐利亚州为例 [J]. 生态经济，2012（5）：99-102+106.

则。第二，城乡等值化发展不是"城乡一样化发展"，而是在充分考虑农村自然条件、历史沿革、经济基础、文化习俗方面的特点的基础之上，充分发挥和利用区域优势条件，发展各种产业，促进城与乡的和谐发展。第三，把城市和乡村看作是一个系统，而不是割裂地分开来看。城乡的人力、物力、信息应自由合理地流动，城乡各种时空资源得到高效和系统的利用。第四，在民主政治体制基础上将治理原则引入到乡村发展建设中，确定公平、法治、公众参与、可持续性、责任要素作为衡量指标。

学者还通过探讨德国城乡等值实践，针对中国社会经济发展提出了各方面的建议。谭文兵就"城乡等值化"发展理念对城乡统一建设用地市场提出了建议，科学编制城乡统筹发展规划以建设城乡统一用地市场，加强农村公共服务设施建设以培育市场，大力推动农村产业化以保障城乡用地市场协调发展。[1] 城乡用地的统一建设，是城乡协调发展的必要条件，两者之间的持续协调发展将有利于城乡等值的目标的可靠实现。当前中国城乡用地依然缺乏合理规划，对城乡发展有着极大的制约，城乡等值理念能够有效指导城乡用地合理规划，促进城乡用地建设的和谐统一。毕宇珠等人则指出德国城乡等值实践对中国城乡统筹发展有着启示意义。城乡等值化的发展原则，是城乡统筹发展理念的另一种表达。中国应该基于城乡统筹发展理念对空间发展进行合理规划，增强各规划部门之间的衔接，协调好各相关城乡土地利用规划，发展规划要体现地区发展的效率与公平；扩大土地整理职能，结合村庄建设项目，挖掘乡村潜力，更有效地拉动农村消费需求市场，为新农村建设和城乡协调发展搭建平台；释放土地的资产和资本功能，强化城乡土地市场能力，合理促进土地流转并制定相关法律制度体系，充分发挥城乡之间的互补作用，城市为农村提供技术、资金、人才，农村为城市提供发展空间，保障城市公民和农村公民享有平等的就业机会和生活区域选择机会。[2] 城乡

[1] 谭文兵 . "城乡等值化"发展理念对城乡统一建设用地市场的启示 [J]. 中国人口・资源与环境，2014，24（S3）：179-181.

[2] 毕宇珠，苟天来，张骞之，等 . 战后德国城乡等值化发展模式及其启示 —— 以巴伐利亚州为例 [J]. 生态经济，2012（5）：99-102+106.

统筹发展亦是科学发展观的重要内容，城市与农村的发展应该同步，有效缩小城乡发展差距，实现城乡资源互补。在城乡统筹发展过程中，我们必须意识到，乡村的发展并不以城市为最终目标，而是应以乡村自身特色为基础，不断提高农村社会发展水平，改善农民生活，使农民能够享受与城市居民一样的发展机遇、发展成果。统筹发展，需要城乡各自发挥优势，尤其是农村发展借鉴德国城乡等值化的实践经验，少走弯路以减少不必要的损失，努力实现城乡之间的"不同类但同值"，让农村居民能够居住在农村，享受着不低于城市的就业、医疗、教育、社会保障等全方位的社会服务。陈国华则主张通过实现城乡等值以破解农村教育难题，他指出我国农村教育在城市化进程中面临着巨大挑战，发生着巨大变革。农村孩子转移至城镇，获得更好更多的受教育机会，但农村学生流失也造成了农村学校的大面积萎缩和撤并。城市教育资源相对紧缺，而农村教育资源相对溢出和不足同时存在，诸多教育矛盾及问题成为我国教育发展的难题。他强调我们应该思考在城镇化进程中统筹城镇、乡村教育的发展格局，以"城乡等值"的理念引领农村教育。农村教育应该有其特色，而非完全照搬城市教育模式，以合理的方式促进农村教师的专业水平提高，鼓励农村学校自主创新，寻找符合自身发展之路。[1]教育是民族的根基，农村教育更是中国教育的重中之重。中国农村教育在当前背景下呈现出颓势，成为破旧、师资力量不足、基础设施落后等的代名词，走出农门更为艰难。如何实现好农村教育的重生，需要以全局的视野来布局城乡教育的协调发展，统筹城乡发展，努力促进农村教育水平的提高。李人庆在总结德国巴伐利亚州城乡等值化实践后指出，进行农村建设应因地制宜、量力而行，根据农村的自然环境和人文历史传统，尊重和保护农村经过长期的历史积淀而形成的淳朴、厚重的民风民俗，不盲目照搬大城市的生活模式。着重建设一种既有现代工业文明的因素又保存着优秀传统文化印记的"田园式"的新农村。[2]

德国巴伐利亚州的城乡等值实践，不仅给欧洲农村发展提供路径借鉴，也为

---

[1] 陈国华.城乡等值：破解农村教育难题的关键 [J].人民教育，2016（12）：28-30.

[2] 李人庆.国际视野的城乡发展一体化：理论溯源与现实操作 [J].重庆社会科学，2013（2）：5-13.

中国农村发展提供了参考。中国自 20 世纪 80 年代就引进城乡等值理念并加以实践，无论是新农村建设还是乡村振兴战略，都应该充分借鉴其经验教训，努力实现我国农村因地制宜的发展，让中国农村居民享受与城市居民同等的发展福利，保持乡村特色，就地实现中国农村现代化，实现同类但不等值的目标。

2. 样本：中国南张楼村的实践

南张楼村位于山东省潍坊市下辖青州市的何官镇，从 1989 年开始"巴伐利亚试验"。经过 30 多年的实践，如今的南张楼村被认为是"就地城镇化"的样本 [1]，被认为是"巴伐利亚试验"在中国基本成功的标志。

1988 年，德国赛德尔基金会准备在山东省找个乡村开展城乡等值实验，以验证德国的巴伐利亚试验所倡导的"城乡等值化"理念能否成功解决像中国这样的农业大国的"三农"问题。这一项目希望借鉴巴伐利亚州的土地整理经验，通过改造环境、改善生产条件和完善基础设施，实现"农村与城市生活不同类但是等值"的核心理念。[2] 赛德尔基金会最终选取南张楼村为实践对象开展土地整理和村庄更新。经过村民们的一系列讨论和村民与专家组的讨论之后，制定出了《南张楼村发展规划》，几十年来南张楼村一直按照计划所划分的功能区进行建设。在规划制定后，南张楼村开展土地整理，全面完善农田水利、交通、电力等基础设施，极大地提高了农村生产力。除农业革新外，南张楼村还通过对外输出劳务（日本、美国、韩国、阿根廷等），在当地大力发展工业企业和服务业。通过这一系列实践，南张楼村提高了当地居民收入，改善了人们的生活质量，经济得到快速发展，环境更加优美，最为重要的是，当地人口未出现外流现象，达到了城乡等值实验的基本目标。[3] 项目的德方负责人根据当地人口并未流失认为项目是成功的，但很多南张楼人认为，改善生活并使他们留在农村的最主要原因，并不是德

———————————

[1] 宋学宝. 南张楼：一个"就地城镇化样本"[N]. 大众日报，2013-5-5.

[2] 范海玲. 城乡等值化试验与我国城市化道路反思 [J]. 求索，2005（6）：65-66+32.

[3] 李增刚. 以城乡等值化实现就地城镇化——山东青州南张楼村的案例研究 [J]. 理论学刊，2015（8）：32-42.

国人的试验，而是"副业"的兴旺。[1] 事实上，南张楼村的成功是内外因素共同作用的，德国人开展的项目实验为该村提供了极大的支持，尤其是在基础设施和规划上为当地经济发展奠定了良好基础。以此为契机，南张楼村的居民根据自身实际大力发展副业，极大改善了南张楼村居民的生活质量。

南张楼村对城乡等值理念的实践给中国新农村建设提供了重要参考，也对乡村振兴有着极大的借鉴意义。学界针对山东省南张楼村的城乡等值实践开展了诸多讨论。

与传统的城乡二元结构不同，通过就地现代化实现乡村振兴战略，最终实现的是城乡共同发展，达到城乡等值化发展式融合，这是中国乡村振兴的理想境界。

传统城乡二元结构下的社会发展已经难以适应新时代背景下的现实需求，在长期的二元结构背景下，中国城乡差距日益扩大，差距不仅仅体现在城乡收入方面，还体现在城乡教育、医疗、产业发展、基础设施等方面。为了促进乡村发展，缩小城乡差距，乡村振兴战略应运而生。中央农村工作会议提出，实施乡村振兴战略，要按照产业兴旺、生态宜居、乡风文明、治理有效、生活富裕的总要求，让农业成为有奔头的产业，让农民成为有吸引力的职业，让农村成为安居乐业的美丽家园。而通过就地现代化实现乡村振兴战略，最终实现的是城乡共同发展，达到城乡等值化发展式融合，这是中国乡村振兴的理想境界。

（1）南张楼村模式对新农村建设的借鉴意义

南张楼村的城乡等值化实践对于处于建设城乡协调发展的现代社会具有重要的借鉴意义。城乡等值化模式不通过耕地变厂房、农村变城市的方式使农村在生产、生活质量上与城市逐渐消除差异，农村可以通过城镇化把农民留在土地上。[2]农村的发展并不以工业化、城市化为必要条件，农村能够依托土地、农业生产等方式发展农村经济，提高农村居民生活质量。新农村建设并不是说一定要把所有农民都固化在农村，相反，是要求有节奏、有梯次地转移农村富余劳动力。新农

---

[1] 范海玲 . 城乡等值化试验与我国城市化道路反思 [J]. 求索，2005（6）：65-66+32.

[2] 李培 . 社会主义新农村建设的模式探究——以"城乡等值化试验"为例 [J]. 财经问题研究，2007（5）：83-88.

村建设的最终目的是实现农村经济发展和农民生活富裕，让农村、农民和农业跳出传统的模式与形态。在南张楼村的城乡等值化实践实际上是就地实现农村城市化，他们注重从农村产业开发和农村基础设施建设入手，让农民与农村、农业一起得到发展。[1]

中国南张楼村城乡等值实践的经验还包括，通过生产方式的转变促进生活方式的转变，南张楼村的生产方式从以往的务农为主，发展成农忙务农、农闲务工、亦工亦农的生产方式，生产方式的改变不仅极大地促进了当地经济的发展，改善了农民的生活质量，还改变了人们的思想，使其接受了现代工业生产的思想、合理规划发展目标，为南张楼村的持续有序发展提供了有力保障。同时，外部力量的介入加快了南张楼村经济社会的自然演进历程，来自德国的资金、理念、技术的支持为南张楼村提供了初始推动力，使得南张楼村进入良性循环的发展状态。农村发展需要改变生产方式，传统单一的农业生产难以顺应时代发展步伐，农村应不断提高生产力、转变生产方式，让农村发展更为符合农村实际。农村的发展不能够故步自封，适当引进外来资金、技术、人才等，能够为农村发展提供必要支持，来自外界的物质资金支持是农村发展的重要助力，由此带来的农民思想转变更是农村长远发展的精神动力。农村的发展应依托自身优势，契合自身需求寻取符合自身的道路，充分利用内外部资源，为农村社会经济发展提供支撑。

事实上，南张楼村的成功可以归结为几个方面的条件：一是"巴伐利亚试验"带来的全新理念，二是村支部书记的企业家精神，三是第二、三产业的发展，四是对外开放。简而言之，南张楼村就是在利用外来经验，根据当地实际情况所开展的一次以农村发展为目标的实践，而所遵循的城乡等值化理论在中国也能够发挥积极作用。城乡等值化的基点是立足于农村，追求的是农村的发展，不是要将农村城市化；建设也不是完全以城市为标准，追求的是与城市不同的更符合农民需求的生产和生活方式，以实现"不同类但等值"这一目标。这就为用有限的财力物力投入可以让农民生产、生活得更好提供了可能。新农村建设亦是如此，应该把握以农村为核心这一要求，切实发展农村社会经济，提高农民的生活水平，

---

[1] "城乡等值化"为新农村建设提供宝贵思路 [J]. 领导决策信息，2006（16）：23.

让农村居民享受发展成果。

（2）南张楼村模式的反思

南张楼村在德国城乡等值理念的指导下所开展的成功经验，对中国农村建设发展有着重要借鉴意义，但是我们也必须意识到这种理念不完全适用于中国社会。德国城乡等值化理念实际上是希望用一个宁静祥和、安乡守土、自给自足的乡村和城市并立存在，并在并立中实现价值等同。这种模式作为一种理念追求是无可挑剔的，但如果要把这种模式完全复制到整个中国社会，则并不具有普适性，也有可能给正常的中国社会发展带来不利影响。

胡平、胡振亚在《"城乡等值化"实验及其对我国新农村建设的启示与借鉴价值》一文中就以南张楼村为例，论述了城乡等值化模式的中国非普适性。他们主要从中国农业国情、中德价值观念差异、中国社会复杂性等方面进行分析论证。[1]首先，从中国农业国情看，中国农村经济方式落后，人地关系紧张等造成大量富余人员，这是农村自身难以完全吸纳的。中国是个农业大国，有着数亿的农业人口，但是目前的中国由于人多地少、农业生产方式落后、农业收入少，使得诸多农村人口主动或被动向城市流动，这形成了大量的农民工进城现象，也成为我国社会学研究的重中之重。农村难以解决农村人口的就业问题，迫使人们流动进城，长期或短期进城务工成为大多数农村居民的选择，对于年轻人尤是如此。其次，中德双方对城市和乡村的价值认同是不同的。在中国，由于二元体制的影响，城乡之间的差异是巨大的，改革发展40多年来，城乡差距不仅没有得到有效遏制，反而呈扩大之势。由于这些历史和现实的原因，让村民早已形成了固有的观念：城里的一切都比农村好，一切向城里看齐。不仅观念上如此，在生产生活实践方面也是处于不断地向城市学习、模仿的状态，农村居民不单在衣食住行等方面向城市靠拢，在文化娱乐等方面亦是如此，包括微视频、广场舞等都跟随城市流行方式。德国希望的村民主动追求返璞归真的自然状态的情景自然难以看

---

[1]　胡平，胡振亚 . "城乡等值化"实验及其对我国新农村建设的启示与借鉴价值 [J]. 重庆邮电大学学报（社会科学版），2008（3）：117-120；胡振亚 . "城乡等值化"实验及其对我国新农村建设的启示与借鉴价值 [J]. 湖北行政学院学报，2007（S2）：93-94.

到，因为我国农村居民经历贫穷和落后，对美好生活有着极大的向往，不可能放弃追求幸福、有品质、有乐趣的新生活。同时，我们必须意识到在农村发展道路上，德国人排斥城市的发展倾向与中国城市带动乡村发展的道路是不同的。从改革开放以来，先富带动后富，以城市带动农村已经成为主流观念，国家政策也大多通过此种途径来激励和促进城市发展。在此，我们必须明确指出，在当今社会，城市和农村的发展目标、方式以及重点等方面虽各有不同，但总体上两者之间呈现融合互补发展趋势，宁静祥和的农村可以说是人类共同的美好愿望，在现代社会它也无法与城市失去链接和交集。最后，从理论上看，中国农村的发展实际上受制于包括政治、经济、文化和社会等多种复杂因素的合力，企图通过某种单一的发展模式统一人们的行为选择，这在复杂的中国农村是难以实现的。中国地域辽阔、地区差异巨大，在不同的农村所能寻求的发展路径有着极大差异，而且受各地不同的文化、社会、政治等多重因素的影响，农村发展方式有着千差万别。如华西村的"工业经济"模式、河南南街村的"集体经济"模式、山东潍坊的"公司＋农户"模式、安徽凤阳的"小岗村"模式等，这些都是各地农村发展模式的成功经验，但是这些发展模式无法囊括中国乡村的发展模式，故城乡等值化理念指导下的南张楼村并不能为全国农村发展提供统一的模板。城乡等值化实验，主张以"土地整理和村庄革新"为突破口，一揽子解决村庄的经济、教育、环境、社会等整体问题，而又把经济的发展定位在农村有限的土地之上，幻想从中挖掘出与城市等同的价值，显然是不现实的。[1]

我们能从城乡等值化实验中寻求积极经验教训，但是不能神化这一主张。城乡等值化实验把农村的发展定位在了农村的土地上，这就具有极大局限性。农村的发展不能仅依靠单纯的农业生产，尤其是在中国农村生产力相对落后的情况下，农业的发展不能满足农村居民日益增长的物质文化需要的步伐。农村的发展确实要依靠土地整理和整合村庄，但这并不是农村发展的唯一路径。而且仅仅依靠土地是无法

---

[1]　胡平，胡振亚 ."城乡等值化"实验及其对我国新农村建设的启示与借鉴价值 [J]. 重庆邮电大学学报（社会科学版），2008（3）：117-120；胡振亚 ."城乡等值化"实验及其对我国新农村建设的启示与借鉴价值 [J]. 湖北行政学院学报，2007（S2）：93-94.

把农村的经济、教育、环境、社会等问题完全囊括的，土地因素仅是农村发展的重要因素，而非充要条件。城乡等值化理念追求的城乡等值目标，是我们城乡发展的努力方向，但所提出的具体路径不能成为中国农村发展的束缚和阻力。

3. 农民城：就地现代化新探索

农民城是改革开放后部分农村地区依靠农民力量进行现代化探索的产物，当前比较成熟的农民城典范有浙江省温州市龙港镇、安徽省南陵县许镇、辽宁省海城市南台镇。在一些比较特殊的地带，一些农民依靠当地的地理区位优势，借助当地政府的特殊行政政策，充分运用各种经济条件，在现代化的理念下开始建设自己的新家园。农民城的字面含义是由农民聚集而形成的城市，因而农民城有一般城市的公共服务功能、基础设施配套，是能满足农民现代化生活需求的地域，是以城市形态存在的农村现代化。为了进一步展现农民城的现代化力量、现代化类型、现代化模式，展现农民城的特征，以及探讨这种类型的现代化模式的发展意义，学界以农民城的典范龙港镇农民城为例，具体讲述龙港镇农民城的形成过程，具体讲述龙港农民城的发展走向，具体阐释龙港镇农民城的发展意义，简要论述在就地现代化发展视野下龙港农民城的发展应该如何走向新的阶段。

（1）龙港农民城的形成条件

首先，历史条件。龙港现今的行政建制为镇，所在的苍南县也是改革开放后新建的县，因此整体上它的行政区划历史比较短。现阶段的苍南县在 20 世纪 80 年代以前属于温州的平阳县，为了发展平阳经济、理顺各类发展关系，平阳县于 1981 年提出了分县的请求，希望借助分县的便利解决地区发展不平衡、民族语言结构不一的问题。[1]1981 年国务院同意了将平阳县划分为苍南县、平阳县的报告，同年 10 月成立了苍南县委、县政府。然而新建的苍南县经济条件十分落后，县委、县政府的驻地都很难找到，社会服务设施也很落后，全县没有一家成规模的医院、学校，更没有其他的工业企业入驻。因此，苍南县建县之初就是一贫如洗，发展问题成为全县的根本问题。位于鳌江北岸的鳌江镇是平阳县经济发展的

---

[1] 黄徐簪.龙港农民城建设的实践研究 [J].赤峰学院学报，2015（4）.

重镇，而且依靠鳌江和海洋优势不断发展，但是鳌江南岸发展情况相对滞后。南岸也具备北岸的自然条件，也具备发展的基本条件。因此南岸的龙港渔村也具有发展条件，也需要加快发展。

其次，地理条件。在地理条件上，龙港的发展具有天然的港口优势，具有依靠鳌江水系发展的便利。同时，在鳌江北岸已经是经济重镇的鳌江镇的发展模式有一定的复制性，这也为即将发展的龙港提供了一定参考，并且在发展初期也为龙港的发展提供了帮助。沿海经济体必须要有自身的港口，通过港口的运输发展外向型经济。而龙港所在的区域又恰恰在这一区域内，龙港的基础设施几乎为零，只有几个比较零散的小渔村，使得龙港具有很大的开发优势。具体的优势又有建港优势、经济区域优势、交通优势。一是建立深水港的优势。鳌江水系为浙江最南的水系，河流的泥沙含量较少，且处于亚热带季风区使得河面常年水温较高，同时，龙港所在位置距离东海只有 5 千米，海面的潮汐、风浪等海面环境良好。[1]二是建城的条件。龙港所在区域有大片不适宜耕作的地域，在沿海、沿河的狭长地带有大量的滩涂，滩涂的土质为泥沙型，土壤的肥力较低，因而农作物的产量不高。而在其周围（即鳌江南岸）又有 280 多万平方米的江南冲积平原，为城市的后续发展提供了必要的土地保障。三是资源、交通环境。龙港所在地域自古以来渔业发达，大量的本地农民依靠自己的辛勤劳动在东海、鳌江内进行捕捞，一些与渔业相关的农产品加工业也有一定的发展。同时龙港区域常年发展蔬菜、水果等城郊农业，生活所需的果蔬资源比较丰富。在交通上水网交叉，河道纵横交错，内河运输可达宜山、钱库、金乡、灵溪等地。[2]

再次，经济条件。龙港在鳌江的出海口处，河域经济位置明显，在四周分别与经济发展情况较好的湖前、钱库、宜山、平阳等县相邻，特别是平阳县的萧江、鳌江等镇为温州改革开放后率先发展的地区，区域内市场宽广。农村经济发展速度较快，农民比较富裕。大量致富农民开始兴办工厂，一些外地人口也开始在此处聚集。同时龙港地区的发展背靠温州，有温州经济的协调带动。

---

[1] 朱文忠. 小城镇的发展与农村城市化、现代化 [J]. 社会主义研究，1998（1）.

[2] 刘爱玉. 中国第一座农民城 —— 龙港镇的崛起和发展 [J]. 北京大学学报，1990（4）.

最后，行政因素。龙港行政区划分和政府的开发带动对龙港的快速发展有积极的示范作用，龙港的区域规划建设至少可以分为两大阶段。第一阶段是港区建设的阶段，由于龙港发展区域最初为几个小渔村，在行政区域建制上达不到建制镇的要求，而龙港最初发展的本意就是先以港口为依托，建立货运、交通的县级枢纽。而且在改革开放初期，市场经济刚开始起步，成立一级行政的经济发展机构，当时难以被他人所认可，因此在 1982 年时任苍南县委书记的卢声亮将龙港暂定为港区而不是镇。[1] 港区的建设关系到苍南县经济的整体发展，称为港区，一方面说明了该地的目的是为了建立货物流转中心，另一方面说明港区的建设只是一时的，最终的建设是城镇化，使龙港拥有一般城镇的公共服务功能。第二阶段是正式建镇阶段与发展阶段，在龙港建设之初是以港区命名，然而伴随着龙港经济和城镇建设的快速发展，在 1983 年时龙港建制镇的行政区划被浙江省同意，同时龙港的地区范围也进行大量扩展，整个镇域面积扩大了好几倍，行政人口整体上也有所增加。2000 年，温州市为了发展鳌江流域，提高鳌江流域的城镇化水平，提升鳌江流域整体经济发展水平。在经浙江省委、省政府同意的情况下，将临近龙港的前湖、江山等乡划归龙港镇，进一步扩大龙港的建设管理面积，进一步发展龙港。[2] 虽然龙港的建设行政规划在不断发生变化，但是整体的变化趋势是逐步发展龙港经济、逐步提高龙港的城镇化率、逐步发展龙港的公共服务能力、逐步提升龙港民众的幸福感。

（2）农民城的建设特点

伴随着中国经济高速发展，农村经济不断发展，农民的收入不断增加。农民以自身力量构建现代化生活的意愿十分强烈，在全国各地也有不同的实践形式，而龙港作为中国农民城的典范城市更加有自己的特点。

首先，政府主导，农民出资。龙港农民城的建设动力不同于其他的城镇建设，龙港农民城的建设充分体现了农民的智慧和力量。建城最大的特点就是政府进行

[1]　徐天琪. 中国农村人口城市化的新模式——温州龙港"农民城"外来人口剖析 [J]. 中国人口科学，1994（3）.

[2]　张仁寿. 依靠民间与市场力量推动的城镇化：温州的经验 [J]. 中国农村经济，1999（1）.

主导规划，农民在规划的前提下各自出资建设自己的房产、建设自己的生产设施，公共基础设施的建设由土地出让带来的收益修建和管理。在这一过程中充分体现了农民的积极性，农民户籍的放开、农民居住地的自主选择意愿得到了广泛的尊重。苍南县政府积极引导农民发展现代生活建城模式，引导农民有序地推进现代化的生活方式。在政府的主导下，龙港积极推出一系列便民、利民的措施，在土地预划拨、土地建设、出让等费用上积极地推行进城税费返回、福利返回的机制，以政府的统一领导、统一规划、统一征地、统一建设、统一管理为前提。在1983年年底，龙港设立建制镇时提出鼓励农民进镇投资建设、鼓励农民进城发展生产。提出的口号是"地不分南北，人不分东西，敞开大门建设，联合农民造城"[1]，吸引各地的农民向龙港流动。同时为了方便农民进城，龙港镇政府积极地简化各项复杂的行政程序，积极地优化农民进城的各项措施。为了让龙港周边地区的农民能积极地向龙港地区聚集，当时的龙港镇政府不断地向龙港周边农村进行宣传和鼓动，不断地让有经济实力的农民迁移到龙港。在当时仅在开始办理迁移的前三天就产生了积极的效果，周边各省市、各县乡的农民积极地进行报名，在短时间内形成了农民人口的聚集潮。到1992年底，该镇总人口已达12.4万人（其中外来暂住人口2.7万）。近十年来，总人口增加17倍，其中自然增加2788人；机械增长为113302人，占总数的92%。[2] 于是一座依靠农民人口外迁、依靠农民自主的出资的现代化农民聚集区拔地而起，龙港新城的建设为农民拥有现代化生活创造了前提条件。在整个新城的建设中，政府的主导作用不容忽视。政府积极地引导各方力量参与龙港新城建设，利用各种优惠措施吸引农民自主建城，充分发挥地方的土地、政策优势，克服各类艰难险阻。因此在后发现代化的国家，为了国家能早日实现现代化就应该充分发挥政府的各项主导作用，让政府积极规划现代化的发展蓝图。另一方面也应该积极发挥外来农民的作用，积极发展开放型经济。在龙港的建设过程中，农民的迁入为龙港的发展带来了极大

---

[1] 许经勇.温州城镇化道路的成功经验[J].浙经论坛，2017（20）.

[2] 俞芳林.深化认识，加快农村小城镇建设步伐——对建设"农民城"的思考[J].桂海沧丛，1994（4）.

的活力，龙港城镇建设的成本由进城农民承担。大量的外迁农民为龙港提供了大量劳动力、资金，使得龙港的发展有了自身的内在动力。

其次，现代化的城乡等值。今天的龙港早已告别了昔日渔村的衰败，一座现代化的农民城在鳌江南岸拔地而起。城内宽阔的街道、鳞次栉比的工商业大楼，这些都宣告了农民城的发展已经达到现有阶段的城乡等值。在初步具备城市公共服务功能之后，龙港农民城已经逐步走出了新农村的设定范围，实现了农村现代化的一种超越，已经基本具备了现代化生活的基础设施。整个城区和一般的城区别无二致，在街道两边安装了明亮的路灯，在街角处也能随处可见各类购物点。邮政、金融、公安等基本的服务点也随处可见，大型的农贸市场里有各类农产品。城内的供水也是由自来水公司统一提供，电信网络设施遍及城市的每一个角落。中小医院数量合适，医疗床位比较充足，医护人员的服务能力较高。同时在交通便利之后，龙港的信息也比较通畅，各式产业充分发展，为进城的农民提供了各类就业岗位。在鳌江南岸不断拔地而起的居民建筑，为农民提供了宽敞、大气、舒适的居住条件，居住空间内分布着酒店、宾馆、咖啡屋等建筑，无不在彰显着农民城的现代性。现代化的乡村等值并不是要求城乡的绝对一致，而是要求城乡能够实现众多现代化服务的相似，让已经具备基本现代化意识的农民能在农民聚居地获得公共服务，获得非农的工作。只有让农民获得真正的现代化服务，让农民拥有现代化服务价值，让农民在现代化的服务中进一步现代化，农民的现代化才能进一步展现。显然，龙港农民城的实践已经达到这样的水平，并且在不断地实现超越，实现更高水平的发展。

再次，产业融合的综合发展。龙港的现代化特别是产业的现代化是进城农民能够生存的重要基础，是龙港可以持续发展的基础。多种产业融合性发展是龙港对地区产业的重新规划，是龙港在发展方式上的建构。农民城的主体是农民，但是农民城的农民又绝非日出而作日落而歇的传统农民。龙港的农民是历史概念，是文化概念，也是一种职业概念。他们是工农兼营、农商兼营的新型农民，是文化血液上的农民，在进入农民城的过程中依旧保存着乡村的印记。然而这种工农兼营、农商兼营的产业体系不仅是龙港产业兴旺的重要保证，也是龙港融合发展的保障。对兼业者而言，不同产业的融合不仅可以优化产业的质量，减少各个环节的流通费用，也能在熟悉的领域中继续保持自己优势。而在龙港的几年发展中，众多的微型企业以各自的融合发展方式为龙港的发展创造条件，农民城的三个主体产业虽然发展产值有差别，然而都有较大发展。开发性的农业产业、农产品精加工的工业、适应现代生活的服务业都是重要表现。开发性的农业产业是以农业特色和农业专业化为主导的市场农业，龙港依靠自身的交通优势和现代冰冻船技术，大力发展时鲜蔬菜。另一方面，龙港发展以农民城为特色的农家文化产业，通过打造农家文化产业，以文化产业的角度发展龙港农业，在农业增值上下足功夫。同时龙港又以农业、渔业的精加工产业为先导，创立了多个与鱼产品相关的产业，树立了多个与渔业相关的文化品牌。不断深化鱼产品的价值链。伴随着龙港农民现代化生活而发展的现代服务业，不仅有现代服务业的普遍特征，也有龙港农民城的产业服务特色。在现代化的服务中坚持农民价值取向，坚持为农民现代化各类需求而服务。

最后，特色立镇、产业致富。改革开放后温州坚持特色发展，几乎每个小城镇都有自己的特色产业。苍南县的各个乡镇也有自己的主导产业，例如金乡镇就以生产各类商品的标牌而闻名于世，钱库镇以代工各类印刷产品为特色，龙港的主导工业是纺织业。特色产业不仅是市场选择的结果，也是产业发展的要求。依靠专业分工不仅促进了专业的细化和深化，也让一些温州小城镇有了快速发展。龙港的纺织业并不是大型的纺织业而是微型纺织业，是以纺织业初级产品为基础的深化加工。龙港纺织业的从业人数众多，而且许多纺织厂又是以家庭为主，家庭成员有着不同的生产分工。而在众多的产业生产流程中，每个家庭的生产活动只是其中的一环，每个家庭成为产品生产的流水车间。几乎每个工序或流程都有几百个家庭参与，前后相连的产业体系在一个小镇内融为一体，各个流程之间相互配合，在环节内部又相互竞争。这样的专业分工不仅有利于环节内的效率，也有利于各个环节优化生产技术，降低整个生产环节的成本，促进小镇经济发展。龙港纺织业发展基本走上了一条特色发展道路，走上了一条精细化的发展道路。在纺织业的发展联合体中，龙港充分展现精细化的优势，充分挖掘精细化的发展前景，走出了一条家庭产业分工与市场特色需求相结合的道路。

（3）农民城的价值

农民城作为农村经济高速发展的表现，是中国农村现代化的缩影。作为后发国家农民进行现代化的重要标志，为农民走向现代化提供了一条实践路径。然而农民城也是农民自发建城与进城的一种新尝试，它在中国全面实现现代化的过程中居于何种地位，如何以历史眼光看待农民城的问题，如何全面看待中国现代化的道路，这些问题都是值得思考的问题。

第一，农民城：农民就地现代化的典范。整体上看，过去中国农村现代化途径主要通过农民的城市化、农民转变为市民、农民离土又离乡的方式进行，这几种途径的大体路径基本上是政府先建城，农民后入城。农民享受城市公共福利的同时要缴纳众多费用，要承受比较高昂的房价。[1] 而农民城作为一种积极的现代化方式，在建城的动力上是完全依靠农民自身，政府只是进行了相关的规划，政府财政不出资或较少出资。在中国农村、农业、农民现代化的历史进程中，传统二元分立的户籍体制不仅阻碍了农民进城，也阻碍了中国现代化事业的发展。伴随着中国的改革开放，国家经济开始不断向前发展，乡镇经济的不断发展让农民可以实现就近就业，乡镇小微企业不断吸纳农业的剩余劳动力，让农村劳动力走出过密化的困境。农民离土不离乡只是暂时改变了农民的就业结构，并没有从生活、文化层面推动农民的现代化，因此这样的现代化本身就不具有完整性。进一步讲，中国离土不离乡的农民现代化模式在一定程度上影响了农民自主进城的积极性，以政府财政力量为基础的农民城市化进程可能会影响农民的现代化进程。而农民城的兴起不仅可能增加城市建设的力量，也能缓解当前中国地方政府的土地财政问题。同时充分激发农民现代化的热情，积极调动农民现代化的各类资源。总之农民城是农民自主进行现代化的积极尝试，是农民发挥自身创造力、实践力的结果。农村城的出现也表明在政府政策的积极引导下，农民现代化的事业可以在国家建构下完成。农民的现代化方式和时间次序也不是绝对统一，坚持何种路径和方式的现代化，不仅要考虑到地区的发展特色，也要考虑到地区的发展面向；不仅要考虑到地区的发展结构，也要考虑到地区农民的现代化意愿。

---

[1] 朱战辉.农民城市化的动力、类型与策略 [J].华南农业大学学报（社会科学版），2018（1）.

第二，农民城：农村产业兴旺的历史路径。长期以来，农村、农民的现代化在某些层面削弱了农业的现代化，特别是以农民市民化、农村城市化为代表的现代化方式可能会影响农村的发展。在农村城市化的导向下，农民聚集的地方大体会发展工业，力求以工业产业解决农民的就业问题。而大力发展工业一方面可能会影响耕地面积，使得农民可以耕作的面积减少。另一方面城市可能进一步剥夺农村的发展资源，大量农民进城、大量农民积蓄投入城市房地产都对农村产业兴旺产生了不利影响。农民产业融合的路径不仅保证了农业的基础地位，也推动了农村产业结构的转变。龙港产业融合的路径是以其独特方式保证了各个产业相互交融，打通了各个产业间的发展隔阂，形成了一个整体产业发展有机体。兼业经营的农民将原料、生产、加工、流通等众多环节进行了集成。农工兼业的微型农业加工商，为了保证原料的质量和原料数量，在原料生产领域就会进一步加强管理。通过各种形式的投入发展农业，扩大农业产业的附加值，延长农业产品的产业链。使得基础农业能够实现产品的内部消化，保证了农业的延续性。农商兼营的及时商业模式是现代绿色生活的新要求，农业产品的及时性、生态性成为社会生活的主流。农商一体化就可以实现农业产品与市场需求的有效对接，利用生态化农产品创立生态品牌，走上高质量农产品供给的道路。农、工、商的综合家族式经营是龙港地区家族产业发展的积极路径，综合性的发展已经注入了更多文化价值，农、工、商集成式的发展是以农业发展整体环境为切入点，对农产品进行适度加工，以商业化的运作方式综合打造农业。农业产业路径是以农业的发展过程为基础、以商业开发为重点的产业形式。

第三，农民城：村民自治的有效单元。形成治理有效的社会状态是社会健康发展的基础，长期以来乡村村民自治的最佳单元问题一直受学界关注。什么样的治理路径、治理区域、治理结构才能实现农村最佳的治理单元，是行政意义上的村庄还是文化意义上的村庄，农民城的出现似乎找到一个合理的答案。[1] 伴随着农民城的出现，乡镇政府所面临的不再是村庄而几个村庄的联合而成的农民城，

---

[1]　蓝宇蕴 . 都市村社共同体——有关农民城市化组织方式与生活方式的个案研究 [J]. 中国社会科学，2005（2）.

农民城取代了村庄为村民基层自治的单元。当前农民城的建城形式主要分为两个类型，一种是原有的村庄整体并入，农民各自脱离原生村庄，来自不同村庄的个体组成新的农民城共同体。另一种是原有村庄形式不变，几个村在产业、资源上进行联合，形成比较连贯的产业链，形成更大规模的村民自治单元。农民城的相互吸收、联合的形式不仅减少了乡镇政府的治理难度，而且不断扩容的农民城在不断缩减村庄数量，农民的聚集形式更加集中。[1] 不断地减少管理层级，将比较分散的村庄力量进行了集中。同时一些地方的农民城并不是一级行政机构，大部分管理机构只是乡镇的派出机构，因此行政结构相对简单，这样有利于节约行政资本，节约财政管理支出消耗。政府只需要加强农民城的管理就能强化村庄管理。另一方面，农民城是村庄的相互吸纳或者联合，在相互联合过程中就会增加村民自治的治理资源，完成单个村庄无法完成的公共服务。在更大的领域实现村庄之间的发展共享，实现乡村的全面发展、均衡发展。

第四，农民城：优化农村公共服务的积极模式。农民城发展的积极意义就是实现了农村公共服务的优化，在产业结构上摆脱了单一农业产业形式，人口实现了有序的流动和集中。农民城是农民自主现代化的积极尝试，是推进城乡公共服务等值化的积极途径。城乡公共服务的等值化并不是城乡公共服务的绝对对等而是农村拥有与自身实际发展相配套的公共服务，根本目的是提升农民的现代化生活层次，提升农民的生活幸福感。在传统的城乡二元分割体系下，国家的公共基础设施投资主要偏向了城市，城市的基础设施和公共服务得到了扩展，在农村却坚持农民自主办理公共服务。在农业增收缓慢的情况下，农村的公共服务必然落后，使得基本的道路硬化，统一的供水、教育、医疗设施等服务无法得到保证。基本公共服务不能得到保证，农村人口就很难留在农村，农民的幸福美好生活更是无从谈起。然而农民城的意义就是在国家财政困难的条件下，将一批比较富裕的农民进行集中，由农民先期进行公共服务建设，政府在土地和其他政策层面进行扶植，在后期的公共服务维持和扩建中由政府出资解决相关问题。这一模式不仅让农村进行了快速的现代化，也使得农村基础设施建设缺乏资金的问题得到解

---

[1] 王海娟. 人的城市化：内涵界定、路径选择与制度基础 [J]. 人口与经济，2015（3）.

决，让农民享受到发展的成果，满足了农民对基础公共设施的需求。

第五，农民城：农村的现代化而非城市化。农民城是城镇形式的农村、农民现代化模式，然而这一模式又绝非现代的城市化过程。城市化是农村人口城市转移的综合过程，这一过程至少包含着经济发展方式的转变、产业结构的转变、公共服务模式的转变、人口的收入和劳动形式的转变。首先在经济发展方式上，农民城的发展是产业融合性的发展，没有单纯地走上工业化道路。在发展农用工业的过程中坚持和优先发展现代农业，以现代农业带动服务业和其他产业。其次是公共服务模式上，农民城的公共服务模式显然与城市存在差异，农民城公共服务模式的立足点是提升农村的公共服务水平，发展适应农村的公共服务水平，满足长期留守农村人口的基本公共服务需求。因此在发展形式和发展规模上可能会与城市化的公共服务模式存在差异。最后是人口的收入及劳动形式上，在城市化的规划中，城市人口基本上都从事非农行业，市民更不会有农业收入，劳动的形式也是八小时工作制，朝九晚五是市民的工作形式。农民城内的居民依旧坚守农业，通过发展生态、绿色的新型农业维持自身的兼业形态，维持自身的基本生活所需。工作时间也比较随意，没有城市市民的工作状态。因此农民城是农村、农民在进行现代化，是农民依据自身发展优势、依靠地区发展环境进行的现代化活动，并不是在进行城市化，也不是在进行市民化。

（4）就地现代化理论视野下的农民城

农民城是中国农民积极主动进行现代化的典范，农民城的产生有时代、历史的原因，也有国家建构的原因。在全球性现代化视野下，现代化具有普遍的内生动力，具有不断深化的前景。[1] 以就地现代化视野检视农民城，一方面是为其他具有类似条件的农村地区进行现代化提供借鉴，另一方面也是为正在发展的农民城提供新的发展理念。中国的农民城是以城镇形式推进的农村现代化、以农民文化不被抛弃的农民现代化、以融合发展理念为主导的农业现代化。

首先，后发现代化：农民意愿与政府建构相统一。后发现代化是中国现代化

[1] 萧洪恩. 从国家农业观念的变革看山地烟区现代烟草农业合作组织的实践 [J]. 湖北社会科学，2014（8）.

的历史背景，这背景决定了中国现代化的发展离不开国家建构，中国的现代化是国家行为，也是在国家建构下民众现代化意志的再建构。中国农村幅员广阔，各地农村的发展实际也是千差万别。部分农村因为地理、资源优势而快速发展，村集体经济发达，农民比较富裕。也有众多中西部地理、资源不占优势的农村无法发展。因此这就要求当地政府依据当地情况适时发展，政府先做好发展规划，再利用农村的各类发展优势发展现代化。充分发掘农民的发展优势，将一些有经济实力的农民进行集中，利用农民的资产建设现代化的初始设施。然而对于一些经济比较薄弱的农村，在农民不富裕的条件下，可以发展小而精的现代化服务设施，依照本地的资源特色发展特色现代化，以特色现代化路径带领农民实现现代化。城镇形式聚居的农村现代化并不是农村现代化的唯一道路，各地政府要能坚持现代化的理念建构，充分调动农民积极现代化的动力，就可能在条件成熟时实现局部现代化，走出一条适合本地区发展的现代化道路。总之，政府的现代化建构是人民的建构，人民的现代化追求是政府的前进动力。

其次，全面现代化：地域现代化与人的现代化相统一。现代化的过程是一个动态发展过程，也是一个不断走向全面的过程。农民城是基于农民对现代化生活的向往而兴建的，兴建的基本格局是城镇化形式。农民城基本上拥有一般城市的现代化服务功能，城中有比较方便的各类交通、齐全的生活服务、多样化的文化娱乐设施，农民聚集的地方基本上实现现代化。农民城的生产主要是以家庭手工业为主，以现代化的生产形式进行生产，在农民城内出现了众多生产小商品专业生产户，他们集生产、运输、销售为一体，不断扩大现代化的生产形式。然而富裕后农民尽管已经获得了现代化公共服务，进行了现代化的生产，但是在文化、价值观方面发生了扭曲，各种文化上负面事件不断。农民获得了现代化生活，却难以获得现代化的文明精神。温州附近地区大办婚丧的习俗被富裕后的农民进一步庸俗化，一些农民利用自己的财产相互攀比，举办一些比较恶俗的活动。精神的缺乏已经对农民的现代化进程产生了消极影响，没有文明精神武装的现代化农民就会是现代化不全面的农民。因此以城镇形式现代化的农民如何实现全面的现代化，如何在现代化的过程中继续前进，实现真正的现代化。这不仅需要农民城的自治组织积极行动，以各种各样的活动教育农民，也需要培育农民的现代化生活方式，改变一些传统的文化陋习。也需要各级政府积极行动，给予农民城的农民更多关怀，帮助他们寻找更多积极投资渠道，帮助他们合理利用财富，让富裕后的农民树立正确的世界观。总之，现代化绝对不是静止的，是不断丰富和发展的过程，农民城的现代化只是现代化的基点，实现全面的现代化依旧任重道远。

最后，多元现代化动力：全要素发展与主导产业相统一。现代化的发展动力具有内生性和外部性，农民对美好生活的向往是农民城发展的天然动力。内生性的发展需要外生性的促进，而外部条件的形成需要从多重要素层面进行把握。外部要素如何进行组合，外部要素如何实现全面发展和重点发展的统一，这都关系到农民城的发展。为了协调发展，至少应该从两个方面入手：一是要坚持全要素发展理念。发展要素不存在绝对的优劣性，只是存在相对选择性的优劣，以何种眼光看待发展要素，就能产生何种发展效益。从要素的全面性出发，对全要素进行不断优化的动态组合，就能在各个层面产生发展效益。二是在全要素发展中寻求要素组合强化，形成地区的主导产业，以主导产业为核心，发展与主导产业相关的各种相关产业。这不仅有利于激发全要素的发展活力，也有利于推动要素向部分产业集中，从而使得整个农民城形成分散与集中相统一的产业形式，形成主导与特色并存相统一的产业形式。兼业式的融合发展是各产业积极发展的有效产物，农民的各类兼业发展打破了产业之间的界线，使得各个要素能有效发展。让各个环节的发展可以紧密相连，让全要素能在各行业之间自由流动。同时兼业式发展在整体上也能构成主导产业，主导产业是以各个产业的集群为基础，是以产业内部优化配置为发展条件。

4. 田园综合体：就地现代化模式发展

从 2004 年起国家一直在关注三农问题，解决三农问题着重在于建设现代农村、发展现代农业、培育现代农民。就地现代化以一种新的视角探讨如何实现"三农"现代化，即农业现代化、农村现代化、农民现代化。当然就地现代化指导我们三农现代化不是走传统"老三化"的老路，而是以一种新的探索方式，在合适的地区因地制宜发展，一种既不损害环境又能保持长效的经济发展的可持续的农业发展方式。就地现代化发展模式符合当下促进农业高速发展的形势，能够实现人与自然和谐相处的同时带动现代化的产业发展，更与十八届五中全会确定的创新、协调、绿色、开放、共享的五大发展理念相契合。

2012 年，田园东方创始人张诚在无锡市惠山区阳山镇落实了第一个田园综合体项目。"田园综合体"模式是当前乡村发展新型产业的亮点举措。2017 年 2 月 5 日，"田园综合体"作为促进乡村建设的亮点被写进中央一号文件。中共中央、国务院公开发布《关于深入推进农业供给侧结构性改革 加快培育农业农村发展新动能的若干意见》，其中第 16 条提出："支持有条件的乡村建设以农民合作社为主要载体、让农民充分参与和受益，集循环农业、创意农业、农事体验于一体的田园综合体，通过农业综合开发、农村综合改革转移支付等渠道开展试点示范。"

田园综合体是人与生态和谐共生的典范，贯彻落实创新、协调、绿色、开放、共享的发展理念。田园综合体以农民合作社为载体，而农民是合作社的主体，农民合作社是以社员为主要服务对象，提供机耕、机播、水稻育插秧机械化、植保、机收农业全程机械化服务，水稻小麦种植，种子、化肥、农药等农业生产资料的购销，农产品销售、贮藏以及与农业生产经营有关的技术、信息服务。以服务社员为宗旨，谋求全体成员的共同利益。

（1）田园综合体的起源

在西方，"田园"一词最早指阿卡狄的山区，居住于此区域外的居民对此地存在一种心理意义上的向往，认为这里的居民生活的状态是与自然生态和谐共处，就像在伊甸园里的纯洁状态一般（伊甸园最早出于《圣经》，意为乐园，是一种怡然自乐的舒适环境的典型代表）。作为现代社会的一种环境向往，"田园"一词经常被用于一种天真的、怀旧的情感之中，但它仍然有助于形成一种合作的而不是支配的、和谐的而不是个人逞强的、人是自然的一部分而不是优越于自然甚至掌控自然的生态道德。

田园综合体最早起源于江苏省无锡市阳山镇，落实了第一个以现代农业、休闲旅游、田园社区等产业为一体的综合体建设。其以营造"美丽乡村"为背景，以"田园生活"为核心概念，以"尊重自然，以人为本"为开发原则，通过"三生"（主要指生产、生活、生态）、"三产"（主要指"农业、加工业、服务业"）

的有机结合与关联共生，将田园东方与阳山当地的发展融为一体，实现生态旅游、休闲农业、田园居住等功能的复合。

田园东方作为美丽乡村田园综合体的典范，选址于大都市风景优美的郊区、产业协调发展的休闲农园、较发达的重点特色小镇或具有自然历史价值的美丽乡村，交通便捷并拥有丰富的农业资源和怡人的田园风光，在地域广袤的空间上，搭建邀山水、草木共享幸福之乐的民居，堪称"都市人的梦里桃花源"。它以营造"美丽乡村"的大环境为背景，以"田园生活"为目标，将田园东方与阳山的发展融为一体，贯穿生态与环保的理念。项目中主要包含现代农业、休闲文旅、田园社区三大板块，主要规划有乡村旅游主力项目集群、田园主题乐园、健康养生建筑群、农业产业项目集群、田园社区项目集群等。

无锡阳山田园东方项目位于有"中国水蜜桃之乡"之称的无锡市惠山区阳山镇，由东方园林产业集团投资 50 亿建设，是国内首个田园综合体项目。项目规划总面积为 6246 亩，正式启动于 2013 年 4 月初，计划五年内全面完成。田园东方项目具有一定的标准界限，要求标准的田园综合体占地面积必须在 5000 亩以上，其中包括农业基地 3000 亩以上，郊野绿地与自然水面 1000 亩以上，文旅商、住宅等建设用地 1000 亩以上。该试点项目预计投资 30 亿元以上，其中，农业旅游投资 10 亿元以上，年客流 200 万人次以上。

（2）田园综合体的内涵

田园综合体是集特色产业为一体的农业主导形式，以农业、农村、农民三农现代化为发展目标，主要发展地区特色农业；田园综合体是一种生产、休闲、娱乐及产业开发等项目相融合的现代化发展方式；田园综合体是由传统农业向自主式休闲农业并最终向开发式田园综合体转变形成的；田园综合体是集农业、加工业、服务业为一体的产业结合体。与普通农业产业发展的形式不同，田园综合体的主要特色在于以农民合作社为载体。而农民合作社是为农民提供福利的组织，有关农业方面的信息能够及时有效地传达给农民，这是一种农业产业向更高更强层面发展的极大推动力。如休闲农业和乡村旅游的关系一般，田园综合体并不是"横空出世"的，田园综合体与农业综合体存在着异同。换句话说，田园综合体是农业综合体的传承和创新。

田园综合体以乡村农业为主导，依托乡村各产业，实现乡村一产农业、二产加工业、三产旅游服务业三者的有机结合。田园综合体又是"田园"与"综合体"两者的融合，田园是指农村居民对生态和谐的居住环境的美好向往，综合体是指综合规划、综合运营，对乡村整体的全域性视角的规划。田园与综合体双概念交融展现出发展与生态相结合的发展模式，属于一种生态友好型经济发展的范畴。

田园综合体是促进农业供给侧结构性改革，从产出方面加大供给，将农民的生产积极性通过产业融合进行外在激励，通过产业扩大、技术升华、薪资提升、服务结构优化等手段，将农民再生产的产前、产中、产后连接成一套具有完整体系的产业链发展方式，充分调动农民生产的积极性，形成农业现代化、农村现代化、农民现代化的新三化发展模式。其中，农业现代化是指利用现代工业、农业科学技术和管理手段对传统农业生产进行升级改造，提高农业的综合生产能力，提升农产品质量，从根本上保证农业供给数量；农村现代化是指通过缩小乃至最后拉平此类农村在基础设施建设、社会公共服务等方面与城市的巨大差距，直至实现城乡一体化；农民现代化是指要培育现代农民，使农民在思想观念、行为方式、生活方式由传统向现代转变，是人与人、人与社会、人与自然关系的升华。

从田园综合体的发展理念上讲，此种发展模式是通过文化旅游带动乡村地区的产业建设，即通过观光旅游、实践旅游、休闲旅游等功能手段，将来自本地乡村之外的观光者进行有规律的区域规划，针对他们的兴趣特点，就地将产业旅游贯入城市市民或者外乡村民的生活中，以有助于他们进行整体感触。

田园综合体作为就地现代化的发展形式之一，它的发展形势是这一类的农村社区，其最终走向和归宿不是城市或小城镇，而是在全球性现代化背景下，通过农村"全要素生产力"的升级换代，促进农村产业现代化、生成现代农村文化传统、提升村民现代素质以及发展现代农村社会公共事业。田园综合体所适应的是发达地区的农村，必须具有一定的经济发展基础，并且具有发展产业融合的现实意义。其基本理念是，这类发展是一条不同于主流城市化或城镇化的农村现代化发展路径，不会对农村的生态地理面貌造成大的改变，不会对农民的职业身份和农村文化进行改变，是与城市化发展并驾齐驱的发展形式，而不属于任何城市的附属品。其最重要的动力是一、二、三产业的融合，而不是单一产业的独立发展。

（3）田园综合体的特征

与现代特色小镇的发展理念不同，田园综合体最突出的特征是农业，而特色小镇的主要特色集中于旅游业，但田园综合体也并非局限于农业产业本身，它属于一种多产业、多角度、多要素交融的建设区域，同时具备观赏和休闲旅游的功能，将文化价值融入其中，是以乡村为发展平台，以农业为主导，以服务业为辅助，以乡村农民为参与主体，以观光休闲旅游为功能，集农村发展、农业生产、农民就业的乡村开发策略。

田园综合体是集景观吸引区、休闲娱乐区、农业产业区、居住发展带、社区配套网为核心要素的试点开发区。其中景观吸引区的功能在于田园综合体涉及吸引人流的发展目标，循环农业与创意农业两者都需要大量吸引劳动力，尤其是对技术和管理人才的需求。景观吸引需要大面积的种植农业区，由此带来土地价值的大幅度上升，特别是田园规划区内的农业土地。休闲聚集区的功能在于田园综合体以生态旅游为出发点，能够从多种形式上满足消费者对休闲旅游的特殊需求，使城乡居民享受同等的旅游乐趣，即能自乐也能共乐，各地游客均聚集于此，互相交流不同地区文化并一起体验相同的特色文化。农业生产区的功能在于将农业以特色形式进行产业规划，将特色小镇与农业综合体两种模式相互协调，充分发展当地农业优势，发展特色产业，加大农业产业优化升级，加速提高农产品数量和质量，产生双效收益。居住发展带的功能在于当地农户将家庭居住地与商业模式连接，以村旅形式对外来游览者开放，以一种新型乡村旅店的居住和村民自居两者相融合的方式存在，使得本村人受益、外来者便捷，更有助于加快外来游客融入当地的进程。社区配套网的功能在于为田园综合体的整体功能运作提供系统的服务和保障，为田园综合体提供支撑功能，提供具有与城镇化模式相近的配套服务设施，以更好地为产业融合提供后备保障。

（4）田园综合体的发展模式

首先，田园旅居模式。为促进农业供给侧结构性改革，大量的人力资源、物力资源投入到乡村建设中，集三种产业融合的新型农业综合体引入田园概念，意在建立使消费主体——人更便捷、快速地享受乡村田园风光的同时，以一种舒缓型生活方式融入到田园综合体的大的现代化建设道路中去。田园旅居模式是一种"旅游＋住宿"的模式。游客在乡村旅行过程中，显然需要落脚之地，无论是片刻歇息或是长时间的居住都为农民提供一种商机，以地区特色为装饰的农家田园为游客提供一体化的消费服务系统，城市市民和外乡人需要有更多的时间享受具有特色的田园风光，而本地人作为一类向导，引领着来自各地的人一同享受美丽的乡村风景。

其次，田园文旅模式。文化旅游涉及民俗风情，地区特色是文化旅游的外在表现形式。田园文化的基本结构体现在田园主体文化、行为文化、成果文化三个方面，其中主体文化是主体本身的文化，首先反映在村民身上，人是文化的属性的载体，进而具备传播的可能性。行为文化是指个人决策、做人做事等行为中的义利取舍所体验的文化内涵。成果文化包括物质文明和精神文明，其基本作用机制体现为知识、素养、行为、效应诸环节。田园文化旅游是文化产业的传播，以文化内驱力带动产业融合，文旅将产业发展与生态相结合，是以生态自然型和多样的旅游产品和度假产品的组合，通过人与自然的协调发展，"三生"与"三产"的有机结合与关联共生，在发挥农业、旅游业等相关产业的功能的基础上，对乡村进行要素传承与创新，将乡村发展理念与实践产业相融合，加快田园综合体建设进程。

再次，特色农业模式。田园综合体特色农业是以地区特色产业为首发展起来的产业模式，如以中国台湾桃米村的蛙、蜻蜓、鸟类等为代表的生态社区；以美国葡萄种植园为特色的集综合服务、农业特色、主题旅游为立体架构的观光农业区；以地中海普罗旺斯薰衣草庄园为主导的观光旅游；以韩国大酱与大提琴演奏相结合的特色农业；以日本大王山葵种植与电影结合起来的绿色旅游农业，均是具有地方代表特色的产业模式。特色农业发展模式取决于当地的自然资源状况，以及其特有的地理优势，需要大量的物质、人力资本，政府和农民的支持与参与是特色产业发展的关键，当然，一地区一特色可以是单一的模式，也可以是多种模式的综合形式，毕竟产业发展也是以单一形式存在的。

最后，田园体育旅游模式。田园体育旅游模式是一种"乡旅＋体育"的发展模式，如武胜站乡村自行车骑游赛、广安国际红色马拉松武胜站在白坪飞龙乡村举行的马拉松等，即是一种利用城市市民体验之便的新型推动乡村旅游转型升级的发展模式，以市民与乡民融合，来激发乡村发展活力。体育旅游模式不仅能提供一种低成本的农产品展销会，还能带来一种高效益的农村经济高速拉动力。农村在体育活动过程中吸引大量游客，农民在体育活动过程中销售更多的农产品，农业在体育活动过程中增添更多的活力。体育活动结束之际，农户还可以为游客提供住宿之地，让淳朴善良的民风、休闲惬意的乡风与快节奏的城市生活相融合。

（5）建设和扩大田园综合体的必要性

目前的乡村发展状况使得大部分农民逐渐远离乡村，原因在于乡村的基础设施不完善，农民没有充分挖掘乡村这个价值源泉，乡村本土文化严重流失，以农业为特色的产业发展得不到重视，农村居民大多认为第二产业的工业发展才是带动农村发展的源动力，而乡村中工业占比较低，又有大量劳动力外流。新型乡村建设将从产业升级以及人才吸纳两方面推动城乡发展。田园综合体作为促进新农村建设和乡村振兴战略的示范建设区，将"老三化"与"新三化"完美结合，实现一种城市化、工业化、市民化与"三农"就地现代化两条腿走路以解决中国"三农"问题的双轨现代化模式，从而实现中国农村地区整体上的城乡融合性现代化发展。田园综合体模式更是一种就地现代化实践的探索，作为带动乡村振兴发展的模式之一，田园综合体以农业、文旅、地产三类产业为首，通过扩大农业种植、提高文旅质量、加速地产发展的形式来实现乡村振兴战略，最终实现就地现代化的发展模式。

首先，农业视角。以土地为依托的基础乡村农业，关乎国家粮食安全的命脉。粮食问题是国计民生关注的要点，中国作为人口大国，粮食产量历年来是政府规划章程中的焦点，中美贸易战也给了中国警示，有两个方面：一是让外国警惕中国；二是让中国警醒自己。被誉为睡狮的中国，势必要觉醒、势必应觉醒，由此带来的忌惮也必然是其他国家所首要关注的事。另外，中国必须警惕自己的原因在于认清中国当前的国情，虽然可以保持自给自足的状态，但农产品产量、质量仍需加强，农业产业分配不均，地区差异大，使得实现农业全面机械化存在极大难度，土地地界从古至今已长时间存在，全面机械化势必打破这些原有的状态。而田园综合体正是以农民合作社为载体，其中农民合作社的功能正在于整合农民团结协作，从整体利益出发，通过提供一体化的农业种植服务手段，将农民包揽成一个集体，社员之间互惠互利，根据合作社提供的有关农产品的销售、加工、运输、贮藏以及与农业生产经营有关的技术、信息等服务，加大农业重视程度，扩大农业销路、改变农业单一生产形式，发展集循环农业、创意农业、农事体验等多种渠道的农业综合开发技术手段，不仅冲破了原有农业发展的局限，更为农业发展增添了新的活力，将农业与二三产业融合，从整体上实现了农业产业创新。

其次，农村视角。以乡土性为特色的农村地区，由于传统观念的束缚，缺乏现代化的发展眼光。即使地理优势使得某些农村具有丰富的生产要素、丰富的资源，但固步自封阻碍了传统农村与现代文明的交融，与中国早期的闭关锁国一般，相反，观念的新文化的介入终将带来进步，即使这种形式会在某种程度上改变农村的原有风貌，但外界的推动力难免会造成些许的改变。总的来说，现代文明在农村的传播所产生的收益要远大于农村本身的局限所产生的滞后。田园综合体作为带动农村产业变革发展的主导形式之一，将农村发展置于全球性现代化的发展视角。全球化是现代化的空间界定，现代化是全球化的时间界定；没有现代化不可能实现全球化，没有全球化也不可能实现现代化。而全球化即是包括乡村、城市、各民族、各国等成分在内的现代化概念，农村作为中国最大的人口居住地，承载着国家和人民的使命，而田园综合体更是担负起振兴农村的作用，农村发展从产业、生态两大领域进行建设，在产业方面通过带动农业、加工业、服务业三种业态融合，加大物质资本与人力资本投入，全面带动地区全域旅游及特色农业发展；在生态方面通过循环农业，推进农村生态文明建设，保护农村生态环境的同时，实现农业的可持续发展，建设生态友好型现代化农村，实现农业现代化，提升农村综合效益。

再次，农民视角。晏阳初曾指出"愚贫弱私"是农民的四大根本缺陷，故以文艺教育以救愚，以生计教育以救贫，以卫生教育以救弱，以公民教育以救私。农民对外界了解不够，信息流动的通畅性受阻使之愚；生产力有限，机械水平不高，传统观念根深蒂固使之贫；生活质量低，医疗卫生安全程度不足使之弱；文化素质不高，知识水平受限使之私。而现代农民更多的特征表现为人口基数大，整体素质不高，农民价值观受传统文化影响，农民具有较强的经济生产地位，农民实际社会地位与其应获得的社会地位之间有很大差距。然而大多数农民无法意识到自己作为农业生产主体的地位，更多地选择以农民工的身份往返于城乡之间，不仅拉大了城乡二元结构，更造成农村治理主体缺位，使得大多农村成为以妇女、老人、儿童为主的空壳村，青壮年劳动力严重外流，产生大量人才流失现象。以吸纳人才与农村劳动力为目标的田园综合体发展模式，可以从根本上解决剩余劳动力与返乡农民工的就业问题。田园综合体的五大核心区均是农民就业的基本保障渠道，无论是从事农业、旅游业的生产者还是消费者都在无形中充当农业价值来源的角色，其中作为职业的农民更是扮演着越来越重要的角色，他们可以是民宿老板、商人、员工，甚至是活动的主办商和参与者，多角色的扮演使农民在物质和精神两方面受益，既能体验到作为农民的悠闲生活，又可以体验作为市民的紧凑的生活。

最后，就地现代化视角。田园综合体集民住生活、农业生产、农业产业、工业拓展、休闲旅游于一体。基于因地制宜、因时制宜、因史制宜、因俗制宜的角度，在当地发展特色农业，主要包括新农村建设和乡村旅游。以一产、二产、三产的融合为乡村发展拓宽思路，不同于以往的只注重工业化救国的观点，新观念倡导追求产业集聚并以文化资本化为指导核心，地区产业的发展最本质的特征是以文化力的形式展现出来的，文化力又可划分为多个细节化、专业化的方面，包括资源力、科技力或发展力、凝聚力、形象力等多种力量转化形式，其中资源力是以文化作为资源进行开发利用，从而促进农村发展；科技力或发展力是文化中的科技因素对农村发展的作用；凝聚力是指不同民族、不同地区都是依靠文化来凝聚人心，谋求发展；形象力是指以文化形式所展现出的外在表现和交流。田园综合体以建设现代化农村、发展现代化农业、培育现代化农民为发展目标，通过建设绿色农业与全域旅游相关联，将农业、加工业与服务业有机结合，形成以一、三产业为主要动力，第二产业为推动力的就地现代化发展模式，这种模式是当前乡村振兴大背景下乡村发展的最终目标，原因在于：一是乡村人口不可能也不会出现全部市民化，乡村地区在未来很长一段时间必将长期存在并且将一直持续下去；二是进城务工只是短期计划，不是长久之计，长期流动的农民工由于缺少市民的身份，其福利待遇、保障水平与城市市民存在明显差异，这也就导致这部分群体的最终归宿必然是乡村地区；三是乡村土地是我们赖以生存的基本环境，由土地生产率而引发的粮食安全问题一直是中国"三农"问题中亟待解决的事，而农民作为土地生产主体也必将需要其作为农民的身份，而土地是不可移动的，这就使得现代化的发展的地域受到限制；四是农民的乡土情结严重，在乡村居住时期较长的农民，即使出现可以改善其生活水平的条件，也往往不愿改变长久以来的农耕形式，更愿意"因循守旧"；五是乡村地区比城市具有更多的优势资源，农村是现代化发展中值得挖掘的宝藏，不仅在于农村有什么现实资源，乡村所存在的文化财产更是我们当代甚至是后代人必须了解和掌握的，发挥地区特色，使文化遗产得到传承与发扬也是农村就地现代化实现的必要因素。

（6）田园综合体建设的困境

首先，农村市场扩展犹豫，产业融合进不去。乡村地区土地面积受限，对于田园综合体建设来说，首先扩大的就是土地利用率，一方面包括农业土地利用，另一方面包括商业土地利用。对于来自村外的金融投资，由于农村土地市场无法自由进入，个别农户可能存在不愿土地流转进行一体化的田园综合体建设，以至于出现"钉子户"现象，大的土地规划面积的不完整阻碍开发商的融资，使真正具有农业特色的农村地区丧失发展成为田园综合体示范区的机会，更无法实现第一、二、三产业的融合发展。另外，农村融资危险系数大，如阳山田园综合体的地产项目确实是融资的关键载体，由于农业、文旅的建设在短期内无法快速实现，投资商一旦确定作为投资人就确实需要冒险，并且这将会出现过程中融资不畅、项目悬空等问题，这也就加大了田园综合体投资的难处。其中，地产是相对而言较容易见到收益的项目，因此开发商会逐年根据发展势头将融资资金仅置于单方产业，更容易造成产业发展不均衡，产业融合间存在落差。还有，农村资源挖掘存在障碍，具有优势的农业资源无人问津，往往较为关注的是当时较热的农业产品或者是营利性较大的产品，对特色农业发展的忽视使得贸易市场产品流通受限，拥有发展眼光的投资商看不到商机，农村市场也就无法继续扩展，三产融合难度加大。

其次，农民服务意识淡薄，生态旅游出不来。2013 年中央就明确提出，统筹推进包括生态文明建设在内的"五位一体"总体布局。生态文明作为一种社会结构而不是社会秩序或社会革命被划入中国的总体布局建设中，中国在注重现代化发展的同时，寻求与自然和谐共处，正如《周易》所言："与天地合其德，与事实合其序，与鬼神合其吉凶。"农民深厚的乡土情结使得他们看不到地产旅游的商机，同时作为种植人员多年，农民没有服务人员的经验，无法将服务措施设想到位，并且由于在农村居住多年，农民的生活习惯与城市市民有明显差距，而乡村旅游业很大程度上依赖于口碑，一旦传出不好的名声，旅游者数量会迅速下降。缺少专业的宣传团队和宣传平台也必将是生态旅游进行全面推广的一大欠缺，进行循环农业、创意农业、农事体验建设均需要农民劳动力的支持，农民的宣传工作缺少全局视角，更容易出现纰漏，导致宣传周期延长甚至出现反效应。针对类似的问题，乡旅发展必然要进行定期的培训。另外，农民合作社作为田园综合体的载体，不能充分地发挥引导作用，合作社中管理型人才的缺乏是农民不愿入社的主要原因，由早期社员带动后期社员的进入需要长时间的实践过程，农民只有深刻意识到农民合作社带来的益处才会坚定入社决心，农民特有的怕风险的小农心理将导致田园综合体建设出现难点，生态旅游无法付诸实践。

再次，农业生产水平滞缓，一产主导带不动。农产品的季节性及生产周期长是农业的主要特征，不可抗因素使农业大部分靠天吃饭，农业生产的丰收全掌握在晴雨表手中，尽管可以通过外力调节农产品的成熟时期，但农业生产要素的收益仍然存在一种世界性的均衡状态，一旦达到峰值，无论如何改变外力，其产量将不会有很大提升，此类情况下农业生产方面只有引进新的生产要素或者进行相关农业产业改造，才能提高投资收益率。并且农村固有的机械化水平低，大型收割机械严重缺乏，农忙时节，农机具即使日夜工作仍供不应求，以致农业产量下降，农业的主导地位发生动摇，而仅限于对农民使用的生产要素做出更好的资源配置以及进行更多的储蓄和投资对带来的增长均是有限的；通过改变技术，提高技术水平所带来的收益变化也是有限的。因此通过农业主导带动二、三产业融合是一项重大而艰巨的任务，但我们必须承认农业在国民经济中的主体作用不容忽视。

5. 百花齐放：其他地域实践形式丰富

中国在城乡等值化理念指导下所开展的实践不单是南张楼村所开展的实践，在各地均有尝试。不同地方的具体实践路径和方式存在一定差异，诸多实践都根据当地情况开展不同的尝试，也是城乡等值化与中国国情相结合的重要体现。

滦南县着力抓好以新农村建设、旧民居建设、中心镇连片创建为重点的科学发展模式，在县城周边、西北街、东南街、谷家营、牛东庄等村建设新民居试点，实施侨城、柏各庄 2 个中心镇连片创建。高标准完成了胡各庄、长凝、宋道口科学发展示范镇、科学发展示范村和文明生态村创建。精心组织农村"户户通"工程，完成各村的户户通水泥路建设。加强农村沼气池建设，扶持发展户用沼气池。投入资金支持 1000 户农村居民进行卫生厕所改造。不断提升村民中心建设水平，创建多个村民中心典型村，巩固完善多个村民中心。以村庄、街道、院落、闲散地绿化为重点，继续开展绿化攻坚活动，改善农村居住环境。该地大力发展现代农业，提升农村农民经济实力，按照"优质、高效、生态、安全"的要求，加强农产品生产基地和龙头产业建设，完善延伸以奶牛养殖、生猪养殖、肉鸡饲养、果菜种植、水产养殖五大龙头型产业为主体的现代农业产业链条，提高农产品附加值，增加农民收入，到 2009 年年底，全县农业产业化经营率达到 70%。同时，继续实施农业扶持奖励政策，重点加大对规模化、标准化养殖，农业设施、优新产品引进示范推广等方面的扶持力度，促进农村经济的快速发展。我们能够发现，该县的农村发展模式，注重农村环境的改善、基础设施建设，注重发展农村产业，提高农村经济水平和提高居民的生活质量。

据报道，胶州小康示范村建设可以说是让农民享受城镇生活的"城乡等值化"试验。2005 年初，胶州市参照全国、山东及青岛小康社会建设指标体系，结合当地实际，从组织建设、精神文明、村庄建设、村民保障、社会治安、村庄经济等方面，制定了小康示范村建设指标体系。据此，胶州邀请山东省与青岛市城乡规划研究院，为 17 个小康示范村编制了发展与建设规划，作为小康示范村建设的"蓝图"。规划明确了村庄的功能分区，努力实现生活区安静，没有污染；行政与商贸区集中，方便生活；学校区独立，不受干扰；工业区水、电、路、管网齐全。决策带动了镇（办事处）小康村建设的实践，如今各镇（处）都确定了自己的小康示范村发展规划和措施。恩施州加快经济发展、优化村庄布局、提升村庄档次出发，确定着力打造现代农业型、商贸型、外向型、城镇型"四类"小康发展模式与建设目标。[1]

---

[1] 培玉，佳才，于洪光.胶州试验"城乡等值化"[N].农民日报，2006-02-08（002）.

第二篇
理论阐明专论

世界观与价值观：乡村振兴的就地现代化趋势探论

"乡村振兴"战略的提出，再一次将中国农村发展的问题推向前沿。在这个过程中，笔者在2005年即提出的农村"就地现代化"概念也随之成了一个热词。不过，在对农村"就地现代化"的探讨过程中，却面临着一个重要的认识误区：混淆时间向度上的"现代化"与空间向度上的"城市化"、纵向历史尺度上的"现代农民"（现代化）与横向空间尺度上的"城市市民"（市民化），于是农村"就地现代化"也就被一些学者解读为"市民化""城市化"取向的"就地现代化"，虽然也有学者坚持农村的"就地现代化"，但用工业化、城市化、市民化取向来研究"乡村振兴"，也仍然是一种相当普遍的发展取向。为此，笔者特别强调："乡村振兴战略"应该从"乡村振兴道路"的高度来认识，按照农村"就地现代化"与工业化、城镇化、市民化"两条腿"走路的中国式现代化道路进行，因而我们的农村"就地现代化"所研究的"乡村振兴"即特别强调：阵地是乡村、主体是乡民、主导是政府、主助是全国、主道是就地实现的现代化、目标自然是城乡统筹的全国全面振兴。因而不应该只用工业化、城市化、市民化的单一取向来谋划乡村振兴。

"三农"问题是否是中国独有的？显然可以从国际上的众多事例得到启示。在德国，"国土的一半面积用于农业生产，做事严谨认真的德国人，对待农业也没有丝毫马虎，从播种、耕地到收获，德国的农业既保持着世界瞩目的高产量，其生态环境也从未受到丝毫破坏。2001 年 9 月，德国政府将'绿色生态'农业作为一项大的计划在全国推广执行，由此德国的'生态农民'也越来越多"[1]。2019 年上半年，美国宣布加利福尼亚州分立公投日的事件，也让我们思考一个问题：在美国这样发达的国家，在一个具有 4000 多万人的加利福尼亚州，因为还有 2000 多万的农村人口，且因为发展不平衡，而被提案将整个加利福尼亚州划分为三个州以减少农村人口集中区的负担，且这一提案已获得 402468 个有效签名，于同年 6 月 12 日确定将在 11 月发起公投……2017 年 9 月，中国共产党第十九次全国代表大会提出"乡村振兴战略"，除直接提农业农村现代化之外，更把包括农民在内的"三农队伍"提到了关键位置 —— 农业农村要振兴、要现代化，靠什么队伍来建设？中国要全面建成小康社会，乡村将何去何从？以上这些问题，让我们必须思考一个关键的问题 —— 我们对于现代仍然被看好的唯一化的"农村城市化、农民市民化、农业工业化"的现代化思路是否要重新思考、重新定位（打开专家的论文，仍然有这类观点存在）？我们如何从现代化道路层面来看待乡村振兴战略（现在中央已经明确提出了"乡村振兴道路"的问题）？我们为什么要把乡村振兴战略与农村就地现代化道路相联系起来思考？这也就是本节的缘起。

一、新的世界观：中国人的饭碗一定要端在自己的手上

随意查阅资料，我们都会发现，引以为豪的"我们用世界 7% 的耕地养活了世界 22% 的人口"（现在中国人口占世界人口的 18%，流行的口号是用 9% 的耕地养活 18% 的人口），现在已经受到了严重的冲击，美国与中国打贸易战，

---

[1] 邢桂平等 . 未来农庄 ——3G 农庄的四面八方 [M]. 中南大学出版社，2017：170.

一个重要的自信之一就在于认定中国或许不敢拿进口美国农产品来反击……这些
问题的背后,实际上是在全球性现代化背景下的中国"三农"问题。

当今世界,中国人一买就涨价、不买就跌价的现实,让我们不得不思考我们
的国家发展战略、发展道路,特别是对于"三农"的发展战略、发展道路。然而
直到如今,各地仍然在执着于工业园区建设、工业倍增计划,而对农业、农村、
农民这一关系"国脉民天"的问题重视得不够。于是我们强调应从世界观的角度
来重视国家的农业观念、国家的农村观念、国家的农民观念,一句话,重新认识
国家的"三农观念"。对此,笔者曾作过专文论述。[1]

(一)场域:从马克思"地球是圆的"到"全球性现代化"

当今思考中国的任何问题,都必须站在"全球性现代化"的场域,包括中国
各学科的发展、中国各产业的发展等,思考"三农"问题更应如此。

虽然"全球性现代化"这个中文概念迟至 1991 年才被提出[2],但是作为一种
分析问题的思维方式却要早得多,马克思分析问题时说"地球是圆的"[3],特别
是他和恩格斯在《共产党宣言》中关于"世界性"的论述[4],就已经非常坚定地
认定了这一思想。笔者曾在 20 世纪 80—90 年代坚持的"寰观"分析视野[5],也
是站在这种"全球性现代化"的世界观框架内思考中国问题的。不过,作为一个
重要的世界观范畴被坚守,则是在 21 世纪初以后,笔者曾以此为题发表过一系

[1]　萧洪恩等.从国家农业观念的变革看山地烟区现代烟草农业合作组织的实践——基于
湖北恩施现代烟草专业合作社发展的实践研究[J].湖北社会科学,2014(8):71-76.

[2]　孙立平.全球性现代化进程的阶段性及其特征[J].社会学研究,1991(1):7-21.

[3]　马克思,恩格斯.马克思恩格斯论中国[M].解放出版社,1950:181-182.马克思指出:
"资产阶级社会第二次遭逢了自己的十六世纪……既然地球是圆的,那末,移民于加利福尼亚和
澳大利亚以及中日户门开放,大概是完成了这个过程。"

[4]　马克思,恩格斯.马克思恩格斯选集·第一卷[M].人民出版社,1995:276-279.

[5]　张永柱.讲坛话"寰观"——萧洪恩谈稳定、改革和发展[N].鄂西报,1995-04-30-03.

列标题论文[1]，在文章或著作中加以具体的论述则更多。笔者坚信，"全球性现代化"应该成为一个思考中国问题，特别是思考乡村振兴战略的基础范畴。这里面有这样几点值得重视：

首先，作为一种社会事实，"全球性现代化"指的是这样一种世界的当代发展情势：在时间上的现代发展必须与空间上的全世界发展高度统一，这就是所谓的"命运共同体"。所以，"命运共同体"的提出并实践，"命运共同体"获得世界认可，本身即说明"全球性现代化"这一社会事实的存在性、客观性。在这里，我们可以借《红楼梦》（第四回）中的话来说明这种情势——现在的世界真正地进入了"一荣俱（皆）荣，一损俱（皆）损"的时代。

其次，"全球性现代化"这种社会事实具有一种带有趋势性的"运动"意义，即所有现代的全球的存在物，包括自然的、社会的或人文的，甚至个人的自我身心，都无法逃避这种社会事实的影响。自然环境的恶化及生态问题的提出，有机论、盖然性理论、混沌论、错综论[2]等多种生态理论的出现，说明自然界与这一社会事实的关系；全球性与民族性、全球性与地方性、单边主义与多边主义、普遍化与特殊化、边缘与中心等的矛盾交织，则说明了这种社会事实与社会的关系……一句话，"无论你身在何处，无论你为何忙碌，我都会在此守候"，这里的"我"即可以换成"全球性现代化"。

再次，"全球性现代化"这一社会事实是由时间上的"现代"与空间上的"全

---

[1]　萧洪恩.全球性现代化背景下的湖北民族地区村落文化建设研究[J].湖北社会科学，2007（10）；萧洪恩.全球性现代化背景下的乡风文明建设[J].社会学新视野，2007.萧洪恩.特殊权义时空的文化呈现——全球性现代化语境下的春节文化探究[J].唐山师范学院学报，2011（1）.萧洪恩.全球性现代化视域的中国少数民族哲学研究探析[J].武汉科技大学学报（社会科学版），2011（3）.萧洪恩.全球性现代化视阈的中国少数民族哲学研究[A]//郭齐勇等主编.问道中国哲学——中国哲学史研究的现状与前瞻[M].九州出版社，2014.

[2]　唐纳德·沃斯特.自然的经济体系——生态思想史[M].侯文蕙，译.商务印书馆，1999.

球"交织而成的世界发展之网，这张网在麦克卢汉那里叫作"地球村"[1]，在当代中国则叫"命运共同体"。前者指明一种客观性，后者指出一种人文情怀。无论何种指谓，但都必须指出的是：全球化只有通过现代化才能成为现实，现代化只能在全球场域才能成为可能。这一点，近年来中国台湾所谓的"新南向"、美国的单边主义、日本对"一带一路"的先拒斥后热恋……都无不说明这二者的交织关系。这也就是我们为何拒绝将全球化、现代化分开来说而直接使用"全球性现代化"的根本原因。

此外，在其他有关文章中，笔者还阐明过关于"全球性现代化"的以下内容："全球性现代化"过程、标准、动力、思维方式、目标等，特别提出过作为世界观方法论的"全球性现代化"问题，并用以进行社会现象分析。

（二）关键：中国必须自己解决自己的吃饭问题

自 20 世纪 90 年代以来，新安全观逐渐形成共识并且内容日益丰富，当中国重视并阐明这一新的安全观时，正如习近平总书记所说：当前中国国家安全的内涵和外延比历史上任何时候都要丰富，时空领域比历史上任何时候都要宽广，内外因素比历史上任何时候都要复杂，必须既重视外部安全，又重视内部安全；既重视国土安全，又重视国民安全；既重视传统安全，又重视非传统安全，它是集政治安全、国土安全、军事安全、经济安全、文化安全、社会安全、科技安全、信息安全、生态安全、资源安全、核安全等于一体的国家安全体系。在总体安全体系中，每一个领域的具体的安全，虽然各有侧重点，但首先必然也必须与其他领域的安全密切关联，互不可分；任何时候都不能孤立、片面地理解国家安全的问题。这说明，我们从国家安全层面，已经进入了新安全观时代。

在这个安全体系中，粮食安全是一个带有基础性的安全领域，中国知网上讨论这一主题的多达 28000 多条文献，已经足以说明这一问题的重要性。所谓粮食

---

[1] M. 麦克卢汉 . 理解媒介：人的延伸 [M]. 何道宽，译 . 商务印书馆，2000."地球村"（global village）一词是加拿大传播学家 M. 麦克卢汉 1964 年在他的《理解媒介：人的延伸》一书中首次提出的。

安全（或食物安全），是指保证任何人在任何时候能买得到又能买得起为维持生存和健康所必需的足够食品。这里有三个方面的特殊诉求：确保生产足够数量的粮食；最大限度地稳定粮食供应；确保所有需要粮食的人都能获得粮食。

但是，中国粮食供求市场出现了粮食生产量越来越多、进口量越来越多、库存量也越来越多，而粮食自给率却出现降低的"三多一低"现象，其中国内外粮食市场深度融合，粮食进口量连续三年超过 2000 亿斤，大豆对外依存度高达85%[1]……这些数据说明，中国的粮食安全问题已经不是小问题。

更为重要的是，中国的粮食安全问题是与我们的发展思路相联系的。现在的问题是，我们必须认识到：中国的"农村城市化、农民市民化、农业工业化"虽然具有一定的趋势意义，但必须认真对待的是"农村城市化是有极限的、农民市民化是有范围的、农业工业化是有边界的、即使是高度城市化时农村在空间上也仍然是极为宽广的"，我们未来需要有大范围的农村、大面积农业（如前述，德国即占国土面积的一半）、大规模农民，尽管都是"现代的"，即现代农村、现代农民、现代农业。只有这样才能解决中国的现代化问题，也才能解决中国人的饭碗问题。所以，习近平总书记在谈到乡村振兴战略时，特别强调要把饭碗牢牢地端在中国人自己手上。

（三）认识：从世界观的层面看国家的"三农"观念

2011 年，笔者曾作了一篇题为《从国家农业观念的变革看山地烟区现代烟草农业合作组织的实践 —— 基于湖北恩施现代烟草专业合作社发展的实践研究》[2]的文章，提出"国家农业观念"的问题，并进行了具体分析。文章的基本意旨是强调我们在农业工作实践中如何在观念上达到"国家农业观念"的高度。但事实上，在现实实践中，在很多情况下并没有达到"国家农业观念"的认识高度。最显著的事实是：

———————

[1] 媒体声音 . 守住粮食安全底线 [N]. 光明日报，2017-06-07-07.

[2] 萧洪恩等 . 从国家农业观念的变革看山地烟区现代烟草农业合作组织的实践 —— 基于湖北恩施现代烟草专业合作社发展的实践研究 [J]. 湖北社会科学，2014（8）：71-76.

各地的鬼城——盲目关注城市化而没有给予农村足够的重视[1]；

各地破败的工业园区——片面的工业化而忽视了农业的发展，哪怕是非常偏远的山区县市，也为了追求所谓的工业化而“打造”所谓的并不成功的工业园区；

各地凋敝的农村——农村的不发展导致大批农民工外出，使农村留下了“60386125部队”，而从中国发展的整体布局来看，农民工的流出地在多数情况下是未来中国应该实现乡村振兴的地区，所以，当大家在执着于农民工的市民化、城市化时，我们始终心忧着这些农民工流出地的发展问题，始终关注着“三农工作”队伍问题，甚至有一点“百兽踯躅，而独作狮子吼”[2]的感奋。

……

上述情况表明，对中国的“三农”应有更高更长远的观念。我们不应只等中央提出了再来论证，而应从“理论武装、世界眼光、战略思维”的高度来阐明我们国家具有的“三农”观念。“乡村振兴战略”已经达至这样的高度。

因此，如果我们仔细研究，从新农村建设到乡村振兴，在国家观念层面我们看到：这已经不只是一个一般的工作部署问题，而是整个国家的“三农”观念的问题，是中国的现代化道路问题，而不少人还没有认识到这个问题的关键性，所以可能会随时动摇。在这里，我们可以用邓小平的话来表明我们应有的决心：“扭住不放。”

用“扭”字，我们的研究才不会随意更改，我们的发展重心才不会随意变动，我们的发展方向才不会出现扭曲。所以，我们的研究也不能只想到个人的名利得失，而应该考虑国家的前途与未来。

---

[1] https://baike.baidu.com/item/%E9%AC%BC%E5%9F%8E/69439?fr=aladdin.

[2] 熊十力先生当年在谈到自己为人处世的宣言时说：“儒者当昏乱之世，其志气，上同于天；其前识，远烛未来，而知当时之所趋，孰为迷途失道以亡，孰为开物成务而吉；其定力，则独挽颓流而特立不惧；其大愿，则孤秉正学以烁群昏。百兽踯躅，而独为狮子吼。”（《读经示要》卷一）

二、新的价值观：乡村振兴战略事关中国社会的核心结构

中国的现代化进程，如果从明末清初中国的早期启蒙思潮算起，至今已经有300多年的思想激荡；如果从19世纪初起的西方大规模入侵开始起算，则已经有200多年的中外激荡；如果从中华民国成立起算，至今则仅100年有余；如果从中华人民共和国成立算起，则不到80年。通观中国的现代化思潮，在农业农村农民方面似有一些共性的价值观值得反思：从传统的重农抑商到工商皆本再到商业主导直到最后的社会主义市场经济，农业农村的社会经济地位一直在呈下降趋势（在部分地方特别明显）；从传统的依附于农业农村的家内手工业到民族工业再到社会主义工业化，工业的地位日益突出，直到最后把现代化界定为工业化、城市化、市民化，农村、农业、农民都是最终被"化"的对象，成为一种暂时的"过渡"；即使是中国共产党人过去对农业、农村、农民的认识，也是从"农民是革命的主力军""农业是国民经济的基础""只有农村稳定了整个国家才能稳定"等方面，甚至包括对"农业现代化"的价值认定，也仅属功能性的价值定位……不过，到了21世纪，事情正在发生变化，在国家的"三农"观念方面，国家对"三农"的价值定位发生了根本性的变化。这种变化如果从全球性现代化的角度看（20世纪80年代笔者用的是"寰观宇宙论"），"乡村振兴"问题已经成为我们发展过程中的社会核心结构、国家的核心利益问题。

（一）宗旨：全面小康不能等，必须通过乡村振兴谋发展

前面我们谈到，尽管我们十分重视"三农"，但我们有一个基本指导思想，即认为"农村城市化、农民市民化、农业工业化"是大趋势，"农村最终会城市化、农民最终会市民化、农业最终会工业化"，因而工作重心始终在城市化、在市民化、在工业化，但现在看到，自21世纪初以来，"农村城市化、农民市民化、农业工业化"都在逐渐接近极限。于是，从2003年始，特别是从2004年开始的国家一号文件，逐渐调整了中国"三农"的价值定位——最直观的表现即我们

要在农村地区实现现代化，开始是不能让农村地区等待现代化的到来而要就地发展，最后是朝着城乡一体化直到城乡融合的层面发展。这里有四个关键的结点，说明"三农"已经不只是功能性的社会发展因素，而且是中国现代社会发展中的结构因素，甚至是中国现代化道路的核心结构与发展中的核心利益：

第一，2003 年，中共十六届三中全会提出了"五个统筹"的新发展观问题，其中第一个统筹即是"统筹城乡发展"，配合着"统筹区域发展""统筹经济社会发展""统筹人与自然和谐发展""统筹国内发展和对外开放"，这里把"城乡"并列为"发展"对象，并由"两个反哺"来强化，说明工业反哺农业、城市反哺农村的条件已经具备，实施的时机已经成熟。城乡统一的社会结构地位得以确立。

第二，2006 年，国家一号文件提出新农村建设，其实是国家的"三农"观念发生根本性变化的新的转折点，这就是在大规模工业化、市民化、城市化过程中，要把"三农"作为中国社会的有机结构重视起来、建设起来，并且是按照"生产发展、生活宽裕、村容整洁、乡风文明、管理民主"的自身结构加强建设，也就是说，"三农"的价值定位已经不是如何"城市化、市民化、工业化"，而是自身如何"新"，也就是自身的现代化发展问题。

第三，2012 年，中国共产党第十八次全国代表大会正式提出了"全面建成小康社会"的目标，并说明没有农村的小康就没有全国人民的小康。这样，农村的小康社会就与城市小康社会一样，成为整个社会的发展目标，而不是要被城市化、市民化、工业化的对象。虽然小康标准还存在城镇居民与农村居民人均可支配收入等方面的差距，但这不重要，重要的是"三农"的发展是作为社会结构的一个重要方面来讨论的。

第四，2017 年中央提出"乡村振兴战略"，规范了"三农"自身的社会结构发展，这就是在全国发展战略顺序中坚持农村优先发展，在农村社会结构发展中按照实现产业兴旺、生态宜居、乡风文明、治理有效、生活富裕的总要求布局，在整个国家发展道路开拓上强调推动城乡一体、融合发展以推进农业农村现代化，也就是说，不是城市化、工业化、市民化，而是强调乡村的发展要有兴旺发达的产业支撑，要美化乡村生活环境使之成为充满希望的田野和生态宜居的美丽乡村，要坚持法治、德治、村民自治相结合的治理结构，要有效提高人民生活水平……

一句话，在整个国家的社会结构中，要让每个人有尊严地生活在我们社会主义国家大家庭里，这就是实施乡村振兴的出发点和理想归宿。

第五，习近平总书记在阐明乡村振兴战略时，在《把乡村振兴战略作为新时代"三农"工作总抓手》中，事实提出了"乡村振兴道路"问题（实质上是"农村就地现代化道路"），其要点有四个方面：一是特别强调"没有农业农村现代化，就没有整个国家现代化"的农业和农村的现代化目标，而不是单纯地强调农村城市化、农业工业化、农民市民化（笔者所称的"老三化"），并认为这是解决"中等收入陷阱"的必由之路。二是提出了解决"两条腿"共同进步的问题，认为"同快速推进的工业化、城镇化相比，我国农业农村发展步伐还跟不上，'一条腿长、一条腿短'问题比较突出"。三是强调中国的独特国情与社会发展规律，即"在现代化进程中，城的比重上升，乡的比重下降，是客观规律，但在我国拥有近 14 亿人口的国情下，不管工业化、城镇化进展到哪一步，农业都要发展，乡村都不会消亡，城乡将长期共生并存，这也是客观规律"。为此还规定了城乡界限："即便我国城镇化率达到 70%，农村仍将有 4 亿多人口。"因而要有底线意识，其中特别是城乡边界、基本农田底线等。四是对"农村就地现代化道路"的内容做了具体规定："农村现代化既包括'物'的现代化，也包括'人'的现代化，还包括乡村治理体系和治理能力的现代化。我们要坚持农业现代化和农村现代化一体设计、一并推进，实现农业大国向农业强国跨越。"所以，文中强调"我国乡村振兴道路怎么走，只能靠我们自己去探索"的"道路"问题，而在《中国共产党农村工作条例》中更是直接强调了"道路"问题："坚持走中国特色社会主义乡村振兴道路，推进乡村产业振兴、人才振兴、文化振兴、生态振兴、组织振兴。"

但是问题在于，不仅学界没有普遍地从"道路"上来认识中国的现代化建设道路问题，而且实践上也还在总体上按照传统的"老三化"思想指导"乡村振兴"工作（从近期参加学术讨论会上的论文即可见出），甚至在一些十分偏远的地方，也仍然以"工业园区"引领。所以我们认为，应在全国进行中国现代化特殊道路的教育，对指导思想来一次根本性变革，将乡村振兴与产业融合统一在有中国特色的社会主义现代化的特殊道路上来（可以参见电视专题片《我们走在大道上》）。

（二）球籍：谁来养活中国人

稻盛和夫的《活法》[1]一书，让我们对"养活"中国人有了更为深刻的认识——"养活"并不只是粮食问题。曾经的一个重要的"中国威胁论"就是中国人不能自己养活自己，因而提出了中国的粮食安全问题。也有美国人专文论述谁来养活中国人的问题。

其实，"养活"也是一个中国人的"球籍"问题。邓小平曾多次提到中国的"球籍"（能在地球上存在下去）问题，中国人要不被开除"球籍"，"三农"的根基不能不稳固。

何以会有此论呢？我们从"五位一体"的新发展观所反映的社会结构来看，无论如何都少不了中国的乡村。政治、经济、社会、生态、文化，在这五位一体中，中国的"生态"现在的根基显然在农村，没有农村行吗？中国的"社会"现在的大头仍然在农村，没有农村的振兴能行吗？中国的"文化"，不仅传统文化的根基（甚至是人们所说的"国学"及其精神）在农村，就是现在坚守社会主义核心价值观的根基也应包括农村，至于中国的"政治"、中国的"经济"，中国农村也都有根基作用。所以，从当代"五位一体"的社会结构来看，必须振兴乡村以"养活"中国人，解决中国人的"球籍"问题。

我们又从"新发展理念"来看，按照习近平总书记的说法，创新、协调、绿色、开放、共享的发展理念，是管全局、管根本、管长远的导向，具有战略性、纲领性、引领性。新发展理念指明了"十三五"乃至更长时期中国的发展思路、发展方向和发展着力点，要深入理解、准确把握其科学内涵和实践要求。而按照"新发展理念"来振兴中国乡村，正好能给中国人以一种更好的"活法"，前提是要实现乡村振兴。

---

[1] 稻盛和夫 . 活法 [M]. 周庆玲，译 . 东方出版社，2005.

（三）路径：靠乡村振兴重塑中国"三农"

在"农村城市化、农民市民化、农业工业化"的老式现代化道路之外，走出一条乡村振兴的新路，是中国现代化道路上的结构性调整。如上所述，这里有"五位一体"的新社会结构论，"新发展理念"与"乡村振兴"的契合，有乡村与城市的新二元融合的结构诉求。

按照国家的战略认知，乡村振兴就是重塑中国"三农"的根本路径。对此，我们曾在一篇文章中阐明：乡村振兴即农村就地现代化发展，这是在正视城乡二元差距的基础上，认识到农村发展规律，提出乡村振兴战略或乡村振兴道路，坚持农村农业优先发展，将农业作为国家发展的根基，农村以就地为空间范围，走多元现代化道路，实现城乡融合。2017 年习近平总书记在中国共产党第十九次全国代表大会所做的报告中首次提出"乡村振兴"战略，坚持农业农村优先发展，按照产业兴旺、生态宜居、乡风文明、治理有效、生活富裕的总要求，建立健全城乡融合发展体制机制和政策体系，加快推进农业农村现代化。同时完成生态保护红线、永久基本农田、城镇开发边界三条控制线划定工作，确保农村耕地完整、农村生态环境友好，确保国家粮食安全，由农村城镇化、城市化发展转向农村就地发展（中央已经不再提"城市化"）。同年 12 月 29 日召开中央农村工作会议，并在 2018 年 2 月 4 日发布了《中共中央国务院关于实施乡村振兴战略的意见》的一号文件，文件中详细列出了乡村振兴时间表，传承和发展农村优秀传统文化，提升农耕文明，走中国特色社会主义乡村振兴道路，全面精准脱贫，激发农村人口内生动力，打造新时代中国特色社会主义新农村，实现乡村振兴。至此，国家逐渐摸索出农村发展规律，农村现代化道路从单一的工业化城市化向同时进行就地化现代化发展转变，从单一农民市民化出路向同时进行农民内生化就地现代化调整，从城乡统筹发展路径向城乡融合发展转型。

三、新现代化论：中国农村的就地现代化

全球性现代化发起于欧洲，但传统现代化理论却存在不少局限，其最关键的狭隘性在于以工业化为根本尺度衡定国家或社会发展。全球性现代化作为一个世界历史进程，反映的是人类社会从传统社会向现代社会所经历的历史巨变。但是，人们却狭隘地理解为从传统农业社会向现代工业社会所经历的巨变，完全忽视了人类社会的特殊历史过程，比如不少游牧民族走向现代的过程、不少还处于原始社会的诸民族在一些现代民族的带领下直接走向现代社会的过程（可以简称为"直过现代化"）。自然，这种狭隘理解的原因是客观的，因为这一过程是由西欧开始而逐步扩展于北美和欧洲的其余地区，然后蔓延至亚非拉美。在这个过程中，英国是世界上唯一的一个主要依赖内部源泉启动的现代化国家[1]（内源式现代化国家），是当时"世界唯一真正中心"（全球性现代化），因此它"才完成了工业革命"（工业化）[2]。事实上，按英格尔斯的现代化标准，一个国家或社会只要满足了农业产值占国民生产总值的比重在15%以下，人均国民生产总值（GDP）达3000美元以上等条件就算实现了现代化。如果是这样，包括我们中国在内的许多国家都已经实现了现代化，而不需要再努力奋斗"现代化"了，可是努力还在继续。可见，实现了工业化绝不等于现代化。所以，贝克在《风险社会》中说："工业社会的实际达成，不等于现代化的达成。""现代化与工业社会的等同，是现代化理论构造出来的'文化神话'。"[3]事实上，"现代化不是指社会向某个特定的现代之境迈进的转变"，而是指社会的自我持续发展过程，指其"不断

---

[1]　谢立中，孙立平. 二十世纪西方现代化理论文选 [M]. 上海三联书店，2002：851、977. 一些学者也持这一看法。他们说："完全依赖内部源泉启动的，只有英国这一个国家。"请见沙尔玛《几个国家的现代化比较研究》、鲁道夫·哈曼《欧洲工业革命是发展中国家效法的样板吗？》，载谢立中、孙立平《二十世纪西方现代化理论文选》，第 851、977、978 页。

[2]　费尔南·布罗代尔 .15 至 18 世纪的物质文明、经济和资本主义（第 3 卷）[M]. 生活·读书·新知三联书店，1993：627.

[3]　刘小枫. 现代性社会理论绪论 [M]. 上海三联书店，1998：44-46.

地革除社会迦皮，又不断地在制造社会迦皮。今天被视为'现代''摩登'的社会状况，明天就成了传统，必须使之现代化、脱离这个传统"[1]。

也正是基于这种认知，包括中国在内的世界各国都在不断地探讨各自的现代化道路问题。为此，笔者在 20 世纪 80—90 年代的实际工作中认识到工业化、市民化、城市化的非唯一性，针对当时恩施州实际提出过文化现代化道路问题，即主张在民族地区通过文化发展，形成以文化为中心的主导产业，把文化产业化与产业文化作为现代化路径，为此还曾与相关人士发生过争论。现在看来，恩施州与相关民族地区的发展现实证明了我们当时的判断是正确的。更进一步，在 2005 年，笔者提出了"农村"就地现代化问题，以后逐渐得到深化[2]，现在更是得到了更为广泛的认同。在笔者看来，"乡村振兴"的目标实际上是农村的就地现代化。这里，农村的就地现代化包含有丰富的理论与实践内容。

（一）理论：两条腿走路的中国现代化新路

从理论上阐明中国的农村就地现代化，实际上是一个复杂的问题。为此，笔者曾特别分析以下方面的内容：

首先，在全球性现代化场域下，在现当代的国际关系格局中，像中国这样的大国在实现现代化过程中，不可能只遵循一种现代化模式，这是一种国际关系定位。这里面，一方面是承认世界现代化模式本身的多样性，我们在《现代化本质》

---

[1] 西里尔·E. 布莱尔. 比较现代化 [D]. 杨豫，译. 上海译文出版社，1996：9.

[2] 萧洪恩. 竹山文明村镇建设 —— 中国特色农村现代化道路的新探索 [Z].http：//www.zhushan.cn/zszw/syly/2006-01-03/17141.html. 萧洪恩. 对"传统三农"进行现代化改造 [N].湖北日报，2006-02-24. 萧洪恩. 城市化之外：中国农村就地现代化道路探析 [J]. 理论月刊，2015（5）.萧洪恩."农村就地现代化"是必由之路 [J]. 人民论坛，2015（4）.萧洪恩."三农"向何处去：乡村振兴战略与就地现代化之路探析 [J].徐州工程学院学报（社会科学版），2018（3）.戴维、梁博强、萧洪恩. 农村就地现代化发展模式初探 [J]. 商业时代，2008（7）.2005 年底在湖北竹山县做了一场关于农村发展的报告，题为《竹山文明村镇建设 —— 中国特色农村现代化道路的新探索》，其中特别地说明了"就地现代化"问题，并强调："这种探索成果集中体现在使传统'三农'实现就地现代化这一点上，特别是这一探索能做到上下联动，即使上层精英与下层民众的互动。"http：//www.zhushan.cn/zszw/syly/2006-01-03/17141.html.

一书中会看到这种复杂情形。另一方面是大国内部因其结构的复杂性，也不可能只有一种现代化发展模式。也就是说，就地现代化理论遵循现代化模式的多样性，坚信现代化道路的多样性。这种大国与小国的区分，最典型的应首推中日变法运动的区分：在中国适应全球性现代化运动之"三千年未有之大变局"而提出的最早的现代化口号"中学为体，西学为用"，虽然从哲学上分析其对一种文化进行简单的"体用""道器""主辅"二分关系的划分可能存有谬误，但在承认自己的不足而应向西方学习、坚持自己的民族特性方面，应无可厚非。更何况在以"保"（保种、保教、保国、保民"四保"，其中重要的是"保国"，即国家问题的突出）为重心的"防御性现代化"意图下，从御夷图强到变法图强的不同尝试，在现代的环境下来看，大方向并不错。因为这种现代化模式在世界上也有成功的例子，即日本在"尊王攘夷""和魂洋才"的口号下成功地进行了明治维新。只不过因为中国和日本的国情不同，中国的块头太大了，而日本在当时是一个小国。

其次，中国的就地现代化强调的是在继续走好"农村城市化、农民市民化、农业工业化"之传统现代化道路的基础上，大力推进"农村现代化、农民现代化、农业现代化"，成为与传统现代化之路相伴的另一现代化之轮、之腿，实现双轮驱动或两条腿走路。在这里应强调的是，一方面并不否认"农村城市化、农民市民化、农业工业化"之现代化道路，另一方面又强调在广大的农村地区，应做好就地现代化的发展工作，按照中国乡村振兴战略的要求，即通过培养三农工作队伍，优先发展农村农业，推进农业与农村的现代化。

再次，从农村就地现代化的必然性、必要性方面的认知来看，中国的粮食安全问题、城市辐射力问题、中国地大物博的国情多样性问题、中国庞大的人口基数问题、中国城乡发展不平衡与地区发展不平衡问题、中国城市化工业化的经验教训问题、中国农村就地现代化发展的经验问题、即使实现现代化后农村在空间上仍然广大的问题等，都可以直观地说明这一问题。对此，我们已经在多种场合进行过分别论述，此不再叙。

最后，就农村就地现代化的内涵而论，乡村振兴战略坚持农业农村优先发展，重塑城乡关系，以城乡融合为目标，重视农村自身的发展，重视农村居民的发展，是推进农村就地现代化发展的重大举措。中国农村就地现代化是指农村居民利用近现代工、农业科学技术，提高农村生产力水平，发展农村经济，优化农村社会结构，逐步缩小城乡差别，最终实现城乡共同现代化。[1] 从笔者对农村就地现代化的定义来看，农村就地现代化应包含以下几个内容：第一，从发展范围来看，"就地"是在原处、在当地（乡村振兴的基地在乡村），即以农村原有地理范围、生态环境、实际情况等为基础进行现代化"改造"；第二，从发展路径来看，不是过去单纯的城市化、工业化，而是以农村具体情况为背景，多元化选择现代化道路，城镇化、工业化、就地现代化等都可以是被选择的一种手段（主道是就地现代化）；第三，从发展动力来看，不是单纯工业化或农业现代化，而是农业与其他产业的结合，以科技＋农业、互联网＋农业、旅游＋农业、文化＋农业等的"第六产业"为内生动力；第四，从发展性质来看，不是单纯依靠城市或政府单向输血的方式，而是基于农村自身特点，形成一种自我支持的良性发展机制，与城市化共同构成中国社会发展的两大路径；第五，从发展主体来看，是以农村常驻居民及具有农村户籍的进城务工返乡人员为主，通过发展产业，激发农村主体人员就地从业的可能性，留住农村人才，同时又通过发展农村现代化服务于农村居民；第六，从发展目标来看，不是消除城乡差异和距离，而是缩小城乡差距，努力实现城乡等值、城乡融合发展。

（二）实践：依托三农的多元现代化实践

现代化模式不是单一的，在中国农村的就地现代化实践中，现代化在农村也不是单一的，而是丰富多样的。有的是通过就地城市化（建设成农民城）或就地城镇化实现的，有的是通过现代农业发展等方面实现的，有的是通过文化现代化道路实现文化与旅游等其他产业相结合而实现的。如以未来农庄为例加以说明，有学者即概括了十种模式的现代农庄，应该说这些都是农村就地现代化的典型，总体来说是农村就地现代化的多种多样的典型模式。

不过仍然可以肯定的是，在未来农村的就地现代化过程中，有以下一些方面

---

[1] 戴维、梁博强、萧洪恩 . 农村就地现代化发展模式初探 [J]. 商业时代，2008（7）：105-106.

是值得关注的：

首先，未来的乡村振兴或农村的就地现代化，主体场域肯定是在农村。因为无论是在城市压力、生态安全还是农村发展、粮食安全等方面，我们都必须守住那条城乡边界、基本农田边界、生态边界。

其次，生态已经成为现代农村社会的基础结构。生态问题作为一个"革命问题"，直接指向了社会结构。事实上，在现代社会，生态已经是社会结构的有机组成部分，不仅"绿水青山就是金山银山"，而且是既要绿水青山又要金山银山。所以在西方产生了众多的生态学思想流派，在中国则批准了众多的生态学各级课题……一并说明这一问题的社会结构性特征。

再次，文化已经成为社会发展的根本动力源。笔者曾著文论述第一生产力的文化转向[1]，具体阐明当代文化的作用。目前的实践证明，在农村就地现代化过程中，一是农村传统文化生产力有了现代化的发展，表现为价值取向的现代化、生产目标的现代化、生产方式的现代化等。随着中国社会的发展，农村经济社会不断被城市渗透，打破封闭和局限，农村传统逐渐披上现代服装，以传统精神为核心，使农村传统生产力得到现代化发展，如从传统社会中辛勤劳作解决家庭基本生存发展到为中华民族伟大复兴的中国梦奋斗，传统社会的牛耕发展到现代化的机械操作等。二是农村社会部分传统在现代化发展过程中被保留下来，传统内容以传统方式存在于农村现代社会，并被广大农村居民甚至是城市居民所接受，如较多农村地区饮食习俗、节日祭拜等方式延续传统，并广泛传播。三是农村传统与现代的超时空叠加，表现为传统与现代的叠加与并轨，传统在表现方式、生产目标或运行机制等的现代化，但并不相互融合，而是独立但又并行的两个个体，如在农村地区普遍兴起的农家乐式旅游、以传统文化为背景的参观体验式旅游等。

其他还有要素生产力广泛渗入、多元产业组合等，不再叙论。

---

[1] 萧洪恩 . 第一生产力的文化转向及其当代价值 [J]. 江汉论坛，2011（3）.

（三）趋势：牢骚太盛防肠断，风物长宜放眼量

不过，我们应该强调的是，无论是新传媒还是旧媒体，都应从中发现中国乡村发展中的多种多样的问题，比如农民工与三留守问题、城乡差距仍然在扩大的问题、环境污染问题……面对各种问题，我们应有正确的态度。在这里，任何牢骚都无济于事，我们必须努力开拓出路，具体思考，此处不具体阐明。

乡村如何人振兴（上）：
中国农村就地现代化道路问题的提出与内涵

"乡村振兴"战略的提出本来已经明确了乡村如何振兴的问题。但是，长期的城市化、工业化、市民化模式已经成为思维习惯，一直影响着人们的"乡村振兴"研究，以至于把本来要实现"农业农村现代化"的"乡村振兴"战略纳入所谓的"城市化""城镇化"框架范围内。于是，我们特别强调："乡村振兴"战略的目标是农村"就地现代化"，包括时间向度上的"现代化"与空间向度上的"就地化"，因而"乡村振兴战略"应该从"乡村振兴道路"的高度来认识，应该按照"两条腿"走路的中国式现代化道路进行：阵地在乡村，主体是乡民，主导靠政府，主助依全国，主道则是就地实现的现代化，目标则是城乡统筹的全国全面振兴。

自从全球性现代化在欧洲开启以来，现在已经形成了多种多样的发展模式。荷兰的、英国的、法国的、北欧的、美国的、拉美的、中国的……可以说，世界已经形成了一个"全球性现代化"模式的万花筒。在这个万花筒中，中国曾因早熟的奴隶制度开启了中国文明发展的特殊类型，不仅是因为中华文明是世界上唯一没有中断而至今仍然保持发展活力的文明类型，而且也因为近现代中国启蒙运动的坎坷道路而形成了当代中国的特殊现代化道路。可是，人们因长期以工业化、

城市化、市民化"老三化"（以下简称"老三化"）曲解甚至否认全球性现代化运动的多样性（甚至一些研究现代化的前辈学者也如是），不仅遮蔽了世界上不少特殊的现代化类型，而且也实际上影响了我们对自己国情的判断，以至于到如今开启"乡村振兴道路"的时代还沿袭"老三化"思路进行研究，因而必须强调在城市化的框架下实施乡村振兴（这类论文不在少数）。事实上，"乡村振兴"虽然不排斥"老三化"，但其根本着眼点却是"农业农村现代化"，是基于"三条底线"[1] 原则基础上的"城乡融合发展"。据此，我们一直以来主张在全球性现代化背景下的"两条腿走路的中国现代化道路"，即在坚持"老三化"的传统现代化道路时，同时走农村就地现代化道路。我们的坚持，从国家决定"新农村"建设开始，到实施"乡村振兴战略"并上升到"乡村振兴道路"之时，已经获得了理论与实践的双重认同。据此，本节对"就地现代化"的相关研究以中国知网论文统计为基础，进行总结述评，以深化对中国"乡村振兴道路"的认识。

一、从"全球性现代化"到"就地现代化"

我们所强调的"就地现代化"是与"全球性现代化"紧密联系的，是世界观与中国观相统一的。"全球性现代化"是我们的世界观，"就地现代化"是我们的中国观。因此，我们所讲的"就地现代化"，有一个从"全球性现代化"到"中国现代化"到"就地现代化"的思维过程。这个过程是与我们在长期的工作实践中坚持的"理论武装，世界眼光，战略思维，党性修养"之思维方式相联系的。

20 世纪 80 年代，笔者曾以"四观"思维分析问题，即寰观（全世界或全球）、宏观（全国或中华民族整体）、中观（全省、全州）、微观（全县及以下），特别是对一些重大的理论或社会问题，都须从这"四观"逐层分析，后来形成了一种特殊思维方式。至 20 世纪 90 年代即更加娴熟，引起社会共鸣，并有文章介绍。[2]

---

[1] 中国的空间发展治理和城镇化，到了生态文明的新时代。全国要划定三条底线：生态红线，保护生态安全；永久基本农田红线，保证粮食安全；城市边界红线，防止城市的蔓延，对自然乃至对文化等其他方面底线的冲击。

[2] 张永柱.讲坛话"寰观"——萧洪恩谈稳定、改革和发展 [N].鄂西报，1995-4-30（03）.

至 21 世纪初，笔者逐渐接受了"全球性现代化"概念代替"寰观宇宙论"，并一直坚持。笔者深信，当今思考中国的任何问题，都必须站在"全球性现代化"的场域，包括中国各学科的发展、中国各产业的发展等，思考"三农"问题更应如此。

在一些论文中，我们认定"全球性现代化"作为一种社会事实，指的是这样一种世界的当代发展情势：在时间上的现代发展必须与空间上的全世界发展高度统一，这就是所谓的"命运共同体"；"全球性现代化"这种社会事实具有一种带有趋势性的"运动"意义，即所有现代的全球的存在物，包括自然的、社会的或人文的，甚至个人的自我身心，都无法逃避这种社会事实的影响；"全球性现代化"这一社会事实是由时间上的"现代"与空间上的"全球"交织而成的世界发展之网，前者指明一种客观性，后者指出一种人文情怀。这也就是我们为何拒绝将全球化、现代化分开来说而直接使用"全球性现代化"的根本原因。因此，我们强调要树立"全球性现代化"观念，避免把全球化、现代化碎片化，而把二者看成是一个事物的两个方面——现代化是就时间而言，全球化是就空间而言，坚持时空统一的"全球性现代化观"，目的在于观察中国"三农"问题时避免或只看全球而不看现代、或只看现代而不看全球的二元思维，目前不少做法即如是，其危害在于逃避"三农"自身现代化的责任。为此，我们特别强调：长远解决中国农村社区发展的关键——在坚持传统"老三化"之路时，必须同时坚决地走就地现代化之"新三化"路。此外，在相关文章中，我们还阐明过关于"全球性现代化"的过程、标准、动力、思维方式、目标等意涵，特别提出过作为世界观方法论的"全球性现代化"问题，并用以进行社会现象分析。

中国农村的"就地现代化道路"正是依据"全球性现代化"提出的，其具体思路是：任何其他的现代化国家在实现工业化、城市化及巨量的城市化以后，尚有大量农村农业和大批农民（城市化背后的更为广阔的农村、市民化背后的大量农民、工业化背后的大量农业），中国作为世界人口最多的国家和世界上第三大陆地国土面积的国家，此种情形会展现得更为充分；中国的发展必须自力更

生 [1]，粮食、能源、国土等综合安全都必须如此（中国人必须自己养活自己，把饭碗牢牢端在自己手上；中国边疆地区即使在高度城市化后也仍然是广大农村等）；城市辐射力有限、城市化发展有极限等，总之，站在"全球性现代化"的视野观察中国，我们必须走"农村就地现代化"之路。

中国农村就地现代化是指三农工作队伍在农村利用近现代工农业科学技术，提高农村生产力水平，发展农村经济，优化农村社会结构，逐步缩小城乡差别，最终实现城乡融合发展的共同现代化。[2] 从萧洪恩对农村就地现代化的定义来看，农村就地现代化应包含以下几个内容：第一，从地理空间来讲，"就地"是在原处在当地，即以农村原有地理范围、生态环境、实际情况等为基础，进行现代化"改造"以实现现代化；第二，从发展路径来看，不是过去单纯的"老三化"而是以农村具体情况为背景，多元化选择现代化道路，城镇化、工业化、就地现代化等都可以是一种手段，必须坚持"两条腿走路"的现代化道路；第三，从发展动力来看，不是单纯工业化或农业现代化，而是农业与第二、第三产业的结合，以科技＋农业、互联网＋农业、旅游＋农业、文化＋农业等的"第六产业"（不是第一二三产业相加而是相乘）为内生动力；第四，从性质来看，不是单纯依靠城市或政府单向输血的方式，而是基于农村的自身特点，形成一种自我支持的良性发展机制，与城市化共同构成中国社会现代化发展的两大路径；第五，从发展主体来看，是以农村常驻居民及具有农村户籍的进城务工返乡人员为主，通过发展产业，激发农村主体人员就地从业的可能性，留住农村人才，同时又通过发展农村现代化服务于农村居民，形成广泛而有力的三农工作队伍；第六，从发展目

---

[1] 如经济史学家克拉克（Gregory Clark，2007）分析：英国正是有美国等殖民地作为其稳定的粮食供应基地，才能迅速进行城市化和工业化从而成就"日不落帝国"的辉煌。英国在崛起过程中限制殖民地的发展机会，将其作为原材料和粮食供应基地以满足本国工业发展的需要，这种不平等的工农业贸易关系绝对不是中国与他国交往的原则，自然也更不能成为中国中西部地区与东部沿海地区的交往原则。参见潘美薇.公共经济学视角下的国家粮食安全问题研究[D].河南大学学位论文，2015.

[2] 戴维，梁博强，萧洪恩.农村就地现代化发展模式初探[J].商业时代，2008（07）：105-106.

标来看，不是消除城乡差异和距离，而是缩小城乡差距，努力实现城乡等值式的城乡融合性发展。

根据我们在多篇文章中的论述，我们的"就地现代化"道路表现在以下方面：

首先，发展的空间维度 —— 农村的就地现代化。我们用"农村转型"来描述"就地现代化"，并解剖了法国学者 H. 孟德拉斯的《农民的终结》之论，据此认为，在全球性现代化进程中发生的，实际上即是农民、农业、农村的现代转型，或者说是就地现代化，或者说是全球性现代化运动的本地化。这里特别强调"就地现代化"实质上"是全球性现代化运动的本地化"，正是我们所坚持的现代化观。[1]

其次，我们始终坚持"就地现代化道路"。我们提出"就地现代化"问题，曾有过"就地现代化发展模式"的提法，如《农村就地现代化发展模式初探》[2]一文所论，但基本上都特别强调的是"就地现代化道路"，如《城市化之外：中国农村就地现代化道路探析》一文等 [3]，这些观点提出后，产生了不小的影响。其中引用《城市化之外：中国农村就地现代化道路探析》的如韩雨伦《从传统农民到花卉产业工人的现代化转变 —— 以石林县月湖村花卉公司员工为个案》[4]、孙恰《烟台市农民就地市民化综合评价研究》[5]、张乂凡《农村土地集体所有制

---

[1] 戴维，梁博强，萧洪恩 . 农村就地现代化发展模式初探 [J]. 商业时代，2008（07）：105-106. 萧洪恩 . 来凤县主导产业的战略选择与政策需求研究 —— 基于内陆腹地少数民族聚居地区生态文明建设的视角 [C]. 科学发展观与民族地区建设实践研究，2009-07-19：371-396.

[2] 戴维，梁博强，萧洪恩 . 农村就地现代化发展模式初探 [J]. 商业时代，2008（07）：105-106.

[3] 萧洪恩 . 来凤县主导产业的战略选择与政策需求研究 —— 基于内陆腹地少数民族聚居地区生态文明建设的视角 [C]. 科学发展观与民族地区建设实践研究，2009-07-19：371-396. 萧洪恩 . 城市化之外：中国农村就地现代化道路探析 [J]. 理论月刊，2015（5）：5-11. 梁博强、戴维 . 农村现代化模式的发展与创新——以鄂尔多斯市农村的就地现代化为例 [J]. 内蒙古农业大学学报（社会科学版），2008（4）：41-43. 石远成 . 从两个农民合作组织发展看我国综合农协的成长路径 [J]. 农业部管理干部学院学报，2014（2）：8-13.

[4] 韩雨伦 . 从传统农民到花卉产业工人的现代化转变 —— 以石林县月湖村花卉公司员工为个案 [D]. 云南大学，2018.

[5] 孙恰 . 烟台市农民就地市民化综合评价研究 [D]. 烟台大学，2019.

的历史贡献与中国社会主义现代化》[1] 等硕士博士论文，以及何玲玲与吕翠丽《广
西易地扶贫搬迁与人口市民化耦合路径研究》[2] 等也有引用；《农村就地现代化
发展模式初探》被吕冰《保定市住房价格的 hedonic 分析》[3] 引用；《"农村就
地现代化"是必由之路》被孙恰《烟台市农民就地市民化综合评价研究》[4] 引用；
程旭《乡村产业选择与发展研究 —— 以陕西省富平县岔口村为例》[5]、潘凡平
《湖南省郴州市乡村产业发展调查与研究》[6] 引用萧洪恩所指导的肖尧《就地现
代化视角下山区农村主导产业选择研究 —— 基于农民需求的实证调查》等。提
"就地现代化发展模式"的如《农村就地现代化发展模式初探》[7] 等，由萧洪恩
指导的《农村现代化模式的发展与创新 —— 以鄂尔多斯市农村的就地现代化为
例》[8] 一文，同样主张。笔者还针对具体情况有过特殊说明，如强调全球性现代
化发展的阶段性变化影响国家发展战略的区域化重组，从而影响相邻地区的错位
竞争，由此决定了各地的战略选择。[9] 不过，笔者更多地是强调"农村就地现代
化道路"[10]。

---

[1]　张又凡. 农村土地集体所有制的历史贡献与中国社会主义现代化 [D]. 上海社会科学院，
2019.

[2]　何玲玲，吕翠丽. 广西易地扶贫搬迁与人口市民化耦合路径研究 [J]. 钦州学院学报，
2017（12）：76-81.

[3]　吕冰. 保定市住房价格的 hedonic 分析 [D]. 河北农业大学，2008.

[4]　孙恰. 烟台市农民就地市民化综合评价研究 [D]. 烟台大学，2019.

[5]　程旭. 乡村产业选择与发展研究 —— 以陕西省富平县岔口村为例 [D]. 西北大学，2018.

[6]　吕冰. 保定市住房价格的 hedonic 分析 [D]. 河北农业大学，2008. 潘凡平. 湖南省郴州市
乡村产业发展调查与研究 [D]. 河南科技大学，2019.

[7]　戴维，梁博强，萧洪恩. 农村就地现代化发展模式初探 [J]. 商业时代，2008（07）：
105-106.

[8]　梁博强，戴维. 农村现代化模式的发展与创新 —— 以鄂尔多斯市农村的就地现代化为
例 [J]. 内蒙古农业大学学报（社会科学版），2008（4）：41-43.

[9]　萧洪恩. 来凤县主导产业的战略选择与政策需求研究 —— 基于内陆腹地少数民族聚居
地区生态文明建设的视角 [C]. 科学发展观与民族地区建设实践研究，2009-07-19：371-396.

[10]　萧洪恩. 城市化之外：中国农村就地现代化道路探析 [J]. 理论月刊，2015（5）：5-11.

再次，我们强调"就地现代化道路"是中国现代化道路的特殊构成。我们强调主客观因素的存在，导致农村就地现代化道路。[1] 这里有三方面含义：一是基于对中国农村城市化极限的思考，其核心问题是，中国农村城市化比率到底能够达到多少？习近平总书记多次说 70%。二是中国经济、社会发展不平衡的现状及社会发展本身的规律决定中国应采用不同的发展模式，其中也包括着就地现代化模式。三是就地现代化模式也是基于对中国基本实现现代化的时间界限做出的思考，其基本预期是两个一百年的时限设定。同时，中国农村的现实状况与现实使命也决定我们必须就地现代化，才能应对国际发展风险。[2] 比如，不管将来城乡人口结构如何，吃饭问题都只能靠中国自身现代农业发展和农民的现代化来解决，就地现代化是中国保证基本农产品安全的特殊现代化道路。[3]

二、从"老三化"到"两条腿"走路

我们这里要强调的是，我们提出的"就地现代化道路"是"两条腿"走路的中国式现代化道路的有机结构部分，而不只是功能意义上的某种需要，属于中国现代化道路的结构范畴，虽然有其功能，但主体却是结构上的。也就是说，我们强调"就地现代化"，一个重要的关键点是强调"两条腿"走路的中国式现代化道路，即既坚定不移地走"老三化"之路，又坚定不移地走农业现代化、农村现

[1] 戴维，梁博强，萧洪恩．农村就地现代化发展模式初探 [J].商业时代，2008（07）：105-106.萧洪恩．来凤县主导产业的战略选择与政策需求研究——基于内陆腹地少数民族聚居地区生态文明建设的视角 [C].科学发展观与民族地区建设实践研究，2009-07-19：371-396.萧洪恩．城市化之外：中国农村就地现代化道路探析 [J].理论月刊，2015（5）：5-11.

[2] 戴维，梁博强，萧洪恩．农村就地现代化发展模式初探 [J].商业时代，2008（07）：105-106.萧洪恩，张光辉，肖尧，等．从国家农业观念的变革看山地烟区现代烟草农业合作组织的实践——基于湖北恩施现代烟草专业合作社发展的实践研究 [J].湖北社会科学，2014（8）：71-76.

[3] 萧洪恩，张光辉，肖尧，等．从国家农业观念的变革看山地烟区现代烟草农业合作组织的实践——基于湖北恩施现代烟草专业合作社发展的实践研究 [J].湖北社会科学，2014（8）：71-76.

代化、农民现代化（下面简称为"新三化"，但要强调的是：这只是为方便起见，如"农业现代化"从产业范围而言，其范围就太窄）的"就地现代化之路"。中央提出的"乡村振兴道路"，一个重要的内涵是农村不限于"农业、农村"，这就是我们多次强调的"两条腿"走路。

我们曾坚定地认为，要破除现代化的观念误区。最大的误区是把"老三化"看成是现代化的唯一方式，全部工作的重心都放在"老三化"上，甚至把"两个反哺"当成是一种没有办法的任务，而不是看成中国现代化发展的新模式——通过培养现代农民、发展现代农业、开创现代农村的就地现代化道路，因而需要明确解决中国"三农"问题需要两条腿走路——一条是传统的"老三化"之路，一条是中国农村的就地现代化即"新三化"之路，这两条腿如车之两轮、鸟之两翼、人之两足，缺一不可。

学界也有提"两条腿"走路的，但与我们所阐明的"两条腿"走路是有明显区别的，如杨团强调"就地多元化和离土城市化如同人的两条腿一样不仅不可或缺，只有协调前行才能持续发展"[1]，司马向南先生引用并坚持了上述观点。[2]我们也提"两条腿"走路，但这是"就地现代化和离土现代化"相对应的现代化，是农村"新三化"与传统"老三化"的两条腿。所以，有学者明显地发现了这种差别，并以学者观点进行摘编。[3]对此，笔者在指导研究生论文时即强调："中国农村的发展应当是'两条腿走路'模式，一方面进行农民的城市化路径发展，另一方面，也是更重要的一方面即农村自身的就地现代化发展。"[4]

[1] 杨团．就地多元化：促进中国农民现代化的社会政策选择 [J]．红旗文稿，2005（21）：19-21.

[2] 司马向南．"就地现代化"学习札记 [DB/OL]．[2014-08-14].http//blog.sina.com.cn/s/blog_7ff7c8240102uzj1.html.

[3] 《中国老区建设》编辑部．学者观点摘编 [J]．中国老区建设，2015（9）：20.

[4] 肖尧．就地现代化视角下山区农村主导产业选择研究——基于农民需求的实证调查 [D]．华中农业大学，2016.

学界还有一种"两条腿"走路的看法，可以概括为"反哺模式"的两条腿："现在提出建设新农村……坚持'两条腿走路'的战略方针，使新农村建设与城市化和工业化齐头并举、协调发展、相互促进……只有这样，才能使'工业反哺农业，城市支持农村'的方针得到贯彻落实。"[1]

我们所强调的"两条腿"走路，也不是城市辐射与就地发展的"两条腿"，而是独立并行且融合发展的"两条腿"。如有学者曾认为："农村发展要靠'两条腿走路'，一条是依靠大城市的辐射作用，将处于城市边缘的农村逐渐城市化，失地农民则从事非农产业，我们称为'城市辐射农村'；另一条为农业现代化道路，通过农业集约化、规模化、专业化、市场化的过程，实现农业的现代化，通过农产品的工业化的增值来增加农民收入，同时国家对农民进行适当的财政补助，完善农利公共服务，实现'农村现代化'。这两条路应该同时进行，缺一不可。"为此，要"因地制宜，寻找适合本地农村发展的模式"。[2]

事实上，在我们看来，中国"三农"问题在经历了城乡统筹、城乡一体化等发展认知与实践体认过程后，现在提出了基于城乡融合目标的乡村振兴战略，决定了农村产业发展、乡村建设、农民进步乃至整个农村社会问题的解决都需要用"三农"就地现代化。中国长期的城乡二元割裂使得城市与农村在政治、经济、社会、文化等方面都有显著的差异，城乡融合建设就是要达到城市与农村在发展水平上的等值，主要内容不仅在于减少城乡居民收入差距，而且在于实现城乡基本公共服务的均等化；既不是要放弃农村地区，也不是用单纯的城市化、工业化、市民化来解决所有的"三农"问题，而是通过充分的就地现代化正好与充分的城市化、工业化、市民化道路并驾齐驱，用两条腿走路。这也就是我们长期论证"三农"问题的世界观意义而不只是功能意义。为此，我们曾强调：中国共产党第十九届全国代表大会之总书记报告，虽然只是在"贯彻新发展理念，建设现代化经济体系"中阐明"实施乡村振兴战略"，但却在论述过程中超越了过往阐述的单一的

---

[1] 王涤心. 论新农村建设的四大关系 [J]. 山东省农业管理干部学院学报，2007（6）：26-27+193.

[2] 白志华. 组织化视角下的农村发展机理研究 [D]. 西南交通大学，2011.

农业范围而以乡村整体现代化为目标，实质上是提出了整个"乡村现代化"的重大问题，可以看成是对中国现代化模式的再界定与现代化理论的新发展，与我们一贯坚持的以"三农""就地现代化"为基础的中国双轨现代化模式建构相一致，体现了中国现代化发展的新思路、新阶段。所谓的双轨现代化模式，即强调了以中国实际来发展中国农村社区，用"老三化"与"三农"就地现代化两条腿走路以从根本上解决中国"三农"问题，从而实现中国整体上的城乡融合型现代化发展。[1]

三、从"企业发展战略"到社会发展道路的"就地现代化"

我们一直坚持农村"就地现代化道路"的信念，这从中国知网上的检测资料也可以得到说明。

通过中国知网检测，如果根据"就地现代化"的关键词检索，共有 5 条，全部为萧洪恩及其学生的论文文献[2]，包括 4 篇期刊论文和 1 篇硕士学位论文。若要进行"就地现代化"的主题检索，则共得 15 篇论文，其中萧洪恩及其学

──────────

[1]　萧洪恩 ."三农"向何处去：乡村振兴战略与就地现代化之路探析 [J]. 徐州工程学院学报（社会科学版），2018（2）：10-18.

[2]　戴维，梁博强，萧洪恩 . 农村就地现代化发展模式初探 [J]. 商业时代，2008（07）：105-106. 梁博强，戴维 . 农村现代化模式的发展与创新 —— 以鄂尔多斯市农村的就地现代化为例 [J]. 内蒙古农业大学学报（社会科学版），2008（4）：41-43. 肖尧 . 就地现代化视角下山区农村主导产业选择研究 —— 基于农民需求的实证调查 [D]. 华中农业大学，2016. 萧洪恩 ."三农"向何处去：乡村振兴战略与就地现代化之路探析 [J]. 徐州工程学院学报（社会科学版），2018（2）：10-18；郭津佑，石白玉，萧洪恩 . 乡村振兴：中国现代化道路探索的新成果 [J]. 贵州民族研究，2018（12）：1-8.

生的占了 7 篇 [1]，内含 6 篇期刊论文和 1 篇硕士学位论文；杨团先生的 4 篇 [2]，其中包括同题同文的 1 篇；张建云先生的 2 篇 [3]，属实证研究；李文泽先生 [4]1篇，属历史研究，探讨"嘉陵江三峡乡村建设"时期北碚的城市与建筑（1927—1949），以此探讨重庆乡村就地现代化样本；一篇是介绍杨团先生的"就地多元化"这一"中国农民走向现代化的必由之路"[5]的，由此不难看出我们对"就地现代化"的坚守。

通过"就地现代化"的全文检索，共得 134 篇，出自萧洪恩及其学生的共有14 篇，超过了 1/10，包括《对"传统三农"进行现代化改造》《中部山区农村家庭人情消费研究 —— 基于一个农村社区的实证调查》《农村就地现代化发展模式初探》《农村现代化模式的发展与创新 —— 以鄂尔多斯市农村的就地现代化为例》《来凤县主导产业的战略选择与政策需求研究 —— 基于内陆腹地少数

———————————

[1] 戴维，梁博强，萧洪恩 . 农村就地现代化发展模式初探 [J]. 商业时代，2008（07）：105-106. 萧洪恩 . 城市化之外：中国农村就地现代化道路探析 [J]. 理论月刊，2015（5）：5-11. 梁博强，戴维 . 农村现代化模式的发展与创新 —— 以鄂尔多斯市农村的就地现代化为例 [J]. 内蒙古农业大学学报（社会科学版），2008（4）：41-43. 萧洪恩，张光辉，肖尧，等 . 从国家农业观念的变革看山地烟区现代烟草农业合作组织的实践 —— 基于湖北恩施现代烟草专业合作社发展的实践研究 [J]. 湖北社会科学，2014（8）：71-76；肖尧 . 就地现代化视角下山区农村主导产业选择研究 —— 基于农民需求的实证调查 [D]. 华中农业大学，2016. 萧洪恩 . "三农"向何处去：乡村振兴战略与就地现代化之路探析 [J]. 徐州工程学院学报（社会科学版），2018（2）：10-18. 郭津佑，石白玉，萧洪恩 . 乡村振兴：中国现代化道路探索的新成果 [J]. 贵州民族研究，2018（12）：1-8.

[2] 杨团 . 就地多元化：促进中国农民现代化的社会政策选择 [J]. 红旗文稿，2005（21）：19-21；杨团 . "三农"就地现代化与城乡等值 [J]. 中国乡村发现，2018-01-31：61-65. 杨团、冯颖 ."三农"就地现代化　实现"城乡等值"[N]. 中国旅游报，2016-03-18（B01）. 杨团 . 就地多元化：农村现代化的一种选择 [J]. 中国改革，2005（11）.

[3] 张建云 . 工作在广袤的田野上　生活在现代化的城市里 —— 黑龙江农垦农村就地城市化及其启示 [J]. 天中学刊，2011（12）：41-44. 张建云 . 农业园还是工业园 ？—— 传统农业区以农业现代化带动农村就地城市化的意义 [J]. 求实，2011（7）：87-89. 李文泽 ."嘉陵江三峡乡村建设"时期北碚的城市与建筑（1927—1949）—— 重庆乡村就地现代化样本研究 [D]. 重庆大学，2018.

[4] 张建云 . 农业园还是工业园 ？—— 传统农业区以农业现代化带动农村就地城市化的意义 [J]. 求实，2011（7）：87-89.

[5] 邓 . 就地多元化 —— 中国农民走向现代化的必由之路 [J]. 资料通讯，2005（12）.

民族聚居地区生态文明建设的视角》《城乡结合部农民社区参与行为研究——基于湖北省宜昌市点军街办的调查》《从国家农业观念的变革看山地烟区现代烟草农业合作组织的实践——基于湖北恩施现代烟草专业合作社发展的实践研究》《恩施州烟农专业合作社发展进程中政府作用的研究》《发展本位观与烟草专业合作社服务业务的拓展研究——基于湖北恩施现代烟草专业合作社发展的实践分析》《城市化之外：中国农村就地现代化道路探析》《就地现代化视角下山区农村主导产业选择研究——基于农民需求的实证调查》《县城边缘村庄居民的生活时间分配与管理——时空权义关系的社会学解读》《"三农"向何处去：乡村振兴战略与就地现代化之路探析》《乡村振兴：中国现代化道路探索的新成果》等，其中有研究生学位论文 5 篇。[1]

通过知网论文检测，我们发现，"就地现代化"作为一个学术语词，其实并不算新见，国外最初是在"企业发展战略"意向下使用的，比如早在1984年 F.E.Iann 哈米尔顿提交工业系统委员会学术讨论会的论文及 1985 年出版的《地理学派与工业》中在介绍 20 世纪 50—60 年代的行为主义方法时指明："企业与国营工业的管理常常选择若干战略（就地现代化，改变区位，接管，新产品）和改变资产 / 劳力比例以达到同样目的。"1988 年，李文彦先生节译了 F.E.Iann 哈尔顿《对工业地理研究的回顾》[2] 中第 81-87 页的内容。可见这个术语的提出较早。

在国内，"就地现代化"一词的使用，至少在 1987 年已经出现。黄涵荪在《开发山区商品经济的战略思考》[3] 一文中已经用到，并有了自己的界定："在我们访问深山老林、靠山致富的专业户、富裕户中了解到……他们要求就地现代化。所谓就地现代化，照他们的想法，就是有理想的房子，不愁吃、穿、用，山外人有的，他们想要就有。这种现代化的观念也有待开发更新……"[4] 这是目前已经发现的国内首篇论及"就地现代化"的文献，由此可见，他们的观念正好与我们

[1] 萧洪恩 . 对"传统三农"进行现代化改造 [N]. 湖北日报，2006-02-24（3）.

[2] F.E.Iann 哈米尔顿，李文彦 . 对工业地理研究的回顾 [J]. 地理译报，1988（12）：44-48.

[3] 黄涵荪 . 开发山区商品经济的战略思考 [J]. 南方经济，1987（2）：28-31.

[4] 黄涵荪 . 开发山区商品经济的战略思考 [J]. 南方经济，1987（2）：28-31.

当时所宣传的鹤峰县八峰村农民所诉求的自我奋斗精神、强调"城里人有的，我们也一定要有"城市现代化目标一致（我们曾有《八峰之路》一文入集，惜手边已无）。而这也正是我们提出"就地现代化"的出发点。不过，作者把这叫作来自农民的"现代化的观念"。而我们提出这个观点的最初动因是：用我们的双腿证明，中国有不少的广大农村地区不可能实现城市化（扶贫、驻村、文化考察）；用我们的历史观察说明（农民起义、近代苦难、西方对中国的封锁打压、中国的人口基数）中国必须解决自己的吃饭问题；用现实的经验证明可以就地现代化（乡镇企业、八峰之路、"十星级"农户培育）。因此，得出这一结论，是与长期的农村基层工作相适应的。所以，笔者始终只是"老三化"的有限支持者而不是无限（绝对）支持者。

但是，"就地现代化"由企业战略或"就地现代化"观念最终发展到了关涉社会发展的"就地现代化道路"过程还很曲折。1987年之后，直到1999年才在一篇题为《乡村城市化道路：来自韩国的经验与借鉴》[1]的文章中得见，该文的主旨是讨论"乡村城市化道路"，即按照"老三化"方式安排乡村发展，因而在介绍韩国经验发展时，用了"'就地'现代化"，并成为后来介绍韩国"新村运动"的用语传统。直到2000年，赵香春还在《把握城市化大趋势推进民政工作重点转移》[2]一文中否认"就地现代化"，强调"要使农民富裕的一个根本任务不是使农民就地现代化，而是必须靠减少一大部分农民，把他们改造成城镇居民，从而改革其生产、生活方式"。很显然，这是按照"老三化"思路解决农村出路的。这一思想一直延续到2004年（2001—2003年未见有题"就地现代化"之文），尹保云在《病态发展：城乡差距与分配不平等的根源》[3]中仍然对"就地现代化"持否定态度，作者肯定"现代化要消灭传统的农业社会而创造现代工业与都市的社会，这是世界上任何国家都不可逃避的进程，是一个'自然的历史进程'"，

---

[1]　王广学. 乡村城市化道路：来自韩国的经验与借鉴 [J]. 韩国研究论丛，1999-10-31：114-126.

[2]　赵香春. 把握城市化大趋势推进民政工作重点转移 [J]. 民政论坛，2000（6）：21-24.

[3]　尹保云. 病态发展：城乡差距与分配不平等的根源 [J]. 战略与管理，2004（2）：12-20.

据此分析了当时中国农村社会的现实，并据此否认"只有'中国特色的'或'中国式的'道路才能解决目前的问题"的观点，据此追问："是否能够……走出一条'自己特色'的在农村就地现代化的道路？"然而其"回答是断然否定的"。可见，"就地现代化"直至 2004 年还属被否定的对象。

到了 2005 年，殊途同归，学界以不同的方式同时提出了"就地现代化"概念。笔者基于四川巴中、湖北恩施文明村镇建设的经验，在考察湖北竹山的文明新村建设时，直接肯定竹山文明村镇建设是对中国特色农村现代化道路的新探索，认为它已远远超越了一般的"文明"范畴，竹山县的"十星""六大工程"已具有全国农村现代化建设道路探索方面的推广意义，"甚至会泛化为一种新的农村现代化建设道路模式"。"竹山的经验是一种对中国农村现代化道路的有益探索。这种探索成果集中体现在使传统'三农'实现就地现代化这一点上，特别是这一探索能做到上下联动，即使上层精英与下层民众的互动。"[1] 也是在这一年，林树枝在《关于城市建设与城市管理若干问题的思考》[2] 一文中，根据厦门市的实践经验，提出了"农村就地现代化也是城市化"的命题，尽管仍然坚持的是"老三化"思路，但毕竟提出了"就地现代化"的问题。也是在这一年，《领导决策信息》上有一则《"十一五"将开启一场"新农村建设"运动》[3] 的短文，其中在介绍全国各地经验时肯定了"北京、山东等地探索以'村企合一'模式为主的农村就地现代化建设等"。可以说，到 2005 年，已经在全国根据实践经验形成了"就地现代化"的基本认知，点明了中国农村现代化的新方向。也是在这一年，杨团发表了《就地多元化：促进中国农民现代化的社会政策选择》[4] 一文，提出了中国农村的"就地多元化"出路，结合同期关于中国农村的"就地城市化"[5] 等，

[1] 萧洪恩《竹山文明村镇建设 —— 中国特色农村现代化道路的新探索》，会上发言稿。

[2] 林树枝.关于城市建设与城市管理若干问题的思考 [J]. 福建建筑，2005（1）：1-2+10.

[3] 李国武.影响农村青年进城的微观机制 —— 内蒙古 S 村青年进城诱因的个案研究 [J]. 社会，2003（2）：57-59.

[4] 杨团.就地多元化：促进中国农民现代化的社会政策选择 [J]. 红旗文稿，2005（21）：19-21.

[5] 夏波光.农民工社会保障：中欧圆桌上的碰撞 [J]. 中国社会保障，2006（11）：10-13.

则说明这一问题的提出与解决时机成熟了。

此后，文中指认"就地现代化"的日益增多，按照年限统计，2020（20）、2019（15）、2018（16）、2017（15）、2016（14）、2015（9）、2014（12）、2013（6）、2012（6）、2011（7）、2010（4）、2009（6）、2008（6）、2007（6）、2006（11），可以说年年有所增长。其中 2006 年，萧洪恩、杨团的"就地现代化"观都见诸公开文献，不过着眼点不同。杨团从"农民工"社会保障层面立论[1]，而萧洪恩则直接阐明"就地现代化道路"，强调"传统'三农'实现就地现代化"[2]，范围直指"三农"而不只是"农民工"，而这也长期影响了各自的阐述，尽管杨团后来也强调了整个"三农"的就地现代化。此后的论述，包含其他学者的论述，虽然各有差别，但"就地现代化"的认知则很明确。[3] 司马向南先生在《"就地现代化"学习札记》[4] 一文中更是明确表示要超越"就地城市化"的路向，认为"靠发展工业带动农村就地城市化，是农村城市化的一种成功模式，但不是普遍适用的模式。对于传统农业区，特别是中西部农业区要实现就地城市化，必须要创新出新的模式"，这就是"就地现代化"。

这里应强调的是，我们所指的"就地现代化道路"，是有特定的内涵的："农村就地现代化"，在空间上是"农村就地"，这应该包括有多层含义：一是农村的自然地理、人文地理方面大体上维持原貌而不发生根本上的改变，仍然有相当比例的基本农用土地——或山林或水体或农耕土地，"传统"的村庄文化也大体得到保持（可以是传统文化的现代运用）；二是农民仍然保持原有的农民身份，并没有变成城市居民，哪怕是"准市民"，但并不排斥成为市民的可能，同理也不排斥市民成为农民的可能；三是农民的谋生方式虽然可以多元化，但基本的是

---

[1] 潘美薇. 公共经济学视角下的国家粮食安全问题研究 [D]. 河南大学，2015.

[2] 萧洪恩. 对"传统三农"进行现代化改造 [N]. 湖北日报，2006-02-24（3）.

[3] 石远成. 从两个农民合作组织发展看我国综合农协的成长路径 [J]. 农业部管理干部学院学报，2014（2）：8-13. 何玲玲，吕翠丽. 广西易地扶贫搬迁与人口市民化耦合路径研究 [J]. 钦州学院学报，2017（12）：76-81.

[4] 司马向南. "就地现代化"学习札记 [DB/OL]. [2014-08-14].http：//blog.sina.com.cn/s/blog_7 ff7c8240102uzj1.html.

在农村当地而不是外出就业,尽管其职业可能已多元化,甚至在当地从事第二、三产业,自然也可能是农林特产的生产与加工等,其身份可能是"工人化",收入可能已经"工资化",其资产可能已经"股份化"等。一句话,人仍然在当地、本地;"地"应该是"原地"。在时间上是现代化,这同样有几层含义:一是从发展水平上,农民虽然在职业上可能仍然是农民(不排除农民从事第二、三产业),但却已不是传统意义上的农民,而是现代农民,即实现了人的现代化;二是"农民"与城市居民一样享受社区公共设施和公共服务,即实现了所谓城乡居民基本公共服务的均等化,并且,这种均等化是与"五位一体"的发展理念相一致的,是与"生产发展、生活宽裕、乡风文明、村容整洁、管理民主"的新农村发展相一致的(按照中国共产党第十九次全国代表大会报告,则表述为"产业兴旺、生态宜居、乡风文明、治理有效、生活富裕的总要求");三是虽然有按照《中华人民共和国城乡规划法》等规范性文件确认的城乡发展边界,但"农村"并不是一个封闭的体系,而是一个发展着的、开放的、动态的、充满活力的、城乡互动的现代空间体系。在这里,"与社区外更多交流与互动,人口聚居的程度更高,形成了一种既不同于传统的封闭的农村社会,又不同于脱离自然生态创造出来的现代城市社会的居民的生活方式。比起城镇,它的人口构成的同质化程度要高得多,人口也没有那么集中,社区形态相对也比较单纯,它是在广阔的自然空间内被建构出来的更符合人性和人的需求的社会空间"[1]。

按照就地现代化道路实现乡村振兴,有四个关键问题必须明确:一是农业农村的发展要素按照"全要素生产力"格局组织发展,特别是作为基本发展要素的劳动者、劳动工具、劳动对象,所有制、分配关系以及人们在社会劳动组织中的地位,这些基本要素的科学合理之组织建构,是发展的根本基础;二是城乡的边界界定或农业农村的底线确定如何依据整个国家的国土空间规划进行明确的划定,并在这个国土空间规划的范围内确定各自的就地现代化路径;三是按照城乡融合发展、均衡发展、共享发展的基本方向,确立新发展理念的具体发展模式;

[1] 杨团.就地多元化:促进中国农民现代化的社会政策选择[J].红旗文稿,2005(21):19-21.

四是乡村振兴的"全面振兴"之各要素之间的协调发展。在这方面，咸丰县曲江镇湾田村的就地现代化方向之乡村振兴即初具雏形：将乡村振兴的"产业兴旺、生态宜居、乡风文明、治理有效、生活富裕"方针具化为"富民产业美、人居环境美、农村生活美、乡风文明美、社会和谐美"五美乡村建设，其中以"九有"为内容的"一村一品"有成果，乡村振兴有基础；以基本公共服务均等化为内容的基础设施较完善，乡村振兴有优势；以"净畅丽"建设为内容的环境优美有颜值，乡村振兴有亮点；以"三农工作队伍"建设为内容的致富带头有能人，乡村振兴有动力；以"小事不出村，大事不出镇"为建设内容的基层治理有样板，乡村振兴有依靠；以党的建设为基础的基层组织有引领，乡村振兴有保障……据此，村示范带动有措施，乡村振兴有成效。总之，走就地现代化道路已经全面推进了湾田村的乡村振兴工作。

乡村如何人振兴（中）：
中国农村就地现代化道路问题的内涵与方向

"乡村振兴道路"的提出本来已经明确了乡村振兴的长期性、方向性。但是，农村城市化、农业工业化、农民市民化的农村未来模式已经固化为中国现代化的思维习惯，不仅至今影响着人们的"乡村振兴"研究，而且也事实上影响了一些地方的发展决策：在理论上，把本来要实现"农业农村现代化"的"乡村振兴道路"暂时化为"城市化""市民化""工业化"的等待期；在实践上，则在发展决策中产生了"工业园区化"泛化的问题，以至于"鬼城""鬼村"涌现。于是，我们特别梳理了学界对"就地现代化"问题的探讨，以此强调我们长期坚持的中国乡村如何振兴的结论："乡村振兴"战略的目标是农村"就地现代化"，包括时间向度上的"现代化"与空间向度上的"就地化"，因而"乡村振兴战略"应该从"乡村振兴道路"的高度来认识，应该按照"两条腿"走路的中国式现代化道路进行。

一、从"就地多元化"到"就地现代化"

在主张"就地现代化"的学者中，杨团的思想变化极具代表性。

杨团最初是坚持"就地多元化"的，她于 2005 年发表了《就地多元化：促进中国农民现代化的社会政策选择》[1] 一文，论文首题即强调从中国现代化的总体层面思考问题，肯定"中国现代化的一种选择：就地多元化"，问题提得很全局、很尖锐："中国农村的现代化、农民的现代化到底怎样实现？城市化？小城镇化？这些路都尝试了，仍不能解决问题。于是，近两年的讨论集中到就地实现非农化的选择上。笔者将非农化作一修正，改为多元化。"从逻辑上看，这里有三点值得注意：一是"城市化？小城镇化？这些路都尝试了，仍不能解决问题"，从而有了某种否定"城市化、小城镇化"的意义，因为这二者"仍不能解决问题"；二是也不完全同意"就地实现非农化"，于是提出了"就地多元化"。根据我们的理解，"就地现代化"包括"就地非农化"，但不只是"就地非农化"，而"就地多元化"其实说明的是多种就地现代化方式。所以，应该说是"就地现代化"，但有多元的实现方式。既如此，"就地多元化"是否也包括"就地城市化"如张家港市，是否还包括就地城镇化如所谓的"苏南模式"？既然"多元"，自然也应当包括在内。为此，杨团回答了"什么是就地多元化"的问题，一共阐明了五条，应该说，其五条界定是基本正确的，萧洪恩在指导研究生毕业论文过程中强调"农村就地现代化"时，也曾对之加以肯定。[2] 司马向南《"就地现代化"学习札记》[3] 的观点事实上也是点化的杨团观点。对此，我们也做了自己的界定，已专门加以论述。

---

　　[1]　杨团. 就地多元化：促进中国农民现代化的社会政策选择 [J]. 红旗文稿，2005（21）：19-21. 杨团. 就地多元化：农村现代化的一种选择 [J]. 中国改革，2005（11）.

　　[2]　李祥忠. 中部山区农村家庭人情消费研究 —— 基于一个农村社区的实证调查 [D]. 华中农业大学，2008.

　　[3]　司马向南. "就地现代化"学习札记 [DB/OL].[2014-08-14].http://blog.sina. com.cn/s/blog_7 ff7c 8240102uzj1.html.

　　杨团还对"就地多元化"的必要性进行了论证。不过从其论证可以看出，"就地多元化"一文，核心是解决人的问题，只是仅限于"人往何处去"的问题。其实，我们更看重"吃"的问题，解决中国人的吃饭问题，未来即使是农业劳动力，也会超过一个亿。2016 年，法国人口是 6690 万、德国人口是 8267 万、英国人口是 6564 万、美国人口是 3.231 亿……也就是说，我们仅农村劳动力的总量就超过了英国、法国、德国等任一西方发达国家（除美国）的人口总数，如果包括与农村劳动力相伴而生的农村人口，总数至少在 2 倍以上。不过我们看到，"就地多元化"的现代化观念还是"老三化"的，因而在作者的心目中，"就地非农化"是一种不得已的"暂时"现象，即"25—50"年。笔者还看重空间问题，即具有永恒性意义的广大的农村空间，笔者强调的"就地现代化"则是包括"就地非农化"在内的全面现代化的方式、模式。笔者认为，中国农村的就地现代化并不是一种 30—50 年的暂时现象，因而形成了与杨团观点相区别的不同之"两条腿"走路的农村现代化道路。

　　自 2013 年以后，杨团提出了"就地镇镇化"与"就地现代化"观念[1]。2013 年，杨团先生在一次会议上强调："农村的就地现代化是实现新型城镇化的必要条件，要实现它就要重建农村的社会基础，其中综合农协是抓手。"并做了"建设综合农协推进'三农'现代化"的发言（标题如此）："我讲两个观点，第一个是新型城镇化与农村就地现代化，是中国持续发展强劲动力的两极，这两者只有不偏不倚相互促进，保持一个适度平衡，中国才能屹立于世界民族之林……第二个是要实现农村就地现代化。"在此基础上，她特别阐明了"新型城镇化"的问题，其阐明特别值得注意的是：一是她说"2005 年开始研究什么是农村就地现代化"，实质上是承认她讲的"就地多元化"与"农村就地现代化"的置换关系，说明概念的确定性问题。从夏波光文章的引述来看，这个说法是成立的：中方专家杨团

---

　　[1]　杨团 . 就地城镇化或解"乡愁"[J]. 纺织服装周刊，2014（15）：23. 杨团，冯颖 . "三农"就地现代化　实现"城乡等值"[N]. 中国旅游报，2016-03-18-B01. 杨团 . 综合农协是"三农"改革的突破口 [J]. 中国乡村发现，2016-06-30. 杨团 . "三农"就地现代化与城乡等值 [J]. 中国乡村发现，2018-01-31. 杨团 . 综合农协：中国三农改革的突破口 [J]. 西北师大学报（社会科学版），2017（3）：5-13.

第一个发言，而观点也与众不同，"需要考虑就地现代化与城镇化并存，而不是敞开大门，进城越多越好。就地现代化需要把农村建设成现代农村，起码农村和城市要分担劳动力的任务，这样中国社会保障就不是一味的消极保护，与经济发展相分离"[1]。郑晨也在文中引述杨团"城市和农村两个方面要一起实行，在农村如果就地现代化做得好，农村的公共服务做得好，农村的新农协组织做得好，就会吸引一部分劳动力回到农村，农村不能总是留守"[2]。二是强调新型城镇化的"新""就是农民工市民化"，注意不是"农民市民化"，因而要解决"一个部分很可能要回到农村创业，也就是说要实现农村的就地现代化"，因而需要与"新型城镇化"并行发展。三是"农村就地现代化""不只是农业的现代化"，而是相应的众多的农村产业，是一个"生态维持、资源保护、多种就业、多样收入、公共服务、方便生活、组织自治、城乡连接、综合质量"的现代化。四是她认为"这样的现代化是一种新的模式"，"有点像一位专家讲的农村城市化"。也正是在这样的基础上，她特别强调"农村就地现代化是良性的新型城市化的条件"，除把"农村就地现代化"与"新型城市化"看成是一种条件关系外，似乎把"新型城镇化"与"农村就地现代化"都看成是"新型城市化"的构成要素。但让人不解的是，她又强调："农村的就地现代化是实现新型城镇化的必要条件。"这里就应追问："新型城市化"与"新型城镇化"是何关系？而这也正是她论述"综合农协"地位的基础，对此她强调："农村的就地现代化是实现新型城镇化的必要条件，要实现它就要重建农村的社会基础，其中综合农协是抓手。"[3]

前文事实上成了杨团先生关于"农村就地现代化"的基本思想，于是在 2014年，杨团先生在一篇题为《就地城镇化或解"乡愁"》[4]的文章中强调，"新型城镇化与农村就地现代化，是中国持续发展强劲动力的两极，这两者不可偏废，相互促进"。在此前"就地多元化"基础上，提出了"就地城镇化"的概念，但

[1] 夏波光 . 农民工社会保障：中欧圆桌上的碰撞 [J]. 中国社会保障，2006（11）：10-13.

[2] 郑晨 . 转移劳动力 让农民安居又乐业 [N]. 中国县域经济报，2012-3-8-013.

[3] 郑晨 . 转移劳动力 让农民安居又乐业 [N]. 中国县域经济报，2012-3-8-013. 贾康等 . 制度创新释放新型城镇化红利 [N]. 社会科学报，2013-05-16-02.

[4] 杨团 . 就地城镇化或解"乡愁" [J]. 纺织服装周刊，2014（15）：23.

文中并未阐明"就地城镇化"而只谈"新型城镇化",与"就地多元化"一文对"城市化、城镇化"的否定相比,算是肯定了"新型城镇化",不过这里强调的仍然是农民的出路问题:"新型城镇化到底新在哪?其实就是农民工市民化……一部分有可能在 2020 年以后继续市民化,还有一个部分很可能要回到农村创业,也就是说要实现农村的就地现代化。"这里直接出现了我们所强调的"就地现代化"问题,用的是"农村的就地现代化",还接着说"农村就地现代化是良性的新型城市化的条件。我发现人口城镇化有两种类型,一种是主动的,一种是被迫的……所以要让新型城镇化良性起来,我们需要同时实现农村的就地现代化。"这里有两点需要注意:一是同时使用了"新型城镇化""新型城市化"两个概念,若加上"农村就地现代化",则是三个概念,说明杨团在此时还没有形成定型的概念,因而先后在变,并不统一;二是主要解决的是人的出路即农民工的出路问题,或者说只是农村劳动力的问题,显然与我们所说的农村就地现代化道路不同。因为我们强调不能仅解决人的问题,其实还有产业的问题、农村本身的未来问题。杨团的上述思想影响很大,如夏锋等学者均有肯定。[1]

2016 年,《中国旅游报》发表了杨团、冯颖的对话记录,杨团比较系统地阐明了自己的"农村就地现代化"思想,被明确为"'三农'就地现代化"[2],从而接近了我们的"农村就地现代化道路"思想。根据文章所述:一是农民的回乡值得关注,因为"三农"的现代化需要一大批有知识、有能力、有抱负的年轻人来推动,需要他们以长期奋斗、扎根乡村的精神返回家乡。为此,文章肯定了近年来出现的返乡潮,认为这是中国经济发展了,社会发展了,人的精神也在成长。二是肯定当代中国农业农村的社会基础,强调今天的农业已经不再是面朝黄土背朝天的传统概念了,农业实际上是综合的"六次产业",通过农业生产向二、三产业延伸,促进一、二、三产业相互融合,形成生产、加工、销售、服务一体化

---

[1] 夏锋.人口城镇化是经济转型最大潜力[N].中国经济时报,2013-05-08-006. 胡衡,文青.扶贫领域的创新之举 民间力量的智慧结晶——首届"招商局扶贫创新奖"圆满落幕 [J]. 社团管理研究,2011(1):55-56.

[2] 杨团,冯颖."三农"就地现代化 实现"城乡等值"[N].中国旅游报,2016-03-18-B01.

的完整产业链。三是直接肯定"农村应就地现代化",为此她描述了人类历史上的两次现代化,强调肯定"'三农'的现代化是实现第二次现代化的前提和条件",应该说将之提高到了相当的高度。四是提出了两种农业现代化道路问题:今天的农业现代化有两种思路。这一思想在《综合农协:中国三农改革的突破口》一文中得到了系统阐明。总体来说就是:中国三农改革的现代化应该从中国城乡大变局出发,结合现代社会的转型,分析中国农村走向现代化的不同路径。

二、从"'就地'现代化"到"就地现代化"

关于中国发展中的问题历来很尖锐:"城镇化是否就意味着造城?动迁农民将何处安置?是否就只能让农民进城?就地现代化是否也能成为海南新型城镇化重要选择?符合海南省情的新型城镇化道路在哪里?"据此提出"就地现代化是另一种选择":"农村不只有农业,还有多种产业和服务业,要让新型城镇化良性发展,就需要同时实现农村的就地现代化。"[1] 因为"城镇化并不是所有的农业人口向城镇转化,城镇化也包含农村社会非农化的过程,包括在城市文明的扩散和辐射下,实现农村就地现代化"[2]。这样的论述,尽管在"非农化"这一点上与笔者有所区别,但在思考就地现代化这一点上,与笔者是一致的。而且,可以很明确地看到,在这里,"就地现代化"初始是作为目标来设定的,比如发展乡村旅游,就是因为其对农村发展具有十分重要的意义。[3] 这是与笔者所强调的农村就地现代化道路有所区别的。[4]

如何实现农村就地现代化这个目标?中国农村的现代化道路如何走?曾经有

---

[1]　邵长春,许毅. 我们问道城镇化——海南赴苏黔特色小城镇和农村新型社区取经记 [N]. 海南日报,2013-10-17.

[2]　向春玲. 城镇化给我国现代化带来新的发展机遇 [J]. 哈尔滨市委党校学报,2013(1):51-54.

[3]　卞壮飞. 新农村建设下辽沈乡村旅游可持续发展的探索 [J]. 农村实用科技信息,2010(3):51-52.

[4]　萧洪恩. "三农"向何处去:乡村振兴战略与就地现代化之路探析 [J]. 徐州工程学院学报(社会科学版),2018(2):10-18.

过向周边国家日本和韩国学习的过程，其中"'就地'现代化运动"被当成样板，这似乎是中国提出"就地现代化"的依据，因为事实上肯定韩国的就地现代化运动，虽然只承认其"'就地'现代化"而不是"就地现代化"：如说韩国的"新村运动"，"这种'就地'现代化运动，既促进了农业的发展，扩大了农村劳动力的就业途径，又快速缩小了城乡差别，实现了农村的繁荣和稳定。纵观整个运动，有许多方面值得学习。"[1] 认为在韩国的"新村运动"中，农业现代化事实上成了农村现代化实现的关键，正是由于改善居住生活条件和基础设施、引进高经济效益的优质新品种、调整产业结构发展乡村旅游、建立农村教育和农业技术培训机构等具体的乡村"就地"现代化方式推进了农村现代化的实现。[2] 韩国这种"就地"的现代化运动，仅用 30 多年时间就实现了一个落后的发展中国家跨越式、超常规发展，其经济发展被世人誉为"汉江奇迹"[3]。总之，中国的"就地现代化"认知，获得了韩国"'就地'现代化"运动的强化。

应该指出的是，由于缺少历史唯物主义的思维方式，不理解恩格斯关于"劳动发展阶段与家庭发展阶段的关系理论"，人们虽然把农民问题作为"三农"问题的核心问题研究，但是却把着眼点放在中国特殊的户籍政策和土地制度等方面，认为农民未来的走向是村落的终结、农民的职业化、就地非农化、农民工市民化以及城乡一体化这五种符合国情的现代化路径，以此创建适应中国现代化过程的基本路径。[4] 可事实上，千条万条，农村发展是第一条：农村不发展，才有农民工外出；农村发展了，才有农民工回乡创业。这就是《最苦不过打工人》所

---

　　[1]　夏波光．农民工社会保障：中欧圆桌上的碰撞 [J]. 中国社会保障，2006（11）：10-13. 王广学．乡村城市化道路：来自韩国的经验与借鉴 [J]. 韩国研究论丛，1999-10-31：114-126. 陈超．大丰市新农村建设发展探析 [D]. 南京林业大学，2006.

　　[2]　黄榕榕．旅游引导下的礼泉县白村转型发展规划策略研究 [D]. 西安建筑科技大学学位论文，2018.

　　[3]　李飞．新农村建设发展模式研究——以涪陵区营盘村、蒿枝坝村为例 [D]. 成都理工大学，2009. 赵民，李仁熙．韩国、日本乡村发展考察——城乡关系、困境和政策应对及其对中国的启示 [J]. 小城镇建设，2018（4）：62-69.

　　[4]　伍嘉冀，杨君．走向"终结"抑或迈向转型：传统"小农"的现代转向 [J]. 西北农林科技大学学报（社会科学版），2018（1）：83-88.

唱的真实。所以，我们强调的"农村就地现代化道路"，要义就在于发展。因此，我们并不完全认同杨团的"两个对半"说[1]，自然也并不完全赞同传统迁移理论所强调的乡村劳动力向城市迁移主要存在两个过程的思想。[2] 我们是"两条腿"走路的农村就地现代化发展的坚定支持者。

三、从"乡村振兴经验"到"就地现代化实践"

从内涵上说，虽然不少学者都提"就地现代化"，但其内涵却不尽相同，我们特别强调这是中国现代化道路的有机组成部分，而有的学者仅从空间意义上理解为一种空间概念，或者作为发展目标的价值概念，当然也有的作为行为概念而说"就地现代化建设"等。

不过，应强调的是，"就地现代化"不只是一个纯粹的概念，而是一种在中国不少地方已有的广泛实践的实践概念。传统的乡村建设运动，如李文泽《"嘉陵江三峡乡村建设"时期北碚的城市与建筑（1927—1949）—— 重庆乡村就地现代化样本研究》[3]，即认为"卢作孚先生领导的'嘉陵江三峡乡村建设'是这一时期中国西南地区最为成功的乡村'就地现代化、工业化和城市化'典范，'嘉陵江三峡乡村建设'的乡建成果是探索中国乡村发展道路一笔宝贵的财富，对我国当下的乡村振兴以及小型城镇建设具有一定的指导意义"。梁漱溟和其他人领导的乡村建设运动，虽然被作为否定"就地现代化"的证据[4]，但也同样不能否认他们的良好愿望及"农村就地现代化道路"的实践。

即使在现当代，与"就地现代化"相关的研究也多有展开，如陈锡文倡导的以农民合作社建设为主导的新文化建设；林毅夫力荐的以农村基础设施建设为契

---

[1]　杨团 . 就地多元化：农村现代化的一种选择 [J]. 中国改革，2005（11）.

[2]　伍嘉冀，杨君 . 走向"终结"抑或迈向转型：传统"小农"的现代转向 [J]. 西北农林科技大学学报 （社会科学版），2018（1）：83-88 .

[3]　李文泽 . "嘉陵江三峡乡村建设"时期北碚的城市与建筑（1927—1949）—— 重庆乡村就地现代化样本研究 [D]. 重庆大学，2018.

[4]　尹保云 . 病态发展：城乡差距与分配不平等的根源 [J]. 战略与管理，2004（2）：12-20 .

机的"新农村建设运动"等，以及近年来江苏、浙江、河北等开展的乡村整治工程，北京、山东等地探索以"村企合一"模式为主的农村就地现代化建设等。[1]现在，大家都逐渐接受了"就地现代化"概念，并力求从各地去发现"就地现代化"的实践典型。为此，我们特别从中选取了几个走就地现代化道路的典范。

（一）湖口的"三不二就地"模式

据多数学者的研究介绍：自 2013 年以来，仅琼海即累计吸引了 14000 多名农民工返乡就业、创业，在"田园城市"里就地发展，大显身手，这样做的结果是使琼海逐步成为农民生产生活的幸福家园、休闲公园、度假乐园，从而使琼海也相继荣获"全国休闲农业与乡村旅游示范县""美丽中国十佳旅游县（市）""全国首批'美丽宜居示范小镇'""全国特色旅游景观名镇""中国美丽田园""2015 年中国最美休闲乡村"等称号，对此，中央文明办于 2015 年初发出的《建设美丽乡村构建幸福家园 —— 关于海南省琼海市农村精神文明建设的调研报告》里曾指出："琼海市'不砍树、不占田、不拆房，就地城镇化'的经验值得在全国同类型地区示范推广……海南省琼海市探索了一条很有特色的全域旅游发展之路。"这里，除"就地城镇化"在有些文献中叫"就地现代化"外，多数介绍是一致的。李金早在 2016 年全国旅游工作会议上做《全域旅游大有可为》的主题报告，也对此做了详细的阐明：琼海通过田园小道、景观通道、慢行车道等配套设施，把景点、公园、村庄、民居风情、生态景观等串联起来，使全市成为一个田园式大景区。这个景区没有边界、没有围墙、没有门票、主客共享、居旅相宜，实现了农业和旅游业的融合发展。乡村旅游建设不砍树、不拆房、不占田，演奏了一曲委婉动听的田园小夜曲，描绘出一幅美丽的山水画，不断把更多游客吸引到老百姓家中，成为农村转型发展和农民脱贫致富的有效载体，实现了就地城镇化、就地现代化的目标，达到"城在园中、村在景中、人在画中"的境界，让市

---

[1] 本刊观察员."十一五"将开启一场"新农村建设"运动 [J]. 领导决策信息，2005（40）：22.

民感受乡村田园气息，让农民享受城市生活品质。[1]2014年，《"田园城市·幸福琼海"概念规划》曾召开专家咨询暨琼海特色城镇化实践研讨会，众多知名专家学者在实地调研的基础上对海南省琼海市按照"不砍树、不拆房、不占田，就地城镇化、就地现代化"的原则探索新型城镇化的生动范例各抒己见。[2]按照当地的规划，被概括为"三不二就地"模式，即"不砍树、不拆房、不占田，就地城镇化，就地现代化"的田园城市建设模式：以嘉积镇为核心，博鳌、潭门、中原三个各具特色的新型小镇为组团，以片区之间镶嵌大面积的农田、密布河流湖泊、森林绿地为城市框架，形成城乡交通相连接、生态农业相嵌、服务功能配套、产业结构合理，城在园中、园在城中、村在景中、产城融合的现代化田园城市。其间，打造一镇一特色、一镇一产业、一镇一风情，涉农产业、涉农服务业将是田园城市重要产业支撑。海南金泓集团已进驻琼海建设产学研旅一体化热带现代农业基地。[3]不过在有些地方还发展为"三就地"，即"就地城镇化、就地市民化、就地现代化"的发展路径。[4]

（二）"湖州模式"

2003年，时任浙江省委书记的习近平提出的"千村示范、万村整治"工程以加强新农村建设，从而带动了湖州农村基础设施建设、促进农村环境卫生和村容村貌改善、提高村民素质的"就地现代化"进程，并为促进乡村旅游发展提供了

———————

[1] 陈耀，王健生. 发展全域旅游 建设幸福琼海 [J]. 今日海南，2017（3）.

[2] 陈文玲等. 琼海：打造田园城市构建幸福家园 [N]. 中国旅游报，2014-01-22-26.

[3] 莫壮才，陈德江，辛俊桦. 海南热带现代农业发展情况及农发行信贷支持建议 [J]. 海南金融，2014（3）：60-64. 王赵洵. 解码琼海特色的新型城镇化实践范例 [N]. 中国旅游报，2014-01-22-26. 穆克瑞，范贤权，王维，等. 坚持点线面结合 推进全域景区化 —— 琼海全域旅游建设的经验及做法 [J]. 今日海南，2016（3）：23-25；琼海市委宣传部. 城在园中 村在景中 人在画中 —— 琼海市全面推进全域5A景区建设打造田园城市升级版 [J]. 今日海南，2016（3）. 谢志强. 现代田园城市："人"的城镇化之路 —— 对琼海新型城镇化探索的调查与思考 [J]. 国家治理，2016（18）：20-28. 陈耀，黄丽，王健生. 全域旅游与新型城镇化协同发展的琼海模式 [J]. 中国旅游报，2017-10-16-A06.

[4] 杨敏. "三不"实践成范例 [N]. 江西日报，2014-01-19-002.

良好的条件。该工程以各类规划为指引，以乡村旅游度假为目标，差异化参与都市圈分工，逐步走出了城乡一体化、农民就地城镇化、乡村就地现代化、农业就地产业化的生态化发展之路；[1] 工程致力于改造乡村道路、治理河道沟渠和整治村容村貌，让农村面貌全面提升，"农家乐""休闲农庄""洋家乐"也都获得了发展，从而使每一个村都成为能够单独接待游客的旅游目的地。据统计，目前湖州累计创建市级美丽乡村 537 个，规划区外建成率达 73%。这一切使湖州市走出了一条新农村建设与乡村旅游互动发展之路，并逐步形成了"四大模式"（"四大产品模式"）和"乡村十景"（"十大乡村景区"）的中国乡村度假"湖州模式"，实现了农民就地城镇化、农村就地现代化、农业就地产业化的发展格局。[2]据此，有学者认为，在西部广袤农牧区推进社会信息化建设与发展的进程中，客观上会推动一些要素的聚集，推动人流、物流、技术流的集中，从而使信息服务业成为城镇的基础产业，由此不断深化城镇的信息化进程。[3]

其他还有不少的经验，如政府为失地农民提供养老保险，以解决他们的后顾之忧，并且免费组织他们进行职业培训，为他们将来就近到工业区内的企业工厂做工打下基础。届时，这些失去土地的农民不仅不用为以后的生计发愁，而且还会实现"就业非农化、居住社区化、就地现代化"，切实享受到厦门特区城市化进程加快、经济高速发展的成果。[4] 通过旅游业统筹城乡发展的优势产业，为城乡间人流、物流、信息流、资金流构建了渠道、提供了载体，推动以工补农、以城带乡、城乡旅游优势互补的良性互动。发展乡村旅游，能使农村就地现代化、就地城镇化，同时又能使城镇居民看得见山，望得见水，记得住乡愁。[5] 可以说，

[1] 郎富平. 浙江乡村旅游提升发展研究 [J]. 小城镇建设，2017（3）：91-96. 石培华等. 中国乡村度假新模式——湖州乡村度假的实践探索与理论观察 [M]. 北京：中国旅游出版社，2014.

[2] 湖州市委政研室. 加快发展乡村旅游的实践与思考 [J]. 政策瞭望，2016（2）：34-36.

[3] 文兴吾，李后卿. 创新驱动发展战略如何落地西部农牧区 [J]. 社会科学战线，2017（2）：195-202.

[4] 刘佳英，黄硕琳. 城镇化过程中厦门渔村面临的问题与对策 [J]. 海洋开发与管理，2007（1）：145-149.

[5] 徐明正. 认识新常态，推动陕西乡村旅游转型发展 [N]. 中国旅游报，2016-07-11-004.

就地现代化已经成了一种趋势，于是 2017 年有了一场深度对话：特色小镇的建设重在解决就地现代化问题[1]，强调"当中国 90% 的乡村处于凋敝时，特色小镇的建设解决了一个非常重要的问题，就是就地现代化。这一定是对我们过去做的方式的一个革命性的转变，如果没有就地现代化，我想当所有的年轻人都走完了，谁会留在这里？"

从当前"就地现代化"的广泛实践来看，多种多样的"特色小镇"建设与自然景观、旅游休闲以形成城乡互动让当地农户过上了"就地现代化"的生活[2]，像乌镇、周庄、琼海等依托小镇的全域旅游，郫县、湖州、婺源等美丽乡村依托的全域旅游，是就地现代化、就地城镇化的全域旅游新模式；[3] 休闲农业与乡村旅游因为具有资源潜力大、覆盖面广、受益群体多、市场需求旺盛、综合带动性强等特点，对拉动社会消费、促进农民就地现代化、优化乡村经济社会结构、统筹城乡发展、提升文化传承与文明程度、保护乡村生态环境等方面都具有十分重要的意义，而大连金州新区在全域城市化建设中大力发展休闲农业与乡村旅游，探索出了一条成功之路；[4] 通过城乡一体化，推动旅游与现代农业融合发展，促进公共服务向农村延伸，将全域旅游区建成农民的幸福家园、城镇居民的休闲公园、游客的旅游乐园，使农民实现就地城镇化、就地现代化，旅游区没有边界、没有围墙、没有门票，主客共享、居旅相宜，实现"城在园中、村在景中、人在画中"，让市民感受乡村田园气息，让农民享受城市生活品质。[5] 蒲韩乡村社区

[1]　成琪，魏金金 . 深度对话：特色小镇的建设重在解决就地现代化问题 [DB/OL].2017-08-16.http://gotrip.taizhou.com.cn/ 2017-08/16/ content _3642167. htm .

[2]　本刊编辑 . 特色小镇的"生命力"之洋为中用 古为今用 [J]. 中国房地产，2017（8）：34-37. 蒋好书 . 特色小镇，根在文化 —— 从中国与欧美小镇"特色"对比说起 [N]. 建筑时报，2017-07-24-007.

[3]　石培华 . 多级联动分类推动创建工作 —— 全域旅游系列解读之六 [N]. 中国旅游报，2016-02-22-003.

[4]　王金宝 . 大力发展休闲农业与乡村旅游为全域城市化建设做出更大贡献 [J]. 中国乡镇企业，2014（4）：14-17.

[5]　石培华 . 全域旅游是新阶段旅游发展总体战略 —— 全域旅游系列解读之二 [N]. 中国旅游报，2016-02-05-004.

和河水坪综合农协的探索之路，让我们看到综合农协有可能成为这场激烈社会变动时期的稳定器，成为"三农"发展的保护伞，于大市场、大资本的缝隙里闯出一条小农户联合自治的就地现代化道路；[1] 就地现代化的农村社区，土地向非农建设用地流转，流转受社区规划与政策制度规定影响较大[2]；政府引导农民就地现代化、就地城镇化的方式，是民族地区城镇化的重要补充形式[3]……

在众多的"就地现代化"实践中，"旅游＋"是成为"就地现代化"生活方式的重要拉力。"旅游＋"是一个超部门、跨行业、多学科的概念，形成全域旅游、无景区化目的地，促进新型城镇化与乡村就地现代化的发展。[4] 旅游业是推进新型城镇化建设的引领产业，有利于整合城镇各种资源，激活城镇文化、彰显城镇个性、提升城镇服务功能。[5]

此外，养老产业、健康产业、休闲产业的兴起以及城乡统筹发展趋势的加强，增加了农村发展的机会。"十三五"时期，新型城镇化要求加大城乡统筹的力度，实施城市支持农村，工业反哺农业，支持就近就地城镇化，激发农村发展活力。围绕农村农业资源，发展乡村民宿、家庭农场、休闲农庄、农村电商、农业观光采摘等业态成为特色小镇建设、美丽乡村建设和农村治理的主要方向，也是迎接当前休闲旅游市场的新需要。[6]

为体现规整村镇建设造福失地农民的初衷，"金包银"工程遵循三大规划原

---

[1] 石远成.从两个农民合作组织发展看我国综合农协的成长路径 [J].农业部管理干部学院学报，2014（2）.

[2] 张伟，李长健.耦合动力、外部作用与农地流转的优化路径 [J].改革，2015（6）：91-99.

[3] 向林生，宋才发.关于民族地区人的城镇化的法律思考 [J].黑龙江民族丛刊，2015（5）：22-28.

[4] 吴必虎，李凤.全域旅游发展靠智慧 [N].中国旅游报，2015-12-28-011.

[5] 张震.新常态下陕南旅游产业的升级发展 [J].北方经贸，2015（11）：226-227+230.

[6] 朱艳莉.乡村旅游的扶贫效率和驱动机制研究 [D].新疆大学学位论文，2018.王娜.基于农民主体地位的媒体三农传播改革研究 [D].湖南大学，2017.刘月月.蔓藤城市：崔愷的跨界实践 [N].中国建设报，2017-01-18-005.黄旭，柯玲.成都市统筹推进城乡教育现代化的基本模式 [J].教育与教学研究，2011（7）：1-5.

则：土地集约化原则、"金""银"兼顾原则和近远结合原则。近期，对就地改造的村庄，主要以整治为主，做到"路通、水畅、污治、安全有保障"。

四、从"乡村振兴战略"到"乡村振兴道路"

自中国共产党第十九次全国代表大会提出"乡村振兴战略"以后，经过实践证明了其必要性、重要性。为此，后来逐渐将"乡村振兴战略"上升为"乡村振兴道路"。很明显，"战略"的时效性与"道路"的时效性是不可同日而语的。

"乡村振兴道路"是国家的大政方针。在《中共中央国务院关于实施乡村振兴战略的意见》（2018 年 1 月 2 日）中以指导思想的形式明确了："全面学习贯彻党的十九大精神，以习近平新时代中国特色社会主义思想为指导，加强党对'三农'工作的领导，坚持稳中求进工作总基调，牢固树立新发展理念，落实高质量发展的要求，紧紧围绕统筹推进'五位一体'总体布局和协调推进'四个全面'战略布局，坚持把解决好'三农'问题作为全党工作重中之重，坚持农业农村优先发展，按照产业兴旺、生态宜居、乡风文明、治理有效、生活富裕的总要求，建立健全城乡融合发展体制机制和政策体系，统筹推进农村经济建设、政治建设、文化建设、社会建设、生态文明建设和党的建设，加快推进乡村治理体系和治理能力现代化，加快推进农业农村现代化，走中国特色社会主义乡村振兴道路，让农业成为有奔头的产业，让农民成为有吸引力的职业，让农村成为安居乐业的美丽家园。"《国家乡村振兴战略规划（2018—2022 年）》的规定也基本相同（"加强党对'三农'工作的领导……让农村成为安居乐业的美丽家园"共 291 字全同，只是前面的帽子有差异，在中共中央印发的《中国共产党农村工作条例》（《光明日报》2019-09-02）中也明确规定"坚持走中国特色社会主义乡村振兴道路，推进乡村产业振兴、人才振兴、文化振兴、生态振兴、组织振兴"。

"乡村振兴道路"或"就地现代化道路"应该看成是习近平总书记的成熟的中国式现代化道路理念。早在 2003 年 10 月，习近平即曾就浙江开展"千村示范、万村整治"工程做出批示，强调乡村是现代化的根基，是人类共有的文化根脉和精神家园，努力建设美丽乡村、美好家园，是"三农"中国梦最本质的追寻，也是最温馨的篇章。2012 年 12 月，习近平总书记到贫困地区和革命老区河北省阜平县看望困难群众时即特别指出：全面建成小康社会最艰巨、最繁重的任务在农村，没有农村的小康，特别是没有贫困地区的小康，就没有全面建成小康社会。为此，他特别提出了"齐头并进、相辅相成"的中国式现代化建设思想：工业化、城镇化、信息化、农业现代化应该齐头并进、相辅相成，千万不要让农业现代化和新农村建设掉了队，否则很难支持全面小康这一片天。习近平总书记的这些思想，实质上成了中国共产党第十八次全国代表大会以后中国经济社会发展的基本思路，是对中国式现代化建设自身经验的深刻总结，也是纵观全球性现代化过程得出的科学结论。对此，习近平总书记在《把乡村振兴战略作为新时代"三农"工作总抓手》[1] 中专门论述了"坚持走中国特色乡村振兴之路"一题："实施乡村振兴战略，首先要按规律办事。在我们这样一个拥有近 14 亿人口的大国，实现乡村振兴是前无古人、后无来者的伟大创举，没有现成的、可照抄照搬的经验。我国乡村振兴道路怎么走，只能靠我们自己去探索。"

"乡村振兴道路"在本质上或事实上，就是我们所强调的"就地现代化道路"。按照习近平总书记在《把乡村振兴战略作为新时代"三农"工作总抓手》中对"乡村振兴道路"的论述，一是农业现代化如何搞，要走中国道路（现代化农业的实现方式是非西方化的）："我国人多地少矛盾十分突出，户均耕地规模仅相当于欧盟的四十分之一、美国的四百分之一。'人均一亩三分地、户均不过十亩田'，是我国许多地方农业的真实写照。这样的资源禀赋决定了我们不可能各地都像欧美那样搞大规模农业、大机械作业，多数地区要通过健全农业社会化服务体系，实现小规模农户和现代农业发展有机衔接。当前和今后一个时期，要突出抓好农民合作社和家庭农场两类农业经营主体发展，赋予双层经营体制新的内涵，不断提高农业经营效率。"二是农村现代化之路如何走，要坚守传统文化之根："我国农耕文明源远流长、博大精深，是中华优秀传统文化的根。我国很多村庄有几百年甚至上千年的历史，至今保持完整。很多风俗习惯、村规民约等具有深厚的

---

[1] 习近平. 把乡村振兴战略作为新时代"三农"工作总抓手 [J]. 农村 . 农业 . 农民（B 版），2019（6）：5-8.

优秀传统文化基因，至今仍发挥着重要作用。要在实行自治和法治的同时，注重发挥好德治的作用，推动礼仪之邦、优秀传统文化和法治社会建设相辅相成。要继续进行这方面的探索和创新，并不断总结推广。"为此，习近平总书记特别提出了"没有提城市化"的问题："要把乡村振兴战略这篇大文章做好，必须走城乡融合发展之路。我们一开始就没有提城市化，而是提城镇化，目的就是促进城乡融合。要向改革要动力，加快建立健全城乡融合发展体制机制和政策体系。要健全多元投入保障机制，增加对农业农村基础设施建设投入，加快城乡基础设施互联互通，推动人才、土地、资本等要素在城乡间双向流动。要建立健全城乡基本公共服务均等化的体制机制，推动公共服务向农村延伸、社会事业向农村覆盖。要深化户籍制度改革，强化常住人口基本公共服务，维护进城落户农民的土地承包权、宅基地使用权、集体收益分配权，加快农业转移人口市民化。"三是设定了"乡村振兴道路"的一些基本指标："两条腿"的问题——"我们也要看到，同快速推进的工业化、城镇化相比，我国农业农村发展步伐还跟不上，'一条腿长一条腿短'问题比较突出。我国发展最大的不平衡是城乡发展不平衡，最大的不充分是农村发展不充分。党的十八大以来，我们下决心调整工农关系、城乡关系，采取了一系列举措推动'工业反哺农业、城市支持农村'。党的十九大提出实施乡村振兴战略，就是为了从全局和战略高度来把握和处理工农关系、城乡关系。""两个规律"问题——"在现代化进程中，城的比重上升，乡的比重下降，是客观规律，但在我国拥有近 14 亿人口的国情下，不管工业化、城镇化进展到哪一步，农业都要发展，乡村都不会消亡，城乡将长期共生并存，这也是客观规律。即便我国城镇化率达到 70%，农村仍将有 4 亿多人口。如果在现代化进程中把农村 4 亿多人落下，到头来'一边是繁荣的城市、一边是凋敝的农村'，这不符合我们党的执政宗旨，也不符合社会主义的本质要求。"这里特别提到中国城镇化率达到 70%，其实是习近平总书记一直以来的思想，早在 2013 年 7 月，习近平总书记在武汉考察两型社会建设时即曾特别指出，我们绝对不能照搬西方发达国家的现代化模式，因为地球上没有足够的资源支撑。中国必须走自己的现代化道路并要对人类有所贡献。即使将来中国的城镇化达到 70% 以上，也仍然有四五亿人在农村。农村绝对不能成为荒芜的农村、留守的农村、记忆中的故园。

城镇化要发展，农业现代化和新农村建设也要发展，同步发展才能相得益彰，要推进城乡一体化发展。与 2004 年习近平的《要跳出"三农"抓"三农"》中所强调的"进一步解放和发展农村生产力，加快农业农村现代化建设"之思想是一致的。[1]

乡村如何人振兴（下）：
中国农村就地现代化道路是或不是什么？

"乡村振兴道路"对乡村如何振兴的界定，是基于中国社会新二元结构的永恒存在为前提的。因此，乡村振兴道路在本质上就是中国农村的就地现代化道路，这是一种结构上的长期发展模式而不只是一种功能上的短期对策。所以，当代中国的农村就地现代化是包括农村城市化、农村城镇化、就地非农化、就地产业化、就地市民化在内而又不局限于此的全面的现代化；是既包括时间向度上的"现代化"又包括空间向度上的"就地化"在内的整体现代化，因而"乡村振兴战略"应该从"乡村振兴道路"的高度、长度、深度、广度来认识，应该按照"两条腿"走路的中国式现代化道路进行：阵地在乡村、主体是乡民、主导靠政府、主助依全国、主道则是就地实现的现代化、目标则是城乡统筹的全国全面振兴与全面现代化。

在《中国哲学简史》中，冯友兰先生曾有所谓正的定义方法与负的定义方法之分，说西方哲人研究哲学问题主要是采用"正的方法"直接探寻"是什么"的问题以穷尽事物的本质，中国先哲则喜欢用"负的方法"间接回答"不是什么"的问题以明确对象，典型的如老子《道德经》开篇之所谓"道可道，非常道；名可名，非常名"之类。在改革开放初期，邓小平为了阐明"什么是社会主义"的问题时，也通常采用负的方法加以说明，如说"贫穷不是社会主义，更不是共产主义""两极分化不是社会主义""发展太慢不是社会主义""平均主义不是社

---

[1]　习近平 . 之江新语 [M]. 浙江人民出版社，2007：43.

会主义"等，然后概括出社会主义本质："社会主义的本质是解放生产力，发展生产力，消灭剥削，消除两极分化，最终达到共同富裕。"据此，我们也按照这一负的方法来说明什么不是乡村振兴道路？什么不是就地现代化道路？以此说明什么才是乡村振兴道路？什么才是我们所强调的就地现代化道路？由此也可以实现从天下殊途到同归一致的乡村振兴战略与道路认知。

一、农村就地现代化不只是农村城市化

中国"三农"向何处去？传统的现代化思路自然是我们通常所说的"老三化"（农村城市化、农业工业化、农民市民化），其中最被肯定也最基础的就是"农村城市化"。而关于中国为什么需要通过城市化来解决"三农"问题，又有两种代表性的说法。

首先是普世主义的现代化观。这种观点在本质上是强调社会现代化的"老三化"取向，虽然有的也说到"就地现代化"，但在总体上是反对农村就地现代化的，或者说只是使用了这一语词，而不是在概念的意义上使用，其结论则是与语词所反映的内涵呈相反的取向。如有学者强调农村发展必须要减少一大部分农民而把他们改造成城镇居民，从而改革其生产、生活方式。据此，这些学者强调：城市化因同社会化大生产、同工业化互为因果，资本主义、社会主义概莫能外，而不可跳跃历史的发展阶段（农村城市化）；没有城市现代化，任何国家或地区都不可能有快速的现代化进程，更不可能有农村的现代化。所以，"城市化的过程也是现代化的过程，是经济发展和社会进步的双重运动。"[1]

其次是经济成本主义的现代化观。简单地说是算经济账以说明必须农村城市化，即通过算投入产出账而放弃农村的"就地现代化"以肯定城市化。按照有些学者的观点，仅根据碳排放即可以获得说明：农村自然与城市在碳的排放量上有显著差别，但这是发展水平与发展能力上的差别，因而不能以此来批评城市的高碳排放。为此，学界要求算另一种账：如果以权利平等来衡定，农民市民同样有

[1]　赵香春. 把握城市化大趋势推进民政工作重点转移 [J]. 民政论坛，2000（6）：21-24.

发展权利、同样有现代化社会生活的权利，那么在就地现代化背景下，让分散的农村人口享受同样的权利就必然导致将城市的基础设施和公共服务体系扩散至农村而造成巨大的浪费，而相反在城市化背景下让农村人口的主体进入城市则节约得多。显然，"城市化依然是节约能源的一条途径"[1]。不过，我们对于农村的发展，绝对不能只以一种纯粹的经济理性算发展观上的经济账，尽管工业化和城市化在本质上都能够节约土地而不是浪费土地。[2] 因为我们对于农业农村必要性的认知，还包括承认其是长期存在的社会结构要素。[3]

由于在社会发展趋势上的农村城市化取向，因而在认知农村就地现代化时，也就自然而然地以城市化为取向进行认定，并且存在这一思想的学者还真不少。如有学者强调"就地现代化也是城市化的一种有效形式"：城市现代化就是城市的经济、社会、文化、生态及居民的生活与工作方式等均由传统社会向现代社会实现了历史转变，这是一个全面的、整体的、综合的发展尺度。在城市，不仅有区别于农村的生产、生活及社会活动，而且在住宅、工厂、通讯、道路、生态环境、公共文化设施等各方面表现出现代文明水平。城市现代化"不仅仅要考虑城市建成区的现代化，而且还必须考虑区域内广大农村地区的现代化"。为此，"如果某区域的农村居民已经职业非农化、居住社区化，并能就地充分享受到现代物质文明和精神文明成果，那么应该认为该区域的城市化已经完成。就地现代化也是城市化的一种有效形式，不能把城市化等同于城市城区的扩大，等同于人口向城区集中"[4]。"农村就地现代化也是城市化的一种模式"，"通过着力抓好村庄整治，加大基础设施和公共服务设施的投入，以及通过拆村并点、异地脱贫，可大大改善农村的生产生活环境，彻底改变农村落后的面貌。村庄整治是农民安居乐业的基础，是经济发展的前提，是乡风文明的载体，村庄整治还是一项使农村资产增值、使农民收入提高的富民工程。抓好村庄整治，将有助于社会主义新农

---

[1] 连玉明. 基于城市价值的低碳城市指标体系及实证研究 [D]. 中国地质大学（北京），2012.

[2] 戴星翼. 以健康的城市化缓解环境发展矛盾 [N]. 解放日报理论版，2009-09-13（008）.

[3] 刘平养，沈哲. 经济增长、耕地保护与土地约束 [J]. 生产力研究，2013（3）：38-42.

[4] 林树枝. 关于城市建设与城市管理若干问题的思考 [J]. 福建建筑，2005（1）：1-2+10.

村建设以及农村城市化的健康推进"[1]。不难看出，这里虽然强调了就地现代化，但仍然坚持的是"农村城市化"。对此，更有学者直接提出要"走一条就地现代化的城市化道路"，即要实现城郊就地现代化[2]，"加快旧村改造和新村建设，就地现代化，也是农村城市化的一种有效形式"[3]。

上述观点，显然与乡村振兴背景下的农村就地现代化道路不同。乡村振兴背景下的农村就地现代化道路是基于社会结构意义上的中国未来社会长期存在的两个"客观规律"，因而取义于终极性而不是短期或相当长时期的城市化趋势论，因此，我们强调就地现代化不排斥城市化，但不只是城市化。对此，习近平总书记在《把乡村振兴战略作为新时代"三农"工作总抓手》一文中专门论述了"没有提城市化"的问题，强调："我们一开始就没有提城市化，而是提城镇化，目的就是促进城乡融合。"然而正是在这一点上，我们与"农村就地现代化也是城市化的一种方式"的观点相区别，并且是原则区别。

二、就地现代化不只是就地城市化

稍微知晓中国国情者都会认识到，中国不可能像西方发达国家那样巨量地城市化，因而提出了所谓就地城市化意义上的就地现代化观。如有学者强调：要根据发达国家的历史经验和中国基本国情设计城市化目标。在他们看来，在中国，所谓的城市化进程，实际上只能是农村就地城市化的进程，是一个城乡现代化发展的过程，而不是大量的农村人口转移至城市，更不是大城市的无限扩张。自然，这种就地城市化也有占用耕地或圈地运动的发生，但必须强调的是就地城市化的占用土地本身会受到限制，是在城镇化框架下的现代化过程。[4] 为此，学界还特

---

[1] 林树枝 . 着力抓好村庄整治 彻底改变村容村貌 [J]. 厦门科技，2006（5）：31-33.

[2] 刘厚良 . 杭州城市管理存在的问题及对策 [J]. 城市，2007（3）：56-58.

[3] 阮跃国 . 华丽转身迈向国际性都市 —— 厦门城市建设管理事业改革开放三十年回顾与展望 [J]. 城乡建设，2009（3）：24-29.

[4] 马刚 . 土地政策对经济发展方式转变影响的研究 [D]. 北京交通大学，2012.

别强调要建立促进科学的城市化进程的土地政策；[1] 强调在城市化过程中，要进一步挖掘区域地域特色，结合农村农业耕种的实际和几千年来中国农民的生活习惯，促进就地的现代化。据此，学界更明确地强调指出：无论西方国家还是中国的战略，城市化进程也主要是就地城市化的过程。[2]

我们认为，"就地城市化"实质上是农村城市化的退而求其次的传统现代化观。但是，退而求其次的"就地城市化"也并不是我们所说的"就地现代化"的全部内涵。在我们看来，就全国性发展而论，"就地城市化"自然也是"就地现代化"的一种方式，且这种方式也有多种类型。

第一种类型是"金包银"工程：厦门"金包银"工程是当地政府在征用农村土地、规划设计工业集中区域的时候，在村庄的外围预留下合适的空间进行统一规划，建设一批"底层店面上部公寓"的商业用房以提供给村民作为经营性就业基地以获得收入的来源，在基本保证每户被征地农民有一套居住用房、一套公寓（用作出租）和一个店面（或一定量的股份）的基础上，通过被征地居民进驻工业集中区的企业工厂（"金"），居住在被就地改造的村庄（"银"），从而有效地破解了被征地农民如何尽快地完成生产方式的转型难题。"厦门'金包银'采取就地城市化原则，使失地农民不仅不用搬家，还确保了失地农民在失去土地这一安身立命的'生产资料'后，很快获得'出租房''店面'等新的生产资料。这些新的生产资料为失地农民提供了长期、稳定、丰厚的收入来源，实现了生产方式顺利转型。"[3]

第二种类型是山东发展的"新城市主义"：山东省在社会主义新农村建设过程中，提出并实践了所谓的"新城市主义"的就地城市化发展模式。"新城市主义"包括按回归城市的思路改造旧城区、改善城区的居住环境与重构城市边缘区域、实现近郊农村城市化两个方面。在实践中，山东的"新城市主义"强调农村的产业开发和农村基础设施建设，着眼于农民、农村、农业的同时同向发展，因而被

---

[1] 马刚. 土地政策对经济发展方式转变影响的研究 [D]. 北京交通大学，2012.

[2] 马刚. 土地政策对经济发展方式转变影响的研究 [D]. 北京交通大学，2012.

[3] 孙弘宇. 以产权保护为核心的土地管理模式 [D]. 同济大学，2005.

称为就地实现"农村城市化"。"山东通过发展'新城市主义'使传统的以农业经济为主体的乡村经济格局逐渐解体，逐渐形成了一个多元化的、城乡一体化的新型农村社会。"[1] 很显然，"新城市主义"在总体思路上仍然是"农村城市化"，其范围受到城市空间距离的限制很大。与此相应，有学者甚至以此眼光分析发达地区农村部分村庄的兼并，认为从就地城市化的角度来看，这一系列的政策和举动似乎是符合历史潮流的。[2] 有学者认为就地城市化、非农经济发展是推动村庄兼并运动的两个因素。[3]

第三种类型是某种机会主义的就地城市化。一般认为，"城市化"既包括空间和农村人口的城市化，又包括地域社会和文化变迁的城市化。[4] 作为现代化过程中的重要内容，农村城市化曾在过去被各地政府越来越重视，个中原因既包括经济结构本身的升级为城市发展提供了更多的资源和便利，也包括农村资源整合所带来的巨大经济效益，其中特别是土地的利益，比如由极力推进农村城市化进程而成为获取乡村土地、增加财政收入的一个机会主义手段。[5] 所以，就地城市化背后体现的是重新调整了村内的各种资源和社会关系的机会主义。[6] 此外，还有学者为解决农村发展问题，提出了"乡村城市化"思路。[7] 笔者所要强调的是：中国"三农"的问题不只是近郊农村的问题，还有范围极为广大的平原农村、山

　[1]　李飞.新农村建设发展模式研究——以涪陵区营盘村、蒿枝坝村为例 [D].成都理工大学，2009.

　[2]　张丽."村落共同体"的实践逻辑与居民的非对抗性抵制——来自浙中 H 村的经验 [D].华东师范大学，2011.

　[3]　张丽."村落共同体"的实践逻辑与居民的非对抗性抵制——来自浙中 H 村的经验 [D].华东师范大学，2011.

　[4]　林拓.城市社会空间形态的转变与农民市民化 [J].华东师范大学学报（哲学社会科学版），2004.（3）：48-54+123.

　[5]　张丽."村落共同体"的实践逻辑与居民的非对抗性抵制——来自浙中 H 村的经验 [D].华东师范大学，2011.

　[6]　张丽."村落共同体"的实践逻辑与居民的非对抗性抵制——来自浙中 H 村的经验 [D].华东师范大学，2011.

　[7]　王广学.乡村城市化道路：来自韩国的经验与借鉴 [J].韩国研究论丛，1999-10-31：114-126.

区农村、草原牧村、湖区农村，因而就地城市化不能解决所有"三农"问题；在任何时候，中国的粮食安全、国土安全等问题，都需要有大规模的农业和大规模的农民，因而也不能完全的"就地城市化"。"就地城市化"是有限的"就地现代化"之路，但不是全部，甚至也不是主体部分。

三、农村的就地现代化不只是就地城镇化

在探讨农村就地现代化的发展动因时，一个重要的功能主义视角即是把农村就地现代化仅当成克服城市病的一种方式。比如有学者即认为随着中国经济的快速发展，工业、交通城市过重的负载等对城市造成日益严重的污染，致使城市居民在快节奏的生活方式下产生返璞归真、回归田野的需求，而通过促进农民就地现代化、统筹城乡发展、建设美丽乡村以及保护农村生态环境等方式发展的乡村旅游成为满足城市居民相应需求的新型旅游业态。[1]

为什么要促进农村的就地现代化？另一种功能主义视角是从农村的现状说起，成为一种基于救世主义的农村就地现代化责任，即为改变现状而设，如有学者一贯主张"守住乡土，促进农村就地现代化"，因而面对农村的撕裂与荒芜、面对留守老人与留守儿童问题的不断凸显、面对城市与农民工的疏离状况，故有一种防止更多灾害的警惕。[2]持此类观点的还有如强调中国农民收入水平低的问题主要不是农产品价格低的问题，而是他们所占有占用的生产资料少、就业不充分的问题，从而导致其生存环境与生产生活方式落后，故此要使农民就地现代化。这种救世主义的农村就地现代化观，在本质上是一种功能主义的现代化观。按照这种现代化观，根本着眼点是强调农村劳动力转移既是新农村建设的重要内容，又通过农民在工业化进程中分流，改变城乡二元结构，为农业、农村发展创造大环境。但是，一方面，农村劳动力转移把年轻人转到城里，弱化了农村，因而主

---

[1] 熊志鹏，李婧，黄萍．乡村旅游发展对仁寿县农民生活质量的影响 [J]．浙江农业科学，2017（6）：1071-1076.

[2] 夏学杰．一名农家子弟的进城路——读《官墙里：一个人的乡村与都市》[J]．杭州（周刊），2017（15）：54-55.

张农民就地现代化。另一方面，一些地方只把进城农民工当廉价劳力使用，不考虑他们的根本转移和农村发展。再一方面是一些地方在追求景观、人口、就业、物业等村庄要素实现就地现代化的过程中，村落共同体面临着诸多难以抉择的矛盾。村庄在现代化过程中取得了巨大成就，然而在这个过程中许多村庄也付出了不小的代价。[1] 因此，认识和协调农村劳动力转移与新农村建设的关系是城乡都要思考、解决的问题。[2]

这种解决的结果，自然会形成所谓的"就地城镇化"。为此，有学者曾基于城镇化发展过程中物的城镇化快于人的城镇化、土地城镇化快于产业城镇化等难题提出了自己的城镇化思路。[3] 还有学者在分析中国城市化发展过程中一线大城市、特大型城市的可持续发展，长期以来的城乡二元结构、城市结构和规划不合理等问题，相对于传统城镇化而言提出了农业农村"就地城镇化"，即在农村经济发展达到一定程度后，农民更多地选择留在原居住地，农民就地实现其他产业就业和市民化，继而推动农业农村的新型城镇化。[4] 有学者还通过对一些具体村庄进行调查，结合时代发展趋势和政策导向，尝试性地为解决"三农"问题提出了农业现代化、农村就地城镇化的新思路。[5] 还有学者强调中小城镇大规模的建设和发展就是就地现代化、科技化和城镇化的一个重要路径，特别把新出现的现代综合田园建设当成乡村振兴和新农民成长途径，其结果是"都市里的乡村或者乡村里的都市或者说绿水青山的田园生活，就会成为追求美好生活的许许多多的

[1] 张丽."村落共同体"的实践逻辑与居民的非对抗性抵制 —— 来自浙中 H 村的经验 [D]. 华东师范大学，2011.

[2] 崔传义.妥善处理劳动力转移与新农村建设的关系 [J]. 红旗文稿，2007（6）：5-8.

[3] 李增刚.以城乡等值化实现就地城镇化 —— 山东青州南张楼村的案例研究 [J]. 理论导刊，2015（8）：32-42.

[4] 王爽.城镇化进程中乡村特色小镇建设研究 —— 以河北省丽君小镇为例 [D]. 华中师范大学，2018.

[5] 黄榕榕.旅游引导下的礼泉县白村转型发展规划策略研究 [D]. 西安建筑科技大学，2018.

中国生活中的现实"[1]。这里很明显是把"城镇化"当成就地现代化了。

事实上，我们所强调的农村就地现代化，是乡村全面振兴基础上的现代化。按照中共十九大精神和习近平总书记视察山西时所强调的以"全面融合，全境美丽，全民幸福"为基本诉求的就地现代化，其中自然也包括就地城镇化、农业就地产业化等方面内容。[2] 其中就农业产业本身的现代化而言，包括着开展全域土地整治的问题，借以"走出一条集精品农业、美丽乡村、强村计划、乡村旅游等于一体的农村就地现代化发展路径"[3]。自然，农村的就地现代化也包括非农产业的发展，这也是乡村振兴的应有之义。所谓非农产业主要就是二、三产业，但从根本上说是由第一、二、三产业融合发展的所谓"第六产业"，其目的不只是功能意义上的"实现农村就地现代化的重要渠道、是对城乡二元结构的调整与补充"，是"实现经济发展与社会和谐的统一"，[4] 而是按照乡村振兴道路实现的二十字要求之全面落实，即中共十九大报告提出的："要按照产业兴旺、生态宜居、乡风文明、治理有效、生活富裕的总要求，建立健全城乡融合发展体制机制和政策体系，加快推进农业农村现代化。"

四、农民的就地现代化不只是就地市民化

之所以强调"农民的就地现代化不只是就地非农化或就地市民化"，就在于学界或实践中有这样的认知，如"从就地城镇化到就地市民化"，《大众日报数字报》如是命题；刘吉双先生著《江苏农民就地市民化论》，以市民化为农民的未来方向；"新型城镇化走出诸城路径，农民就地变身'城里人'"，山东半岛网如是说；"就地就近城镇化模式——产城融合发展 力促农民创家业"，抚松

---

[1] 蓝志勇 . 新中国成立 70 年来城市发展的进程与未来道路 [J]. 福建师范大学学报（哲学社会科学版），2019（5）：35-42.

[2] 黄桦 . 实施乡村振兴关键在生态宜居 [N]. 太原日报，2018-09-18（006）.

[3] 郑利平 . 农房集聚 统筹城乡 着力推进小城镇环境综合整治——以嘉善县为例 [J]. 浙江国土资源，2017（4）：18-22.

[4] 王晶 . 我国现代乡村绿色住区规划与设计初探——以关中新农村为例 [D]. 西安建筑科技大学，2007.

县农网如是说……可以说，农民的市民化已经成了时常用语。其潜台词就是农民的出路在于市民化。但这种认知显然是不全面的。我们从就地城市化的理由上来认识这一观点上的片面性。

经验主义的农民市民化说。有学者强调，推出多形式转移农民、多渠道减少农民、多举措富裕农民的举措，推动农村向城镇靠、农业向工业靠、农民向市民靠，这是一条可借鉴的经验。事实证明，推动新农村建设必须实行两个"转移"：实行农民转移，有利于减少农民、减少农业、减少农村，促进农村资源优势的优化配置，形成规模效益；有利于形成"村企一体型、社区股份型、企业投资型、龙头带动型"的模式，整体推进新农村建设。实行产业转移，有利于农村就地工业化、就地城镇化、就地现代化，减轻城镇就业压力；有利于新农村建设与城镇发展融为一体，全面建设小康社会。[1] 这里把城镇化说成是就地现代化的前提，而且只是为了减缓城市压力。显然，这种说法是有片面性的。

劳动力转移的市民化取向。"就地市民化"认知不着眼于解决农业农村的现代发展以解决农民问题，而着眼于表面的"人往何处去，钱从何处来"以研究农村劳动力转移问题，于是有学者特别针对农村劳动力的现代化转变，强调农民的现代性意识已经大为增强并正在经历着由传统向现代的转型，不过存在着明显的地域、个体及现代性因素等诸多方面的差异，说明转型尚是一个漫长的过程。[2] 于是，人们分析农村劳动力转变的两条路径：劳动力迁移的现代化转变路径和就地现代化的转变路径。杨团提出的"就地多元化"[3] 即将就地现代化作为中国农村现代化实现的必然选择。从杨团先生的论述看，核心问题仍然是"人往何处去，钱从何处来"，于是"就地多元化"变成了谋生方式的多元化，强调在一些地方让农副产品的深加工成为农民生活的重要来源，通过土地流转、基地务工的方式

---

[1] 王涤心. 论新农村建设的四大关系 [J]. 山东省农业管理干部学院学报，2007（6）：26-27+193.

[2] 周大鸣，郭正林. 论中国乡村都市化 [J]. 社会科学战线，1996（5）：100-108. 丁福兴. 中国农民现代性的自觉与培育 [J]. 农村经济，2011（3）：20-23.

[3] 杨团. 就地多元化：农村现代化的一种选择 [J]. 中国改革，2005（11）：57-59.

在家门口变成"产业工人"（工业化取向）[1]。可以看出，这种"就地现代化"首先是一种"就地就业"问题，有如论文《就地就业中的对撞 —— 月湖村彝族雇工的传统生活方式与企业现代化管理制度间的冲突与调适》中所阐明的观点一样，尽管其中有各种各样的冲突，但关键是"就地就业"[2]。其次是直接目标为农民就地"现代化""市民化"。在这些学者看来，对农村发展和农民教育的一个特别重要的方面就是要引导和推动农民的"进城"、市民化，从农民转变为市民，适应市民的新的生活方式、新的工作方式，要转变思想观念等；[3]为此，特别强调从农民工子女融入城市学校开始做起，逐步让农民工融入城市企业、融入城市社区、融入城市公共服务体系[4]，等等。

显然，我们并不完全否认农民的城市化，但我们强调城市化、市民化、工业化只是其中的一条路径。因为农民的市民化只是为了解决部分农村剩余劳动力的途径。但是，只强调面对中国庞大的农业人口基数和同样庞大的农村剩余劳动力，在"进城"的同时还必须同时加强就地转化，让不能进城的农民就地"现代化""市民化"。[5]而笔者更强调的是：农村自身的现代化发展需要农民的就地现代化，这种就地发展的必要性已经有专文论述。所以，农民的就地现代化不只是就地市民化。就像有学者强调的农民的现代化转向包括村落的终结、农民的职业化、就地非农化、农民工市民化以及城乡一体化五种符合中国国情的路径，但总体都是立足于"市民化"取向的，如农民的职业化是针对小农群体的长期存在，其余路径是针对农村剩余劳动力的转移，即使将其分为就地现代化和农民工市民化两种

[1] 韩雨伦. 从传统农民到花卉产业工人的现代化转变 —— 以石林县月湖村花卉公司员工为个案 [D]. 云南大学，2018.

[2] 韩雨伦. 从传统农民到花卉产业工人的现代化转变 —— 以石林县月湖村花卉公司员工为个案 [D]. 云南大学，2018.

[3] 计工丽. 浦东郊区城市化进程中农民教育的思考 [J]. 上海农业科技，2006（3）：9-10.

[4] 韩俊. 农民工融入城市的制度创新及其政策建议 [J]. 改革，2010（10）：99-108.

[5] 高学贵. 我国农民教育政策发展研究 [D]. 西南大学，2011.

具体方式，但最终是为了村落的终结、城乡一体化这两种方向。[1] 显然，我们所讨论的就地现代化不能只局限在这一点上。因为我们从总体上强调的是农村的就地现代化，其中包括农民的就地现代化。这是从实现中国农业农村现代化的主体层面强调的。对此，有学者已经指出：就作为主体的中国农民来讲，实现现代化有两条道路可以走：一个是让农民就地现代化，就是现在中央强调的要建设社会主义新农村；另一个是转移农民，让农民从第一产业转移到二、三产业，由农村进入城市。所以农民进城务工是中国现代化进程中出现的一个必然现象，也是当前中国社会非常重要的一个现象。[2] 也就是说，农民的现代化也是"两条腿走路"。

但是，我们还应强调的是，"就地现代化"也不只是为了解决农民出路问题的"空间"变化。对此，有学者曾从农民需求的空间视角分析农民的需求在总体上即是对现代生活的向往，而实现生活现代化的空间场域包括进入城市、进入小城镇、就地现代化三条途径，但其总体取向，包括费孝通等前辈学者的发展小城镇的构想、不少基层政府提出的"工业向园区集中，人口向城镇集中"的发展战略，都是以"城市化"为取向的。即使也讲"就地现代化"，也是为了解决城市容量等问题，而不是农村农业农民本身的现代化问题，如温铁军即指出："中国现在仅仅 4 亿左右的人在城里生活，就已经造成了严重的城市病 —— 大规模的污染。至少在我们可见的将来，我们这代人，大概是在 2030 年前后，中国人口是增长的，还不会下降。而这人口的增长就靠城市化来吸纳，到 16 亿、18 亿人的时候，就算实现了 50%，60% 的城市化，还会有 7 亿到 9 亿的人生活在农村，仍然是小农经济，只不过土地更少，资源更紧张。"[3] 也正是基于此，才有学者主张需要在城市化和城镇化之外开辟第三条道路，即把农民的现代化和农村的现代化连接起来，通过农村的现代化满足农民生活现代化的需求，这是一条就地现代化的道路。"走这条道路，需要对传统农村进行结构改造和功能升级，使其具

---

[1] 伍嘉冀，杨君 . 走向"终结"抑或迈向转型：传统"小农"的现代转向 [J]. 西北农林科技大学学报（社会科学版），2018（1）：83-88.

[2] 张家林 . 关注时代发展潮流 塑造荧屏新型农民 —— 电视剧《都市外乡人》研讨会综述 [J]. 当代电视，2006（5）：18-20.

[3] 温铁军 . 为什么我们还需要乡村建设 [J]. 中国老区建设，2010（3）：17-18.

备承载起满足农民现代物质和精神生活的能力。"[1]但是，我们的农村就地现代化，显然不是这种不得已的办法，而是一种中国国情的必需，即乡村必须振兴，农村必须就地现代化，正如司马向南先生的《"就地现代化"学习札记》[2]的观点所坚持的"'就地现代化'的信念"：农村的发展是最大的国情，没有农村的现代化就没有中国的现代化。

五、农业的就地现代化不只是就地非农化

"就地现代化"在一些学者那里被称为"就地非农化"。有学者以"蔓藤城市"观论之："'蔓藤城市'的核心价值在于对原有村庄格局和形态、生态和文化充分地尊重、保护和利用，在村庄聚落地区培育城市功能，建造出一个具有'蔓藤'肌理的城市，实现就地城镇化、就地非农化或就地现代化，即让乡村渐近地成长为城市。"[3]在这里，"成长为城市"即坚持城市化取向，这一点我们是不完全同意的。另有学者也说："蔓藤城市""恰恰为我们开辟了这样一个新的就地城镇化空间类型，它充分尊重我们的田园风光和乡村聚落，在乡村聚落和田园风光的基础上培育出一个'蔓藤城市'。这是一种典型的就地城镇化模式，或者说就地城镇化的模式需要'蔓藤城市'这样的理念来支持。所以它最大的价值在于可以支持我们在农村地区实现就地城镇化、就地非农化或就地现代化。"[4]"蔓藤城市理论的核心价值表现在：一是充分尊重、保护和利用原有城镇及村庄的格局和形态、生态和文化；二是在城镇及村庄聚集区培育城市功能，建造出一个具有'蔓藤'肌理的城市形态；三是村落发展方向是就地城镇化、就地非农业或就地

————————

[1] 张成林. 信息化视角下的农村社区建设和治理研究——主要以 J 镇农村社区为考察个案 [D]. 苏州大学，2012.

[2] 司马向南. "就地现代化"学习札记 [DB/OL].[2014-08-14].http://blog.sina.com. cn/s/blog_7ff7c8240102uzj1.html.

[3] 刘月月. 蔓藤城市：崔愷的跨界实践 [J]. 中国建设报，2017-01-18（005）.

[4] 李晓江. 从野蛮蜕变到城乡共融 [J]. 城市环境设计，2017（3）：312-315.

现代化，即让乡村渐进地成长为城市。"[1] 对此，有学者论证说："在可以预见的未来 25—50 年间，中国没有可能将农村人口基本上转移为城市人口。可以预见，农民既不离土也不离乡的生活方式将长久地存在。如果在这个基础上实现现代化，就只能是就地非农化。就地非农化并非人类历史上已经历过的现代化模式，而是由人口规模、资源、环境种种要素合围出来的轮廓。"[2] 很显然，"就地非农化"，现代化观念还是"老三化"的，即工业化、城市化、市民化，因而在作者的心目中，"就地非农化"是一种不得已的"暂时"现象，即"25—50"年。笔者强调的"就地现代化"则是包括"就地非农化"在内的全面现代化的方式、模式。笔者始终认为，中国农村的就地现代化并不是一种 25—50 年的暂时现象。

为此，此类就地现代化观特别强调了所谓的"就地产业化"。我们知道，农村就地现代化自然应以产业发展为基础，但不能局限于所谓的"就地产业化"。因为在城市化的指导思想下，"就地产业化"往往成为"就地工业化"的基本诉求，甚至认为"当富起来的农民仍居住在传统农村社区时，其观念、行为和亲缘网络依旧，因而生活方式的转变非常缓慢"[3]，所以要通过"就地产业化"以实现就地城市化。所以有学者强调指出：当前中国农村产业发展面临严峻挑战，一方面农地占用、农地资源减少；另一方面劳动力外流、农村生产劳动力短缺，在我国乡村地区越来越突出。如何通过发展乡村产业实现就地产业化、减少劳动力外流、提高土地集约利用程度，对于发展乡村经济至关重要。[4]

此外，我们还可以把"社区重建"的思路也纳入这种就地城镇化框架中分析。按照这种观点，重建农村社区既能满足人的共同体本能，也符合社会发展的趋势；国内外对社区的研究相对成熟，为农村社区建设提供了较充分的理论准备；

[1] 李宝宏，杨敏. 城郊村庄专业化发展模式研究 —— 以漳州市珠里村发展规划为例 [J]. 福建建筑，2018（8）：6-9.

[2] 杨团. 就地多元化：促进中国农民现代化的社会政策选择 [J]. 红旗文稿，2005（21）：19-21.

[3] 连玉明. 基于城市价值的低碳城市指标体系及实证研究 [D]. 中国地质大学（北京），2012.

[4] 程旭. 乡村产业选择与发展研究 —— 以陕西省富平县岔口村为例 [D]. 西北大学，2018.

国内外现代社区建设已经历了较长时期的实践，可资农村社区建设借鉴的经验材料丰富；社区是社会的基本单元，可以说各种社会问题都包容在其中，农村社区建设具有承载系统解决农村诸问题、全方位回应农民需求的功能潜力。[1] 有学者还特别强调：社区重建在价值定位上应该是站在农民立场上，因为"农村社区建设的实质是在社会主义现代化建设过程中建设能够共享现代文明成果的现代农村社区"[2]。可以这样说，"社区重建"是人本主义的就地城镇化观。

自然，农村就地现代化并不只是所谓的"农业"现代化，而是包括农业产业在内的多种产业的现代化[3]，如乡村生态游也只是其中的加快中国农业实现由传统型向现代都市型转变，转变提升农民思想观念，促进农村经济发展繁荣与增加农民收入的有效途径之一，但乡村生态游是农村第三产业的重要组成部分[4]，乡村旅游能够促进农民就地现代化、优化乡村经济社会结构、统筹城乡发展、提升文化传承与文明程度、保护乡村生态环境。[5] 同样，农村劳动力无论是就地实现现代化，还是出现迁移实现现代化。传统文化都面临变迁的遭遇而乡村旅游正可以解决这方面的问题。[6]

总之，"乡村振兴道路"或"农村就地现代化"是中国特色现代化道路的特殊构成部分。这种现代化并不局限于城市化，更不等于就地城市化或城镇化。至于其中的就地市民化、就地产业化等，也只是这种现代化的内容之一而不是全部。

---

[1] 张成林. 信息化视角下的农村社区建设和治理研究 —— 主要以 J 镇农村社区为考察个案 [D]. 苏州大学，2012.

[2] 徐勇. 在社会主义新农村建设中推进农村社区建设 [J]. 江汉论坛，2007.（4）：13.

[3] 孙怡. 烟台市农民就地市民化综合评价研究 [D]. 烟台大学，2019.

[4] 刘越，闵路路. 电商介入农村土地流转研究 —— 基于"聚土地"的案例分析 [J]. 昆明理工大学学报（社会科学版），2016.（5）：66-71.

[5] 朱艳莉. 乡村旅游的扶贫效率和驱动机制研究 [D]. 新疆大学，2018.

[6] 韩雨伦. 从传统农民到花卉产业工人的现代化转变 —— 以石林县月湖村花卉公司员工为个案 [D]. 云南大学，2018.

从国家农业观念的变革看山地烟区现代烟草农业合作组织的实践
——基于湖北恩施现代烟草专业合作社发展的实践研究

国家农业观念是一个国家指导农业发展的主导观念。目前，中国已经形成了自己独特的国家农业观念，这些观念与整个国家的发展观念相一致，并体现在各项政策中。现代烟草专业合作社的兴起充分体现了当代中国的国家农业观念，包括适应全球性现代化进程的发展本位观、国家主导观、农民权利观、就地现代化观等涉及农业发展的一系列观念。现代烟草农业合作社适应国家农业观念的变革所走出的发展之路，之所以能突破传统合作社理论，正体现了当代中国合作社发展的实际，是"实践反驳理论"的成果。

在中国农业文明发展的历史长河中，在每一个特定阶段上，特别是进入农耕文明时代以后，都会有与这个时代相适应的代表这个时代的国家农业观念体系。这个观念体系与其他观念体系相比，必须更准确、更敏锐、更深刻、更全面地表达当时农业发展的时代要求。历史在发展中实现时代的更替与前进，观念也在时代的发展中不断丰富并取得新的形式。中国自改革开放以来，与时俱进、解放思想就一直是一个主题，因而观念变革也就成了一个时代主题。为了解决农业发展问题，中国农业发展的各种主体都在思考着观念变革问题，并强调观念变革对农业发展的先导作用。然而，通观目前研究农业发展观念的论述，几乎都是就一般农业发展主体而言的，没有强调国家这一农业发展主体的观念变革。为此，本节试就国家农业观念这一问题做初步讨论，并结合现代烟草农业合作社的发展问题进行专题研究。

一、国家农业观念的基本层次

对于农业及其发展来说，个人、家庭、社会、国家等都会有其相应的观念形式。在这些观念中，国家农业观念无疑是更为根本、更具有主导性的观念。尤其是在中国这样的一个后发现代化国家，国家作为现代化的启动者、引领者、组织者和主要实践者的角色定位，即会更为明显。[1] 加上中国历史上即是一个国家本位社会，国家的观念一变，其他主体的观念或迟或早、或被动或主动地都要相应地发生变化，因而国家事实上也是一个启蒙者。但是，在现实农业发展的实践中，人们只习惯于关注政策变化，而忽略了其深层次的观念变化，如家庭联产承包责任制（家庭经营），人们关注了其中与人民公社、大集体等关系方面的政策变化，但却没有关注通过合作经济或合作组织来发展现代农业这一深层次的主题观念；人们关注于取消农业税、粮食和农机直补、增加六小建设投入、降低教育收费、农村合作医疗补贴、农村金融改革、乡镇体制改革等，以为这些政策措施仅仅是让利于民等，却忽略了其深层次的中国现代化进程的新阶段、中国现代化发展的新模式等深层次观念……事实上，正是由于没有发现这些政策背后的观念变革，因而使这些政策措施在实践中被扭曲。因此，我们必须注意的是，改革开放以来，国家正是根据全球性现代化进程，总结了全球性现代化建设的实践经验，逐步形成了一系列国家层面的发展观念，这些观念从不同的层次构成了中国发展的主要国家观念，从而也形成了中国农业发展的主要国家观念。[2]

第一层次表现为以整个世界的两大主题——和平与发展为基础，确定了中国的国家主题——改革、发展、稳定。这是中国国家发展观念的最为深刻的变革。故十八届三中全会决定说"改革开放是党在新的时代条件下带领全国各族人

---

[1] 《湖北省现代烟草农业烟叶生产组织与服务体系创新研究》课题组. 后发合作社的合法性困境——基于利川现代烟草农业生产合作社运行的思考 [J]. 湖北社会科学，2011（3）：1-2。

[2] 《湖北省现代烟草农业烟叶生产组织与服务体系创新研究》课题组. 合作社框架下的全要素运行模式——现代烟草农业基地单元组织与服务体系实践研究 [J]. 湖北社会科学，2011（3）：3.

民进行的新的伟大革命，是当代中国最鲜明的特色"[1]。因为，作为一个历史课题，"中国向何处去、中华民族向何处去"的问题在不同时代有十分不同的内容，在 1840—1949 年的 110 年间，"求生存、求自主、求独立"是这一问题的特定历史形式。经过几十年的探索，共产党领导各族人民赋予了其崭新的时代内容，终于汇集成了一个独特的理论和实践成果——建设有中国特色的社会主义。其基本目标是富强、民主、文明、和谐，其基本举措是改革、发展、稳定，其基本建设内容是五大建设。因此可以说，稳定、改革、发展是在新的历史条件下解决"中国向何处去、中华民族向何处去"历史课题的关键所在，是建设有中国特色社会主义的核心问题，因而也是新时代国家发展的核心观念。自然，也是国家农业观念的核心。

第二层次表现为新农村建设。新农村建设的概念是在 2006 年中央一号文件中加以系统阐明的，发展到现阶段已形成了理论，并运用于实践。[2] 这里需要强调的是：新农村建设不只是一种临时政策，而且是对中国现代化道路的新界定，即在传统"老三化"（城市化、工业化、市民化）现代化模式的基础上，另辟新农村建设的就地现代化道路（现代农民、现代农业、现代农村）；新农村建设的基本问题是在解决中国人自己养活自己的基础上（以"粮食安全"为基础的"基本农产品安全"），探讨传统农民、农业、农村的现代出路，即实现现代化。这里有三方面含义：一是基于对中国农村城市化极限的思考，其核心问题是，中国农村城市化比率到底能够达到多少？由于中国人口基数大，这就意味着通过城市化转移的农民数量是有限的，不可能通过城市化进程吸纳所有人在城市生活。显而易见，在可以预见的二三十年间，甚至更长一段时间内，中国不可能像西方国家那样将农业人口基本上转移为城市人口，农民不离土也不离乡的生活方式将长久地存在。要想使广大的农村地区发展经济，实现农业、农村的现代化，必须采

---

[1] 中国共产党十八届三中全会公报发布（全文）[EB/OL]. 新华网，[2013-11-14].http://news.xinhuanet.com/house/tj/2013-11-14/c_118121513.htm.

[2] 中发 [2006]1 号 . 中共中央国务院关于推进社会主义新农村建设的若干意见 [EB/OL]. 中央政府门户网站，2005-12-31.http://www.gov.cn/gongbao/content/2006/content_254151.htm.

取就地现代化的方式。二是中国经济、社会发展不平衡的现状及社会发展本身的规律决定中国应采用不同的发展模式，其中也包括就地现代化模式。由于社会发展、历史、地理条件等原因导致的城乡发展差异大、南北发展差异大，各地区在经济、社会、文化发展中存在严重的不均衡情况。面对这样一种发展严重不平衡的情况，不能按照一个统一的标准、模式来进行现代化建设。对于一些不发达、欠发达的农村地区，要实行不同于发达地区的发展战略，应努力使农村就地现代化。因此，必须发展中国特色的现代化道路，除选择集中型与分散型相结合、大中小城市与小城镇协调发展的多元化城市化道路外，就地现代化就成了必然选择。三是就地现代化模式也是基于对中国基本实现现代化的时间界限做出的思考，其基本预期是到 21 世纪五六十年代（两个一百年的时限设定），实现初步现代化，达到中等发达国家水平。在这期间，不能让农村等待现代化的到来，必须由农村自我现代化来推动中国的现代化。同时，中国农村的现实状况与现实使命也决定我们必须就地现代化，才能应对国际发展风险。[1] 所以，2014 年中央农村工作会议强调推动新型城镇化要与农业现代化相辅相成，突出特色推进新农村建设。

第三层次表现为合作社与农业发展本位观。改革开放以来，中央为农业发展出台了一系列一号文件，合作经济或合作组织都是一个发展农业的重要本位观念，甚至是一条主线。如 1982 年一号文件特别强调了"责任制……不同于合作化以前的小私有的个体经济，而是社会主义农业经济的组成部分"；强调"供销合作社要逐步进行体制改革"。1983 年一号文件除肯定"联产承包制……这一制度的进一步完善和发展，必将使农业社会主义合作化的具体道路更加符合我国的实际。这是在党的领导下我国农民的伟大创造，是马克思主义农业合作化理论在我国实践中的新发展"；文件还特别强调要"适应商品生产的需要，发展多种多样的合作经济"。总括改革开放以来的中央一号文件，如果包括 2011 年一号文件《中共中央国务院关于加快水利改革发展的决定》，则达到了 15 个，都提到了合作经济或合作社的问题。1984 年一号文件即强调"为了完善统一经营和分散经营相结合的体制，一般应设置以土地公有为基础的地区性合作经济组织。这种组织，

---

[1] 戴维，梁博强，萧洪恩 . 农村就地现代化发展模式初探 [J]. 商业时代，2008（7）.

可以叫农业合作社、经济联合社或群众选定的其他名称”，并在其中提到了“提倡组织运输合作社”。到了 2004 年一号文件，即决定“从 2004 年起，中央和地方要安排专门资金，支持农民专业合作组织开展信息、技术、培训、质量标准与认证、市场营销等服务”……从一定程度上说，通过合作发展农业也始终是中国国家农业观念的基本观念。

当然，国家的农业观念还可以进行其他方面的结构性分析，如邓小平在研究“解放思想”的时候，为我们提供了一个极好的分析思路，这就是“试验—总结—提高—再试验—再总结—再提高”。这是一个极好的结构形式。为了鼓励人们“解放思想”，他强调要大胆地试，大胆地闯，要不怕失败。经过总结，使原有的思想实现升华，这就是提高。国家农业观念也应该是这样一个不断试验、不断总结、不断提高的无限反复的过程，农业的进步就是在这个过程中实现的。

二、国家农业观念的核心内涵

国家农业观念无疑是国家层面的农业发展观念。这个层面的观念内涵自然是十分丰富的，如果按照科学发展观来理解，其首要意义自然是科学发展，因而坚持的是发展本位观。

从国家层面来看，坚持发展本位观首先在于承认落后而又不甘于落后。一方面是承认我们的差距。这种差距既有中国和外国之间的差距，又有中国国内发达地区和不发达地区之间的差距。因此，“要承认落后，承认落后就有希望了”[1]。另一方面，始终要坚持谋发展，扭住发展不放，所以，“有一点是肯定的，那就是中国一定要发展，改革开放一定要继续，生产力要以适当的速度增长，人民生活要在生产发展基础上进一步改善”[2]。“稳定和协调也是相对的，不是绝对的，发展才是硬道理。这个问题要搞清楚。如果分析不当，造成误解，就会变得谨小慎微，不敢解放思想，不敢放开手脚，结果是丧失时机。”[3]

[1]　邓小平.邓小平文选：第 2 卷 [M]. 北京：人民出版社，1994：42.

[2]　邓小平.邓小平文选：第 3 卷 [M]. 北京：人民出版社，1994：327.

[3]　邓小平.邓小平文选：第 3 卷 [M]. 北京：人民出版社，1994：377.

发展本位观特别强调"所有问题都是发展中的问题，发展中的问题只能靠发展来解决"。原因很简单——发展虽在于要解决问题，但却会带来更多的问题。例如我们要造汽车，所解决的问题可能只是一个两个，但却会带来十多个或更多的问题——修路、矿物勘探、矿物开采、矿物冶炼、交通安全、生态环境……正是从这个意义上说——发展是一棵问题树，越发展，树干越粗壮，越枝繁叶茂。其中发展是树干，枝繁叶茂是问题。

但是，人们不谋求发展行吗？不行。发展，可以说随处可见。我们每个人都生活在发展中，历史在发展，社会在发展。我们周围的一切都在发展。当今世界，谁发展得快，谁就最有实力，谁就能成为世界强国。这说明发展的确是硬道理。中华人民共和国成立以来，国家面貌发生了翻天覆地的变化，综合国力增强，国防实力增强，民族凝聚力增强，人民的生活水平不断提高，也说明发展是硬道理。

发展本位观在农业发展中转化为国家农业观念。这在国际上是有成功先例的。有学者认为，韩国农业合作社法的修订即体现了这种国家农业观念的转化，其要点是：农业是具有安全供给粮食、保全绿色国土等经济、社会公益机能的基础产业。因此，使农业发展成为保证国民经济协调发展的基干产业；使农业经营者发展成为能得到与从事其他产业者均衡所得的经济主体；使农村发展成为保有传统文化的、富饶的产业和生活空间，并使其可传代。[1]2014年中央农村工作会议再次强调坚持以我为主、立足国内、确保产能、适度进口、科技支撑的国家粮食安全战略等也属这种自我发展的国家农业观念。

根据中国当代农业发展实际，国家农业观念在贯彻发展本位观过程中，还应包括以下要点：

一是由农民义务观念转化为农民权利观念。在传统农业观念中，农民种田之所以天经地义，一方面是农民必须维持自己的生存，属生存型农业；另一方面是为国家承担义务，因此具有一定的"强制"性；再一方面，整个国家的发展不能为人民提供更多更大的发展空间，农民只能在有限的土地上进行生产经营活动，

---

[1] 崔振东,申龙均.简论韩国新农业合作社法[J].吉林省经济管理干部学院学报,2001(4):1-3.

是一种"无自由"动物。但是,随着全球性现代化进程,特别是随着中国社会的快速发展,不仅农民在谋生手段方面成了自由人,而且国家的民主法制进程也同样使农民成了权利自由人。在这种情况下,以家庭联产承包责任制为基础的农民,特别是在后税费时代,是否种田已不是一种固定义务,而是一种特定权利,其内涵在于:我可以种田,也可以不种田;我可以在这里种田,也可以在别处种田……也就是说,过去视农民种田是义务,现在视是否种田为农民的权利。义务具有不可让度性,权利是可让度的。现在,农民可以不种田。

二是由农民民生本位观转化为国家基本农产品安全本位观。过去我们始终认为,"手中有粮,心中不慌",是就农民而言的。但现在的情况很明显,单个的农民并不考虑这些问题,而国家需要解决的是谁来种田、谁来养活中国人的问题?现在人们在评价农业地位时,则强调没有农业的牢固基础就没有国家的自立;没有农业的积累和支持,就没有工业的发展;没有农村的稳定和进步,就没有社会稳定和进步;没有农民的小康,就没有全国人民的小康;没有农业的现代化,就没有国家的现代化;如果说过去发展农业是为了民生的话,那么现在发展农业则是为了国家的安全,其中特别是粮食安全、烟叶安全……整个国家的基本农产品安全。并且,基本农产品安全问题决定了农业的基础性地位不容动摇。这就要求必须保证相应的农村劳动力,这也需要发展农村的就地现代化。这就是为什么2014年中央农村工作会议特别强调"中国人的饭碗任何时候都要牢牢端在自己手上"的根本原因。

三是由"老三化"之路向就地现代化之路转变。围绕中国改革开放以来的中央15个一号文件,我们可以看到一个清晰的主线,这就是在加强和推进农村城市化、农民市民化、产业工业化的同时,着眼于实现"三农"的就地现代化道路。从逻辑进程来看,2004年开始连续出台了9个指导农业农村工作的中央一号文件(含2011年一号文件)。2004年以促进农民增收为主题,抓住了"三农"工作的核心问题;2005年以提高农业综合生产能力为主题,抓住了发展农村生产力的关键问题;而要提高农业综合生产能力,就必须是整个农村的大发展,于是2006年以扎实推进新农村建设为主题,抓住了全面建设小康社会的根本问题;2007年以发展现代农业为主题,抓住了新农村建设的首要问题;2008年强调切实加强农业基础建设，进一步促进农业发展、农民增收；2009 年强调促进农业稳定发展，农民持续增收；2010 年强调加大统筹城乡发展力度，进一步夯实农业农村发展基础；2012 年强调加快推进农业科技创新，持续增强农产品供给保障能力；2013 年强调加快发展现代农业，进一步增强农村发展活力……这些重大的政策和措施，坚持以人为本、加强农业基础、增加农民收入、保护农民利益、促进农村和谐的目标和取向，重点突出、导向明确、操作性强、受益面大，基本观念取向即农村的就地现代化。事实也正是这样，不管将来城乡人口结构如何，吃饭问题都只能靠中国自身现代农业发展和农民的现代化来解决，就地现代化是中国保证基本农产品安全的特殊现代化道路。

三、发展山地烟区现代烟草农业合作组织的实践及启示

新时代的国家农业观念强调，现代农业发展必须超越小农经济的自发性，要把农业发展提升到国家安全、主权的高度，提升到尊重农民种田权利的高度，因而应大力鼓励和扶持农民种田。烟草行业在落实国家农业观念、发展现代烟草农业，并通过把农民组织起来进行综合服务等方面做出了有益的探索。

从 2009 年开始，我们参与了湖北省烟草系统的综合服务合作社的建设实践，特别是恩施州的现代烟草农业建设实践，主要途径即是以实践介入的方式，设计、指导其合作社建设。在发展合作社之前，烟农户均种植面积小、效益差，烟叶种植面积分散、机械化难以实施，小农经营已不适应现代农业发展要求，国家烟叶安全受到影响；[1] 而自新农村建设以来，特别是中共十七届三中、四中、五中全会以后，为落实党中央、国务院关于加快发展现代农业的要求，持续提升现代烟草农业发展水平，确保全球性现代化条件下烟叶生产的稳定发展，烟草行业着眼于推进综合服务型烟草专业合作社发展，形成了一种国家主导下的烟草合作

---

[1] 张光辉，黄在波，王勉 . 积极探索完善机制全力 提升恩施州烟草农业机械化应用水平[J]. 湖北农机化，2012（3）：3-4.

社发展模式。[1]

这种模式对于烟草合作社发展地位的认识，不是从小农经济的眼光来看待问题，而是围绕"一基四化"为总体要求，着眼于推进烟草农业现代化建设，是各有关单位积极创新生产组织形式、构建专业化服务体系做出的有益探索。实践证明，这种模式是烟草农业贯彻国家农业观念的重大举措，是在工业化、城镇化、农业现代化同步推进过程中，构建适应新形势下烟草农业生产的具体措施，是发展现代烟草农业的必然要求，推动了生产方式转变，促进了集约化经营与专业化分工，推进了减工降本，增加了种烟收益；是保持烟叶稳定发展的迫切需要，通过专业化服务，提升规模化程度，缓解了农村劳动力逐渐减少与烟叶生产稳定发展的矛盾；是加强烟区基础管护的有效途径，依托烟草行业补贴形成的大量可经营性资金，交由合作社持有、经营、管护，保障了设施持续发挥作用；是提升优质原料保证能力的重要途径，通过标准化、流程化作业，推进了烟叶标准化生产，提高了先进适用技术到位率，解决了小农生产差异性与烟叶质量均匀性的问题，促进了"三化"融合，推动了"卷烟上水平"。[2]

这种模式与现代烟草行业的发展直接结合，在一定程度上就是烟草行业的车间前置，其主要是为了积极转变烟叶生产发展方式，因而以烟叶基地单元为载体来发展综合服务型烟草专业合作社，按照"全面覆盖、全程服务、全体受益"原则设立合作社。在组建过程中，突出自愿入社、自主管理，并按照"民办、民管、民享"的要求，充分尊重烟农的主体地位；在生产过程中，特别突出设施管护、产业支撑，并按照"设施完好、长效利用"的要求，建立设施管护机制，保障设施长效利用；在运行环节上，特别突出专业合作、服务烟农，并按照"种植在户、服务在社"的要求，推进土地流转，提高适度规模化种植水平，组织统一开

[1] 《湖北省现代烟草农业烟叶生产组织与服务体系创新研究》课题组 . 现代烟草农业生产合作社模式的创新研究 —— 基于湖北利川基地单元组织模式实践的反思 [J]. 湖北社会科学，2011（3）：2-3.

[2] 国烟办〔2012〕375 号 . 国家烟草专卖局关于推进综合服务型烟农专业合作社发展的指导意见 [R]. 国家烟草专卖局，2012：2.

展各主要生产环节的机械化作业和专业化服务，实现减工降本、烟农增收；[1] 在经营范围上，特别突出综合利用、增强活力，并按照"以烟为主、综合利用"的要求，对烟草行业投入的育苗设施、烤房、农机具等实行综合利用，增加合作社积累，增强合作社发展活力；在职能定位方面，合作社行使的主要职能包括生产服务、设施管护、技术推广、物资供应、信息支撑等综合服务职能，同时为增强合作社活力、凝聚力，恩施州烟草紧扣烟叶发展主题积极开展合作社社办企业探索，开展引导烟农入股，创办了土地整理合作社、烟草秸秆生物有机肥合作社、烟草农业机械维修管理合作社，有效增加了烟草合作社的盈利能力；在目标任务方面，合作社建设以烟叶基地单元为平台，基本实现与现代烟草农业建设进度相一致……为此，烟草行业已形成了发展综合服务型烟草专业合作社的成功典范，在合作社发展的推动形式、功能定位、治理结构、运行机制、服务管理、政策扶持、盈余分配、管护机制和多元经营等方面，都已形成了一套可复制、可推广的建设模式，有效推进了烟叶生产的组织化建设、规模化经营。

现在，烟草行业已形成一个基本共识，这就是综合服务型烟草专业合作社建设事关烟叶生产全局，事关烟叶生产的长远发展。为此，烟草行业国家局要求进一步完善行业推进综合服务型烟草专业合作社建设的机制，要求产区各级烟草部门要高度重视，进一步统一思想，提高认识，创新思路，加大力度，切实加强组织领导，建立专门的工作班子，主要领导亲自抓，分管领导具体抓，把推进合作社建设作为当前烟叶工作的突出重点并纳入当年烟叶工作考核范围，确保合作社建设顺利推进、健康发展；要求各级烟草部门要抓住重点、突破难点，着力解决合作社的内在发展、外在管理等关键问题，加强指导，加大扶持，强化培训，抓好示范，不断提高合作社发展水平；要求积极争取地方党委人民政府的支持，多方筹集资金，落实惠社政策，有效整合资源，优化发展环境，促进综合服务型烟草专业合作社持续健康发展。

总之，虽然各级各部门都强调观念转变问题，但对国家层面的农业观念却始

---

[1] 国烟办〔2012〕375 号. 国家烟草专卖局关于推进综合服务型烟农专业合作社发展的指导意见 [R]. 国家烟草专卖局，2012：3.

终重视不够。为什么新农村建设会变成"新村"建设？为什么后税费时代会加重地方政府的债务负担……诸如此类，一个重要的原因即没有从深层次上理解国家农业观念的深刻变革。我们正是在参与烟草行业的综合服务型烟草专业合作社建设中，深深地感受到了国家农业观念的重要性，有感于超越小农经济观念来理解现代大农业的必要性。从一定程度上说，《中华人民共和国农民专业合作社法》的修订与完善，也是一个重要的方向。

农村就地现代化发展模式初探

由于我国农业的科技含量低、农业规模小的现状，加上城市的辐射有限、人口基数大，城市化不可能在短时期发展到覆盖广大的农村地区。因此，农村的就地现代化就凸现出了它的必要性。笔者以全球性现代化的背景立论，以内蒙古鄂尔多斯市的就地现代化问题为例进行分析，以期为推动社会主义新农村建设提供借鉴。

我国是一个传统的农业大国，农业是国家稳定、发展的支柱。因此，实现农村、农业、农民的现代化，是我国实现全面现代化必须解决的问题，也是使我国走上繁荣、富强、文明道路的必要手段。

一、农村就地现代化的必要性

农村现代化是包括政府、学界在内的社会各界关心的一个课题，业界也提出了很多关于农村现代化的思路，主要倾向是农村城市化、农业工业化、农民市民化。对照我国农村农民人口众多、农村生产力不发达、农业的经济效益低、城市的辐射能力有限的实际，照搬西方的现代化道路是行不通的。笔者认为，农村现代化不应局限于某种单一模式，其中包括就地现代化的道路。所谓就地现代化的道路，就是指农村居民利用近现代工、农业科学技术，提高农村生产力水平，发展农村经济，优化农村社会结构，逐步缩小城乡差别，最终实现城乡共同现代化。只有这样，才能使我国农村实现经济、社会、文化的现代化，让广大农民变成具有现代观念的"新民"。

（一）条件决定了必须实现农村的就地现代化

由于我国的人口基数大，这就意味着通过城市化转移的农民数量是有限的，不可能通过城市化的进程吸纳所有的人在城市生活。有学者预测，结合中国城市化的设计目标和人口增长的现状，即使到 2030 年农业人口和城镇人口按照对半计算，到那时总人口为 16 亿，也有 8 亿人留在农村。显而易见，在可以预见的二三十年间，甚至更长一段时间内，我国不可能像西方国家那样将农业人口基本上转移为城市人口，农民不离土也不离乡的生活方式将长久地存在。要想使广大的农村地区发展经济，实现农业、农村的现代化，必须采取就地现代化的方式。而且城市容纳程度有限，以北京、上海等约 1500 万人口的超大型城市为例，即使人口不再增加，也需要 86 个这样的超级大城市，显然在短期内是不可能的。此外，城市的辐射能力有限，一个大城市仅仅能使它周围有限的地区受到直接的辐射，拉动郊区的经济、社会的发展。中国幅员辽阔，国土面积大，一些大中城市不可能带动所有地区的发展。因此，必须发展中国特色的现代化道路，除选择集中型与分散型相结合、大中小城市与小城镇协调发展的多元化的城市化道路外，就地现代化就成了必然选择。

（二）粮食安全问题决定了农业的基础性地位不容动摇

这就要求必须保证相应的农村劳动力，这也需要发展农村的就地现代化。2005 年的人口统计数据显示，全国人口中，居住在城镇的人口 5.6 亿人，占总人口的 43%；居住在乡村的人口 7.4 亿人，占总人口的 57%。不管将来城乡人口结构如何，吃饭问题都只能靠我国自身现代农业发展和农民的现代化来解决，也就是说，即使我国实现了现代化，"农业人口"都可能超过像英国、法国等欧洲发达国家的国别人口，这本身就显示的是一个就地现代化的问题，是一个在传统"老三化"之外探讨现代化路径的问题。

（三）我国经济、社会发展不平衡的现状及社会发展本身的规律所决定

这也应采用不同的发展模式，其中也包括就地现代化模式。改革开放后，特别是加入 WTO 以后，中国经济进入新的快速增长期。2006 年，全年国内生产总值 209407 亿元，比上年增长 10.7%。从而使我国的经济规模超过英国和法国，居世界第四位，国家的整体实力得到空前的提升。但是，由于社会发展、历史、地理条件等原因导致的城乡发展差异大、南北发展差异大，各地区在经济、社会、文化发展中存在严重的不均衡情况。全国各地处于经济、社会、文化现代化的不同阶段。城市地区与农村地区的经济增长率相差悬殊，人均收入水平和消费水平相差悬殊。目前城市与农村相比，人均收入前者为后者的 6 倍，人均能源消费量前者为后者的 3.5 倍。并且，随着我国经济整体的迅速增长，这个差距在未来二三十年内还有加速扩大的趋势。面对这样一种发展严重不平衡的情况，不能按照一个统一的标准、模式来进行现代化建设。对于一些不发达、欠发达的农村地区，要实行不同于发达地区的策略，应努力使农村就地现代化。

二、农村就地现代化的发展路径

本节以鄂尔多斯市为研究对象，因为它位于内蒙古中段，且与三省相接，总人口 157 万，有着丰富的资源与浓厚的民族文化。从 1995 年开始，鄂尔多斯的经济规模得到了强劲扩张，整个"九五"期间，GDP 年均递增 20%，工业增加值年均递增 30% 以上，财政收入年均递增 35% 以上，经济、社会保持连续、高速、高效的发展，整个现代化的发展呈现出很好的势头。就像大多数国家现代化进程必然遇到的问题一样，随着现代化脚步的加快，鄂尔多斯市势必会面临农牧民向何处去的问题。他们所处的环境在都市圈之外，很难享受到都市的辐射效应，城市也很难吸纳绝大多数的农牧民进入。这些客观因素的存在，使鄂尔多斯市必须走一条独特的现代化之路即农村就地现代化的路径。其发展路径如下。

（一）发展现代农村经济

在鄂尔多斯市的发展过程当中，首先要明确地把握现代化进程所处的阶段以及前进的方向。只有充分认清自身的情况，才能扎实稳步地推进现代农业的发展。鄂尔多斯市由于地处内蒙古中部地区，发展领域的范围相对狭窄，自身又受不到大城市的辐射。沿海地区人口密集，城市数量巨大，产业优势明显，发展可以脱离农业，靠二、三产业使农村发展成为新型城镇的模式。结合自身的特点，鄂尔多斯市的现代农业应该采用与沿海发达地区不同的方式。

转变农业生产方式，围绕现代化的农牧业，发展生态农业、观光牧业、文化旅游业，使一些涉农产业实现生产力的升级换代；改变传统的农业生活方式，结合现代生活方式的特点，研制推广一系列环保、绿色、保健的农产品，增加农产品的附加值，提高农牧民的经济效益；建设一些现代化经营的牧场，在发展牧业的同时，开发一系列新的、有品牌的旅游线路，实现牧场价值的多重利用，创造更好的经济效益；统一规划原有细碎的田地或牧场，突出经济发展的规模化效应，促进种植业、养殖业的品牌化、集约化发展。这不仅可以打破原有的落后种养殖技术和单一的产品格局，更能够让农牧民从原有的落后技术、保守思维向先进的经济理性过渡；不但增加了农牧业的竞争力，同时也降低了农牧民面临的市场风险，农牧民也会更加积极主动地寻求新的科学生产技术、新的经营方式，并转化为具体的技术产品，由此不断往复形成一种良性的循环发展模式。

当然，就地现代化并不是否认城镇化，乡镇企业的发展也是农村现代化的一种模式。因此，鄂尔多斯市仍然要大力发展乡镇企业，使其成为广大农村经济现代化发展的重要推力。对于乡镇企业应该着重合理开发与重组，大力发展科技含量高、可循环利用、绿色环保、由政府规划统筹的新型乡镇企业。乡镇企业不但可以吸收大量农业剩余的劳动力，而且可以充分地利用农村的闲置资源，推动农村经济的稳步前进。

（二）用现代文明升华农村社会

现阶段，"生产发展、生活宽裕、乡风文明、村容整洁、管理民主"是建设社会主义新农村的指导方针。在传统的生存状态下，农民的不少"乡风"是不合时宜的、传统的，甚至可以说是落后的。因此，要用现代文明改造、升华传统社会，即用一种新的现代文明取代传统的乡村文明。

农村乡风文明涉及农村社会生活的方方面面，诸如婚、丧、嫁、娶；生、老、病、死、养、教；吃、穿、住、行、玩、购、赏等。农村的现代化建设，最终是一个发展的问题。用现代乡风文明建设新农村，应该围绕发展这个主题，做文明文章，包括农村经济的发展，提高农民的素质、思想道德建设、民主管理等方面。在提倡传统乡风文明的同时，要注入现代意识，用市场、开放、创新、民主的思想改造传统乡风文明。一切以发展为主，切实地提高农民收入。只有发展了，农民才有足够的信心，有足够的精力、财力来提升自己的素质，才有积极性来促进乡风文明的建设。现代乡风文明建设，本着一种以人为本的价值观念，使农民真正成为农村的主人。"乡风文明"建设的最终目的是使整个农村文明起来，以满足农村、农民、农业发展的需要。

（三）发展现代农村传统文化

在西方现代化视野下，"文化现代化即是从传统的通常是宗教的权威向法理权威的变迁"。英国人类学家 R. 弗思（Firth R.）认为，文化就是社会。社会是什么，文化就是什么。因此，用现代观念来改造中国农村传统文化，对农村现代化发展、构建和谐社会、新农村建设有着重要的意义。

三、农村就地现代化的对策

（一）转变观念、解放思想，发展的重点应放在就地现代化上

以往的发展经验表明，农村社会发展主要靠工业化、城市化，通过增加基础设施投资，大力发展工业，来带动其他产业的发展，最终促进社会的全面发展。通过提供第一、二、三产业的就业岗位，有效转移农村的剩余劳动力，合理引导农民进入城市生活，将广大农民变成市民，以此来推动社会、经济、文化等各项事业的发展，完成农村现代化的建设。

（二）做好相应的产业结构、社会结构、文化结构、体制结构等的调整

鄂尔多斯市农村的就地现代化是在新农村建设的整体背景下进行的，是新农村建设的一个部分。因此，要充分利用国家关于新农村建设的各项优惠政策。按照"生产发展、生活宽裕、乡风文明、村容整洁、管理民主"的原则，长期稳定农村基本经营制度，保障农民的土地承包权益；全面深化农村改革，增强农村发展活力；逐步扩大公共财政覆盖农村的范围，加大对农业和农村发展的支持力度；充分发挥农民的主体作用，调动农民的积极性和创造性；着力解决好农民最关心、最迫切的问题，让农民得到实实在在的利益，坚持不懈地建设社会主义和谐新农村。

（三）充分利用国家西部大开发的战略机遇

鄂尔多斯市是国家西部大开发的一个区域，该地的农村就地现代化建设，是西部大开发的一个组成部分。在实施西部大开发的过程中，国家有许多政策的倾斜，为西部地区的开发和发展提供了有力的制度支持。因此，鄂尔多斯市应充分利用国家的资金投入和金融信贷支持，加快基础设施建设，大力改善投资的软环境，加强生态环境保护和建设，巩固农业基础地位，调整工业结构，发展特色旅

游业，发展科技教育和文化卫生事业，发展有特色的高新技术产业。利用国家的税收优惠政策，大力发展一批新型生态农业、绿色农业、旅游牧业等农业发展产业链，进一步扩大外商投资领域，进一步拓宽利用外资渠道，大力发展对外经济贸易，推进地区协作与对口支援，推动该地区的全面发展。

城市化之外：中国农村就地现代化道路探析

农村就地现代化道路是中国农村基于现实情况的现代化道路选择。在中国全面现代化和全面建成小康社会的大形势下，广阔的农村和大量农村人口不可能仅仅只是依靠城市化的一条路子来实现现代化，农村就地现代化作为植根于广大农村自然地理条件、历史现实状况的发展道路，应该也势必作为中国农村现代化发展的路径之一，也是与城市化相并行的中国现代化的道路选择。农村就地现代化强调在转变依据"老三化"的农村发展观念的同时，积极稳妥地逐步实现建设现代化农村、发展现代化的农业和培育现代化的农民，这是农村现代化发展的大势，也是与新农村建设和小康社会建设的发展要求相符合的。

2014年，国务院正式出台了《关于进一步推进户籍制度改革的意见》，明确了要取消农业户口和非农业户口的性质区分，建立城乡统一的户口登记制度，并在2020年基本形成以合法稳定住所和合法稳定职业为户口迁移基本条件、以经常居住地登记户口为基本形式，城乡统一、以人为本、科学高效、规范有序的新型户籍制度。[1] 在这样的情况下，相当数量的人口从农村涌向城市进而推动中国的城市化进程在未来几年将是可以预见的，城市化作为中国经济和社会发展的强劲动力将会一如过去几年那般发挥作用。但是对于广大的农村地区来说，城市化并不是实现现代化的唯一可以选择的途径。在中国城乡二元社会结构大背景下提

---

[1] 新华网.国务院关于进一步推进户籍制度改革的意见（全文）[EB/OL] [2014-7-30]. http:// news.xinhuanet.com/politics/ 2014-07/30/c_ 1111860799. htm.

出的农村就地现代化的发展路径，在户籍制度即将大改革的当前乃至未来，依旧是中国农村社会发展的一个发展方向。这既是中国农村参照世界各国农村现代化发展道路做出的抉择，亦是中国农村基于自身发展的必然选择。

一、世界各国的农村现代化先例

纵观世界各国，东西方国家的农村现代化之路都有着自己的特色，每一个国家都基于自身的国家现实条件选择符合各自国家实际情况的农村现代化道路。在日本，主要是通过城市化带动农村的现代化。根据数据显示，早在 20 世纪 90 年代，在日本大城市化急速推进、产业结构不断升级的同时，日本农村城镇化和农村产业结构的调整也达到了一个新的水平。日本全国第一、二、三次产业从业结构同其他发达国家一样，都具有极高的第三产业从业率和很低的第一产业从业率。日本的农村地区由于现代化进程的结果，产业结构特点也同样显示出这样的趋势，1985 年日本农村地区第三产业从业人数已达到了 43.5%，高居第一位，第二产业的比例为 33.6%，也高于第一产业。这样的产业结构除了表征由于农业现代化极大地提高了劳动生产率减少了农业从业人口外，还表征了农村地区产业的复合一体化发展。[1] 法国在实现传统农业转变为现代农业的过程中，注重了土地的适当集中、农业的机械化、农业专业化和商品化、农业生产的社会化、注重合作社、完善农村科技推广、提高农民素质和可持续发展等方面的问题。韩国的新村运动则实施了以政府倡导、农村自主为特色，村级治理为关键的"新村运动"，强调农村的现代化和工业化的齐头并进、相辅相成。

二、中国农村的现代化自觉

中国农村的发展一直是近十几年来国家和社会都大为关注的焦点，农村的现代化越来越多地出现在政府报告、媒体头条中。国家在大力推进新型城镇化建设的同时，中国农村实现现代化发展亦是不可放慢的脚步。长期施行的城乡二元发

---

[1] 甘巧林，陈忠暖.日本农村现代化概述 [J].世界地理研究，1999（6）：45-50.

展模式使得农村在经济、社会乃至文化方面都已然存有巨大差异，这种差异对于城市和农村各自的现代化必然会造成不同的影响。由此，在面对现代化发展的问题上，中国农村要有就地现代化的自觉，要搞清楚中国农村的现代化因何缘由而起？如何选择农村现代化发展道路？中国农村最终的走向是什么？

在中华人民共和国成立之初，全国依照苏联模式全力发展以重工业为中心的工业体系，农村、农业、农民都扮演着为新中国工业发展贡献原材料资源和人力资源的单向度输出者的角色，以至梁漱溟先生曾经提出"九天九地说"用以反映当时中国农村与城市之间存在的巨大差距。在这一历史时期，1956 年和 1957 年在最初"三包一奖"的基础上发展过包产到户的责任制，但后被当作资本主义的生产形式而批判和取消，之后经历安徽凤阳小岗村的"三包"到田、责任到人的生产经营。1983 年中共中央颁布了《当前农村经济政策的若干问题》，肯定了家庭联产承包责任制并逐步推广。实行家庭联产承包责任制被认为是中国农村现代化的恰当起始点。[1] 从 20 世纪 80 年代开始兴起的乡镇企业的蓬勃发展，一方面成为企业所在地农民增收的主要渠道，另一方面也大力推动了农村的现代化进程，是为农村现代化的一个新台阶。随之而来的城镇化也步入了快车道，从沿海到内地，经济的快速发展伴随着城市急速扩张，城镇化也成了中国经济、社会发展的主旋律之一，而后上升到国家战略高度。与城市化的高速发展相对比的是农村与城市的发展差距越来越大，城乡隔阂引发越来越多的社会和经济问题。基于此，通过对农村现代化自觉的思考，笔者强调中国农村应该适当选择就地现代化的发展道路。

三、中国农村选择就地现代化的必由性

现阶段的中国农村正在承受着城乡二元发展模式带来的后果。自 20 世纪 50 年代开始施行的城乡二元发展政策让农村长期处于城市发展过程中的附属角色以及农村对于城市的单向度的各类资源的付出和供给中，造成的结果是城市和农村

---

[1] 陆学艺 . 中国农村现代化的道路 [J]. 教学与研究，1995（5）：18-24.

之间的"剪刀差"让二者之间的差距越拉越大。据统计，2013年城镇居民人均可支配收入为26955元，全年农村居民人均纯收入为8896元，城镇居民的年收入是农村居民的3倍多，如果把城市居民和农村居民所享受的公共服务的隐性差距算在内，那么二者的差距更是远超数据所表现的。这就是今天中国城市和农村的两种现状，并被外媒形象地描述为"城市像欧洲，农村像非洲"的两个极端。这种巨大的城乡差距不仅与邓小平在1992年南巡谈话中指出的共同富裕是社会主义的本质相违背，更有可能会成为中国在稳定、发展道路上的绊脚石。在这种情况下，中国农村在进行现代化发展的过程中面临着一道选择题，那就是农村的现代化之路到底应该怎么走？摆在我们面前的有四个选项：一是依照农村现有状况发展，继续维持在城乡二元结构时期确立的与城市不对称的发展模式；二是直接移植西方发达国家和韩国的农村现代化的成功经验；三是全部纳入城市化范畴，一刀切地让农村全部走上城市化道路；四是走出一条立足于中国农村的实际情况、具有中国特色的农村现代化道路。最终的选项只能是第四个，选择走中国特色的本土的农村现代化道路，适度有力地推进农村就地现代化。

中国农村选择就地现代化道路有其必由性，而这种必由性是由中国特色社会主义现代化的特殊性所决定的。第一，中国的全面性现代化不可缺少农村的现代化。中国总人口中仍然差不多有一半生活在农村，依靠农业收入生活，这部分人所在的农村不实现现代化，就谈不上中国的整体现代化，同时还会影响城市现代化的可持续发展。第二，中国的现代化不可能全部寄希望于通过城市化这一条路径来实现。中国各地的地域自然条件各异，能够通过城市化或者受到城市化辐射带动发展的地区只能覆盖国土面积的一部分，中西部地区还有很多的农村地区远在城市化发展的辐射范围之外，短时期无法搭上城市化发展的快车道，这就决定了这些地方只能走出一条区别于城市化的现代化道路。第三，中国的国家粮食安全要求农村必须实现现代化来保障。农村作为农业生产的主要地区，它的发展直接影响到国家的农业特别是粮食生产，是关系到中国人"饭碗"是否能够掌握在中国人自己手里的国家战略大问题。第四，中国农村存在的持续农业劳动生产力流失以及相应产生的"空巢"、留守儿童等社会问题都需要通过农村的现代化来创造解决条件。这些问题解决的根本在于通过农村的现代化提升农村的经济、社会发展水平，进而解决农村留守人口以及外出农民工的生活、发展需求。

四、中国农村就地现代化的实质

中国农村就地现代化是指农村居民利用近现代工、农业科学技术，提高农村生产力水平，发展农村经济，优化农村社会结构，逐步缩小城乡差别，最终实现城乡共同现代化。[1] 其包括的发展内涵主要有四个方面：第一，这是一条不同于主流的城市化或城镇化的农村现代化发展路径，它不依靠简单粗暴的城市空间扩张和城镇人口聚拢，更不是依靠单纯的工业化来实现现代化，而是从农村当地的实际情况出发，选择适合当地实际情况的发展方式；第二，农村就地现代化不会对农村的生态地理面貌造成大的改变，不会对农民的职业身份进行根本性的更改，也不会对农村文化进行全盘打破，同时还会促进农村的各项公共事业的发展；第三，与欧美国家的城市化和中国现阶段的城市化依靠工业化带动的道路不同，实现就地现代化的农村经济最主要依靠的发展动力是第一产业和第三产业而非第二产业；第四，实现就地现代化的农村不是城市化或城镇化的附属或者单向度的输血者，而是与城市化一样重要的中国现代化的发展路径。

农村就地现代化的实质是实现农村的现代化、农业的现代化和农民的现代化，并且此三者缺一不可。因此有必要对农村就地现代化所指的农村、农业和农民有个明确的界定。第一，实施农村就地现代化的不是位于城市或者城市圈经济的有效辐射范围内的农村，而是以农业经济占主导、农业人口为主体的地区。这是不同于可以依托城市化发展而带动，或者承接城市工业生产升级换代的"被辐射型"农村。实现农村现代化的根本目的就是要缩小乃至最后拉平此类农村在基础设施建设、社会公共服务等方面与城市的巨大差距，直至实现城乡一体化。第二，农业的现代化是要利用现代的科学技术和管理手段对传统农业生产进行升级改造，提高农业的综合生产能力。在这里，提高农业生产能力是指整个农业生产体系的

[1] 戴维，梁博强，萧洪恩 . 农村就地现代化发展模式初探 [J]. 商业时代，2008（7）：105-106.

提升，特别强调增强粮食产品的生产能力尤其关键，这也是关系到国家粮食安全与否的大问题。第三，农村就地现代化所指向的人群，主要分为两部分：一部分是生活在农业型地区，不在城市经济有效辐射范围内、享受不到城市发展利益的以农业收入为主的农民，这占到了中国农民的大多数；另一部分是进城务工失败后返乡务农的人群，主要以青壮年为主，这也是保持农业生产持续性的有生力量。农村现代化的根本是人的现代化，就地现代化就是要对这一部分农民进行改造，实现他们从传统旧式农民向现代新农民的转变，不仅是政治身份到职业身份的转变，更是旧式到现代的质的升级。为此，农村就地现代化具有三大目标指向。

（一）国家粮食安全战略下发展现代农业

现在世界各国之间注重的国家安全不仅仅局限于国土安全、经济安全乃至信息安全，国家的粮食安全也是越来越受到重视，农产品入侵已经被上升到与经济侵略、文化渗透相同等级的高度，农产品特别是粮食类产品的保护性发展在世界主要国家都得到高度重视。发达国家中除日本、荷兰等一些自然条件受到极度限制的国家粮食和其他农产品高度依赖国家市场调节外，美国、德国、法国等国土面积相对宽广的世界性大国的粮食自给率都超过 100%，是为粮食出口国。而根据相关数据，中国的粮食自给率在 2013 年首次跌破了 90%，跌至 87%，而全部农产品的自给率更是只有 70%，这就意味着中国有 30% 的农产品依赖于国外的进口，这是一个巨大的缺口，也是一个巨大的风险所在。据国家统计局数据显示，截至 2013 年底中国人口总数为 13.6 亿（港澳台不计入），按照 87% 的粮食自给率算，就有超过 1.7 亿的国人是靠来自国外的进口粮食养活。为此，2014 年的中央一号文件《关于全面深化农村改革加快推进农业现代化的若干意见》中明确提出了把饭碗牢牢端在自己手上，是治国理政必须长期坚持的基本方针。而且要综合考虑国内资源环境条件、粮食供求格局和国际贸易环境变化，实施以我为主、立足国内、确保产能、适度进口、科技支撑的国家粮食安全战略。在观念转变上，要由过去粮食生产中的农民民生本位观转化为国家基本农产品安全本位观，进一步确定并夯实农业的基础性地位不动摇。[1] 作为粮食生产区的农村地区，在国家粮食安全战略下通过就地现代化实现农业生产力的升级换代，发展具有特色的现代农业，提高现代农业生产能力，有效保障国家的粮食生产安全，这也是农村就地现代化所担负的历史与现实使命。

（二）全面建成小康社会背景下建设社会主义新农村

不可否认，农村较低的经济发展水平以及与城市在基础设施建设和公共服务等方面的巨大差距，是超过 2.7 亿的农民工进城务工的主要原因，并形成了具有中国特色的"以代际分工为基础的半耕半农结构"。这种家庭生活开支的收入结构不仅打破了传统中国"父母在，不远游"的传统观念，同时造成了大量留守老人、留守妇女和留守儿童，带来相当多的社会问题。而大量青壮年由农村流入城市，农村劳动力的可持续性也成为大问题。现阶段是中国即将全面建成小康社会的冲刺时期，也是农村现代化发展的关键时期。迫切需要大力发展具有特色的农村经济，全面提升农村的经济发展水平；要提升基础设施建设和公共服务方面的水平和质量；要完善农村的基层民主政治建设，合力打造具有特色的社会主义新农村，以吸引一定数量的外出务工农民工回家致富。一方面有利于解决留守人群等社会问题，另一方面也为农业生产劳动力的可持续性提供保障。

（三）培育现代农民

农村现代化的关键是人的现代化，要发展现代化农业，要建设现代化新农村，都必须要有现代化的农民作为主体才能实现。农民的现代化就是要培育现代农民，是农民在思想观念、行为方式、生活方式由传统向现代的转变，是人与人、人与社会、人与自然关系的升华。要培养一批现代农民，首先要提升农民的主体性地位，其次要实现农民身份由传统的政治和社会定位转为职业定位，最后要推

---

[1]　中国农业新闻网 . 中共中央、国务院印发《关于全面深化农村改革加快推进农业现代化的若干意见》[EB/OL] [2014-01-19].http://www.farmer.com.cn/xwpd/tjyd/201401/t20140119_933684.htm.

动从义务教育到农民的技能教育等的全方位的教育体系的发展。中国的农村人口在总人口中的比重决定了中国农民的现代化直接关系到中国人整体的现代化，农民的现代化程度直接决定中国农村现代化、农业现代化乃至中国整体现代化的高度。所以，农民的现代化应该作为中国农村就地现代化不可置疑的核心。

五、农村就地现代化的观念转变

要实现中国农村的就地现代化，必须要转变农村发展基于"老三化"的现代化观念。一直以来，中国的农村建设都沿用的是以工业化为核心的现代化模式，即表现为追求农村城市化、农民市民化、产业工业化的路子。时至今日，工业化和城市化的发展模式依旧是中国各地社会发展的最根本观念，在对待农村现代化的问题上也受其影响而又着重于"老三化"。要走就地现代化的道路，就要对"老三化"模式有所反思：第一，在克里米亚事件之后，中国国际环境的紧张气氛得到了一定程度的缓和，外界普遍认为中国将迎来自冷战结束后第二个黄金发展时期。在这个阶段里，相对于过去几十年取得飞速进步的工业和城市来说，本就在国民经济中处于劣势地位的农业和农村地区到底能从中分得多大一杯羹不得而知。第二，中国现在依旧是城镇化和工业化作为国家经济和社会发展的主线，而且中国的城市化水平依照世界发达国家的城市化比率来看仍然有较大发展空间，中国的工业水平距离世界先进水平有一定差距需要追赶，在这样一个仍然需要奋起直追的时候，未能发展到相对高度的工业和城市能分出多少能量来支持和帮助农业和农村地区的发展已然是一个问题。第三，在当前依旧沿用"老三化"思想为指导的农村现代化通常都是在当地政府追求"GDP 政绩"的光环下，以实现城市化和工业化为追逐目标的发展，很多引进的工业项目、建设的基础设施都不是基于农村地区当地的实际情况和发展规律的。第四，现阶段的"工业反哺农业，城市支持农村"更多的是城市工业升级之后自己留下高精尖的高科技产业，而相对技术含量较低甚至污染较大的低端产业则转移到远离城市的农村地区，甚至都不是农村而是小城镇，农村地区仍然只是劳动力和原材料的提供者。这种具有严重滞后性的产业转移对于农村的发展之意义究竟有多大是值得思考的。

从国家层面上看，自 2004 年开始，一直到 2014 年，中央一号文件连续 11 年关注三农问题。2004 年提出以农民增收为主题，关注农村民生；2005 年要求提高农业综合生产能力，提升农业生产力水平；2006 年和 2007 年都是以推进新农村建设为主题，持续关注新农村的发展情况；2008 年提出要统筹城乡发展，进一步夯实农业基础；2009 年要求促进农业稳定发展，农民持续增收；2010 年强调要加大统筹城乡发展力度，进一步夯实农业农村发展基础；2011 年做出了要加快水利改革发展的决定；2012 年要求推进农业科技创新，持续增强农产品供给保障能力；2013 年强调加快发展现代农业，进一步增强农村发展活力；2014 年提出全面深化农村改革，推进农业现代化。除了一系列专门针对农村发展问题的相关文件，在国务院印发的《国家新型城镇化规划（2014-2020 年）》也特别触及农村发展问题，在《国家新型城镇化规划（2014-2020 年）》的第六篇就以《推动城乡一体化》为题分别涉及了完善城乡发展一体化机制、加快农业现代化进程以及建设社会主义新农村三个方面。以上这些文件最终的指向都涉及建设现代农村、发展现代农业以及培育现代农民，也就是从国家高度确定了基本的观念取向指向农村就地现代化而非"老三化"。

农村不是城市的缩小版本，更不是仅仅作为区别于城市钢筋混凝土建筑群之外的另一种田园风格之存在，基于工业化和城市化观念的"老三化"发展模式不适合所有的中国农村现代化建设。因为从对现代化理解的角度，"老三化"虽然反映了工业主义对社会各个领域的渗透，但确是将现代化的一个阶段或一个方面的特征夸大为现代化整体的本质特征，即使"老三化"是现代化的特征，也仅是社会、经济层面或人的思维方式、行为方式方面的特征，而不是现代化整体的特征。[1] 在进入全要素生产力时代的今天，依旧遵循"老三化"的现代化道路移植到农村的现代化发展上是不可取亦是不可行的。反对"老三化"并不是要否定工业对于农业的支持，而在于要改变以先入为主的思路，改变用工业化和城市化的出发点看待农村发展的旧习惯，而要树立基于农村实际情况的"实事求是"的发

---

[1] 萧洪恩，张进，王欢 . 边城与中心：湖北来凤县主导产业选择的挑战与机遇研究 [J]. 兰州学刊，2008（11）：60-63.

展观念。在转变"老三化"的旧观念上，要注意以下几点。

（一）要有全球性现代化眼光与后发现代化优势认知

中国的农村就地现代化正是处在全球性现代化的历史环境之下，这就决定了中国的农村就地现代化必须具有全球性现代化发展的眼光和观念，对中国农村在世界历史发展中有一个清晰的定位。首先要清楚认识差距、勇敢承认差距、努力追赶差距。中国作为后发的现代化国家，在借鉴先行现代化国家在农村现代化发展问题上的道路选择、方针政策制定等方面都有着独特的优势。回顾"二战"以后的现代化历程会发现，现代化的异步性有着明显增强，在现代化的过程中充斥着错位和失调，而这种失衡首先表现在以城市和农村为两端的现代部门与传统部门的分裂上。这种失衡与分裂不可避免地会造成城市和农村在现代化进程上的不一致、不同步，进而直接导致城乡差距的拉大。西方发达国家通过各自的农村现代化运动实现了农村的现代化，有效解决了城市和农村之间的巨大差距问题。在全球性现代化的时代，无论是法国农村现代化的循序渐进、注重小农、工农业互动以及生产社会化，还是韩国农村现代化的工农业并举、村级治理的新村建设，它们的经验都可以为中国农村的现代化发展提供参考和借鉴，并结合中国农村自己的实际情况，找出适合自己的农村就地现代化之路。其次，全球性现代化的多元性要求中国农村就地现代化具有自己的独特性而非与先行发达国家的农村现代化模式有同质性。费孝通先生的"各美其美，美人之美。美美与共，天下大同"的观念正是符合全球性现代化贯穿在世界各国的现代化发展模式的内涵。融入全球性现代化浪潮的中国农村就地现代化必须是要建立自身文化和历史根基的农村现代化。环顾世界各国，凡是农村现代化成功的范例无一不是走的具有自己特色的农村现代化道路，中国也不例外。

（二）国家层面要实施统一协调规划

在《全国粮食生产发展规划（2006—2020 年）》中，江汉平原作为长江中下游平原主产优质水稻的国家粮食优势主产区，其功能定位为保障国家的基本需要，要建设优质稳产高效的商品粮、专用粮和饲料粮基地，不断提高粮食综合生产能力，确保粮食持续稳定增长，巩固并提升商品粮源的核心地位。[1] 而在 2011 年另一份国务院颁布的文件《全国主体功能区规划》中列江汉平原的武汉市为龙头建设武汉城市圈，作为国家层面上的优先开发区域。[2] 同一个地方面临农业粮食现代化生产，又要进行城市化的大规模建设，二者产生冲突，怎么协调？这种具有冲突性的规划到底应该依据哪一个？中国作为后发现代化国家，国家在现代化过程中的主导作用不可置疑，在制定相关规划之时，各部门之间的规划协调、国家各规划的前后协调都必须具有一致性。国家层面的全局性和统一性，不可或缺。由此，针对农业主产区的粮食生产和城市化规划之间可能存在和引发的冲突，在《国家新型城镇化规划（2014—2020 年）》中，文件再一次确认了中部地区是中国重要的粮食主产区，并提出在培育发展中西部地区城市群的过程中，必须严格保护耕地特别是基本农田，严格保护水资源，严格控制城市边界无序扩张，严格控制污染物排放，切实加强生态保护和环境治理，彻底改变粗放低效的发展模式，确保流域生态安全和粮食生产安全，在国家层面上确立了城市化发展过程中依旧坚持紧抓粮食生产、确保国家粮食安全的大方针，理清了城市化和国家粮食生产之间冲突的问题解决取向。[3] 说到底，农村就地现代化也就是保障农村作为粮食生产的地域主体存在，从这个角度来看，国家层面强调国家粮食生产的地位也就明确了农村就地现代化和城市化都是作为国家现代化的发展道路。布莱克在《现代化的动力》一书中认为："经济往往被看作是决定性的中心力量，事实上，经济发展在很大程度上依赖于现代化过程中的知识和政治方面，依赖于知识的增长和领导人的动员资源的能力。"[4] 这句话具体到中国的现代化问题上来看，中国作为后发的现代化国家，国家就是施行现代化的主导和核心力量，是现代化

[1] 中国发展门户网.国家粮食生产规划（2006—2020）[EB/OL].[2009-06-23].http://cn.chinagate.cn/ economics /2009-06/23/content_17996882.htm.

[2] 中华人民共和国中央人民政府门户网站.国务院关于印发全国主体功能区规划的通知 [EB/OL].[2011-06-08]. http://www.gov.cn/zwgk/2011-06/08/content_1879180.htm.

[3] 中华人民共和国中央人民政府门户网站.国家新型城镇化规划（2014—2020 年）[EB/OL][2014-03-17]http://www.gov.cn/xinwen/2014-03/17/content_2639873.htm.

[4] 布莱克.现代化的动力——一个比较史的研究 [M].杭州：浙江人民出版社，1989：17.

的启动者、组织者和主要实践者。加上中国历史上即是一个国家本位的社会，所以中国农村的就地现代化从根本上就是要依靠国家的政策与统一规划。

（三）落地到农村要坚持"四个制宜"

农村地区长期以来在城乡二元结构下都没有甚至没办法对自身的发展做出自己的正确判断，长期处于城市发展的笼罩之下。国家大力推进小城镇建设，但是不是所有的农村地区都有条件、有必要走小城镇发展的路子？在今天的中国，城市化在很多地方实质上已经是仅仅拘泥于形式上的西化，只是以简单的高楼大厦、宽阔马路、滚滚车流、繁华商务区、高涨的 GDP 等外在表现作为城市化的发展水平指标。据统计，最近几年全国有 183 个城市提出过要建设"国际性大都市"的口号，占到了全国城市总数量的近 1/3。如此数量的城市都要建设国际性大都市，先不论这些城市在发展过程中的人口素质、公共设施和资源的配套能不能跟上城市化的步伐，即便这些城市都发展得不错，那么其最终结果毫无疑问也是这些近 200 个城市发展的高度"同质化"，不仅使得各个城市失去了自己原有的城市特色和城市文化，更会导致过于同质化的恶性竞争。城市化的这个老路，中国的农村不能再走，也没有退路再去重蹈覆辙。中国的农村现代化的发展过程中必须避免像城市化一样陷入"同质化"的泥潭漩涡，更要避免全国各地的"鬼城"，因而需要各怀特色、各具魅力、各为自主、各有发展同时又充满活力、大有差异的中国农村就地现代化发展目标。笔者认为，农村地区自身要走就地现代化的道路就必须坚持"四个制宜"的原则，这"四个制宜"分别是因地制宜、因时制宜、因史制宜和因俗制宜。

因地制宜，指的是农村就地现代化的发展模式要基于农村当地的自然资源状况、生态环境现状以及地理位置条件而定。这是农村就地现代化的首要条件。就地现代化走的是一条可持续的现代化道路，是一条绿色发展的现代化道路。打着"人定胜天"的旗号为了追求发展而脱离当地的自然和生态条件，甚至为了发展以牺牲环境为代价的情况不是就地现代化模式所赞成的。

因时制宜，是指农村就地现代化的发展模式要适应全球性现代化的时代潮流，要适应中国当前的国家整体发展规划和战略要求。中国的现代化离不开农村，农村的现代化离不开世界。因循守旧、故步自封不再是全球性现代化时代中国农村的标签，合理开放的姿态是就地现代化对传统农村的转变，紧紧跟上世界发展的大潮流，引入外面世界的信息和文明、农村自身产品和文化要走出去，是因时制宜的两翼。农村的就地现代化和城市化一样，都是中国特色社会主义现代化建设的发展道路，不应过分强调城市化或城镇化模式取向上的一刀切。

因史制宜，是在尊重农村地区当地历史传统和有特殊历史情结的前提下实施就地现代化模式。

因俗制宜，指的是农村就地现代化要尊重农村当地的民俗习惯、文化传统。全球性现代化诉求的不是文化的统一性，而是多元的文化主义。同样，在农村现代化的发展模式上，基于各自文化传统和历史源流的多元化，现代化发展模式才是全球性现代化背景下世界各国农村的前进道路。清代著名学者龚自珍曾说过：欲要亡其国，必先亡其史，欲灭其族，必先灭其文化。历史和文化是一个国家一个民族在世界上长久立足和发展延续的根本，今时今日的现代化已经进入到了以文化为主导的生产力竞争阶段，就地现代化同样也离不开文化的力量。生态与文化作为发展的最大动力是农村就地现代化的明显特征，文化是农村发展不可或缺的依靠动力。

六、结语

通过就地现代化发展的农村最终走向和归宿不是城市或小城镇，而是在全球性现代化背景下经过对农村的产业现代化升级改造、民俗文化传统传承发展、村民现代素质提升以及社会公共事业开发之后的新型农村。中共十六届五中全会对于新农村建设提出的"生产发展、生活宽裕、乡风文明、村容整洁、管理民主"的二十字方针，就应该是农村就地现代化路径发展下的农村景象。罗荣渠先生曾经在《现代化新论》中提出了"一元多线历史发展观"，指出"在同一生产力水平和条件下，社会形态可以是多模式的，发展道路也是多模式的"。同时，"相应的生产力水平有相应的生产关系，形成相应的社会经济结构，但是由于每一种新形态的生产力都具有巨大的能动性、发展弹性和适应性，同一性质与水平的生产力可能与集中不同的生产关系相适应。同一种生产力、同一种生产方式在不同的历史条件下可以适应集中不同的社会结构"[1]。由此，中国的农村选择一条不同于城市化的就地现代化的发展路径，是有道理、有依据的。农村就地现代化不是先打破后新立，而是在业已存在的各种自然、现实、历史情况下稳步、扎实推进的发展，不是轰轰烈烈摧毁性的革命式发展。中国的自然和历史条件都决定了中国农村就地现代化是中国农村现代化发展的重要道路之一，农村的现代化发展水平直接影响中国的国家整体的现代化发展水平，农村就地现代化作为城市化之外立足于中国农村实际的发展道路依然将成为国家现代化发展体系中的必然选择。

城市化之外：中国农村社区发展的观念变革与现实选择

农村就地现代化道路是中国农村社区基于现实情况的现代化道路选择。在中国全面现代化和全面建成小康社会的大形势下，广阔的农村和大量农村人口不可能仅仅只是依靠城市化的一条路子来实现现代化，农村就地现代化作为植根于广大农村自然地理条件、历史现实状况的发展道路，应该也势必作为中国农村现代化发展的路径之一，也是与城市化相并行的中国现代化的道路选择。农村就地现代化强调在转变依据"老三化"的农村发展观念的同时，积极稳妥地逐步实现建设现代化的农村、发展现代化的农业和培育现代化的农民，这是农村现代化发展的大势，也是与新农村建设和小康社会建设的发展要求相符合的。

2014 年，国务院正式出台了《关于进一步推进户籍制度改革的意见》，明确了要取消农业户口和非农业户口的性质区分，建立城乡统一的户口登记制度，并在 2020 年基本形成以合法稳定住所和合法稳定职业为户口迁移基本条件、以经常居住地登记户口为基本形式，城乡统一、以人为本、科学高效、规范有序的新

---

[1] 罗荣渠 . 现代化新论 [M]. 北京：北京大学出版社，1995：61.

型户籍制度。[1] 在这样的情况下，相当数量的人口从农村涌向城市进而推动中国的城市化进程在未来几年是可以预见的，城市化作为中国经济和社会发展的强劲动力将会一如过去几年的那般发挥作用。但是对于广大的农村地区来说，城市化并不是实现现代化的唯一可以选择的途径。在中国城乡二元社会结构大背景下提出的农村就地现代化的发展路径，在户籍制度即将大改革的当前乃至未来，依旧是中国农村社会发展的一个发展方向。这既是中国农村参照世界各国农村现代化发展道路做出的抉择，亦是中国农村基于自身的必然选择。

一、由"农民工"的去留谈起

国内外研究农民工的"成果"已汗牛充栋，一个基本取向就是城市化或城市融入，于是先把农民工叫"准市民"，然后更进一步地研究"城市融入"，于是就在城市选择"农民工"做了大量调查，虽然也问及来于何地，但通常只是作为是否能很好地融入城市的参数，从而使"农民工城市化"成了一个"大趋势"（因为城乡差距，人心如此）。但是，如果我们更进一步问：这些农民工主要来自何地？这些农民工的流出地未来几十年内有多少地方会成为地市的一部分？这些流出民工的家乡几十年一贯制地没有面貌的根本改变是否能实现"城乡一体化"？于是，我们《农村社会学》的最后一章是否仍然是"城市化与现代化"而以"城市化"为依归？我们的国家发展政策、我们的高层决策一定要回答并解决这些问题（因为国家未来，有政策需求）。

上述问题在农民工流出地的干部中得到了回应。笔者曾在调查中得到了四种代表性的观点：一个是经济乐观论——"我们这里每年经过邮局、银行汇回的钱达到××之多，农民工自带回来还更多！"二是社会稳定论——"我们这里不存在维护稳定的问题，因为青壮年和清白一点的都出去打工去了，农村只留下了60386125部队，不会出大事！"三是发展担心论——"青壮年和清白一点的

---

[1] 新华网.国务院关于进一步推进户籍制度改革的意见（全文）[EB/OL]. [2014-7-30]. http://news.xinhuanet.com/politics/ 2014-07/30/c_ 1111860799. htm.

都出去打工去了，谁来带动发展？"四是回乡创业发展论——"我们这里每年都有不少的农民工回乡创业，照这个趋势，未来的发展应无问题！"如果我们的农民工研究者们知道了这些干部的想法？是否会改变对"农民工城市融入"的热情而增加一些对农村社区发展的担心？

很显然，在可预期的几十年内，中国必将有广大的国土处于"农村"和有大量的"农人"留在农村。人是流动了，但家乡并不会流动；人是进城了，但农地还得人种！而且可以预见的是，那些首先能够进城的仍然是农村"精英"，留下来的"农人"仍然需要担负起农村社区发展的任务。可以肯定，在未来的几十年中，甚至上百年时间，中国的大片国土都将属于农村，因而还有不少人生活的农村社区——时间、空间尺度都会这样提醒我们！

二、需要关注中国"城市化"的极限

之所以存在上述研究上的误区或工作上的担心，一个重要的问题在于我们在观念上把"城市化"当未来，"农村"只是暂时。所以，我们在不少"政府工作报告""研究报告"中看到，说到工业时，劲头十足，"工业倍增计划"之类层出不穷；而说到农业、农民、农村，虽然也用了"保增收"一类，但却措施乏力。相关的专题研究也多不问各农村当地的未来前途，差不多都是放之四海而皆准的几条对策，就是不谈各当地农村生产力的发展及农村面貌的根本改变。即使是新农村建设过程中，各地修了不少"新村"，却有不少成了"鬼村"，不知道农民如果搬到"新村"住会加重农民多少劳动负担——土地远了，劳动成本会成倍增加，而"村村通"又不通到田地，而在西部地区，甚至是部分中部地区及东部丘陵地区，也未必能把公路通向田间。也正是由于看不到这一点，于是有"聪明"人到现在还在批判"愚公移山"，说为什么他不搬出去住？

笔者曾提出"国家农业"观念问题[1]，强调国家农业观念是一个国家指导农

---

[1] 萧洪恩等. 从国家农业观念的变革看山地烟区现代烟草农业合作组织的实践——基于湖北恩施现代烟草专业合作社发展的实践研究 [J]. 湖北社会科学，2014（8）：71-76.

业发展的主导观念。目前，中国已经形成了自己独特的国家农业观念，这些观念与整个国家的发展观念相一致，并体现在各项政策中，包括适应全球性现代化进程的发展本位观、国家主导观、农民权利观、就地现代化观等涉及农业发展的一系列观念。笔者认为，在国家层面，特别是通过中央的诸多一号文件及全会文件，已经实现了国家农业观念的转变。问题在于，为了强化国家农业观念，还需要在中国强调"中国城市化"的极限意识：一是空间上的极限——无论你如何城市化，中国未来都会有大片的农业区域与农村区域，国家应对这些区域有所规范，而不只是一个"确保基本农业用地"的决心，这也就是现在大量荒地出现、大量"园区"出现，及至城市规模的盲目扩张的原因。二是时间上的极限——未来的几十年内，中国留在农村的人口，随便一数就会超过西方不少发达国家一国或数国的人口总数，单以人口而论，不能让这些人长期处于贫困的农村，不根本解决农村社区的自身发展，"城乡一体化"就不可能实现，因为目前农业在各地的"副业"地位，最多只能在统计报表上是"城乡一体化"。再乐观一点，城郊农村可能是"城乡一体化"的，但更远的地方呢？笔者在农村的调查已经做出了相应的结论。三是市场的极限——中国人必须自己解决养活自己的问题（谁来养活中国人？谁养活得了中国人），而不能指望在世界市场上购买粮食，因为中国人太多了。这可以说是世界市场的极限。

三、"农村就地现代化"是必由之路

与树立中国"城市化"的极限意识相联系，还破除现代化的观念误区。最大的误区是把"城市化、工业化、市民化"看成是现代化的唯一方式，全部工作的重心都放在城市化、工业化、市民化上，甚至把"两个反哺"当成是一种没有办法的任务，而不是看成中国现代化发展的新模式——通过培养现代农民、发展现代农业、开创现代农村的就地现代化道路，因而需要明确解决中国"三农"问题，需要两条腿走路——一条是传统的"城市化、工业化、市民化"（老三化）之路，另一条是中国农村的就地现代化即农民现代化、农业现代化、农村现代化（新三化），这两条腿如车之两轮、鸟之两翼、人之两足，缺一不可。其次是要树立全球性现代化观念，避免把全球化、现代化碎化，而把二者看成是一个事物的两个方面——现代化是就时间而言，全球化是就空间而言，坚持时空统一的全球性现代化观，目的在于观察中国"三农"问题时或只看全球而不看现代，或只看现代而不看全球，目前不少做法即如是，其危害正在于逃避"三农"自身现代化的责任。为此，我们特别强调：长远解决中国农村社区发展的关键——在坚持传统"老三化"之路时，必须坚决走就地现代化之路。

通过就地现代化发展的农村社区，其最终走向和归宿不是城市或小城镇，而是在全球性现代化背景下，通过农村生产力的升级换代，促进农村产业现代化、生成现代农村文化传统、提升村民现代素质以及发展现代农村社会公共事业之后的新型农村。新农村建设强调的"生产发展、生活宽裕、乡风文明、村容整洁、管理民主"的二十字方针，就应该是农村就地现代化路径发展下的农村社区景象。罗荣渠先生曾经在《现代化新论》中提出过"一元多线历史发展观"："在同一生产力水平和条件下，社会形态可以是多模式的，发展道路也是多模式的。"同时，"相应的生产力水平有相应的生产关系，形成相应的社会经济结构，但是由于每一种新形态的生产力都具有巨大的能动性、发展弹性和适应性，同一性质与水平的生产力可能与集中不同的生产关系相适应。同一种生产力、同一种生产方式在不同的历史条件下可以适应集中不同的社会结构。"因此，我们应坚定地结合中国实际，为发展中国农村社区，坚决地在中国农村选择一条不同于城市化的就地现代化的发展路径。

"三农"向何处去：乡村振兴战略与就地现代化之路探析

中国有自身发展了的现代化理论，我们应珍视本国的现代化理论之思想资源。中国式现代化的一个基本问题是，在全球性现代化过程中，中国的工业化与农业现代化、现代农民的生成与市民化、农村与城市边界划分等如何保持切近的社会结构。自 2004 年以来，中央一号文件一直将农业问题作为发展中的重点。习近平总书记更是在中共十九大报告中特别提出了"乡村振兴战略",肯定"三农"问题是关系国民生计的根本性问题,并强调要实现农村农业的现代化。本节基于笔者对中国"三农"问题的基本判断,以中国本土化现代化理论的思想资源为基础,提出"乡村振兴战略"是一种乡村就地现代化的发展思路,反映了对中国现代化模式的再界定与现代化理论的新发展。

中国共产党第十九届全国代表大会之总书记报告,虽然只是在"贯彻新发展理念,建设现代化经济体系"中阐明"实施乡村振兴战略",但却在论述过程中超越了过往阐述的单一的农业范围而以乡村整体现代化为目标,实质上是提出了整个"乡村现代化"的重大问题,可以看成是对中国现代化模式的再界定与现代化理论的新发展,与我们一贯坚持的以"三农""就地现代化"为基础的中国双轨现代化模式建构相一致,体现了中国现代化发展的新思路、新阶段。所谓的双轨现代化模式,即强调了以中国实际来发展中国农村社区,用城市化、工业化、市民化与"三农"就地现代化两条腿走路以解决中国"三农"问题,从而实现中国整体上的城乡融合型现代化发展。[1]

一、"本土"还是"舶来":中国本土化的现代化思想资源

就中国因应全球性现代化而论,人们通常将现代化理论追溯到 20 世纪 50—60 年代的西方理论,但如果仔细思考中国的现代化进程,不仅中国明清之际的早期启蒙思潮已有了明显的理性自觉,且提供了相当丰富的有关现代化的思想资源。前文已述,此不申论。

二、"工化"还是"农化":中国式现代化的结构方向

中国要实现现代化,这是毫无疑义的。但是,如何在一个农村居民占人口绝大多数的传统农业国之中进行中国的现代化建设,却无疑会形成中国文化传统与西方现代文明的双重拉锯,东方化还是西方化、孔化还是西化、农化还是工化、

---

[1] 戴维,梁博强,萧洪恩.农村就地现代化发展模式初探 [J].商业时代,2008(3).

中国本位还是全盘西化等，及至社会主义还是资本主义，这些争论都在一定程度上体现了这种拉锯战。其中从社会结构方面探讨，中国现代化的关键问题被界定为"在中国特定的历史条件即根据中国的国情去探索中国从农业国转化为工业国的具体道路，这就是我们常谈的中国工业化的道路问题"[1]。正是这种中国现代化的思路，人们长期以来都关注中国如何从农业国变成工业国的问题，而忽视了"工业国"在中国覆盖的广度与深度，比如说，现代世界各国的城市化率，按照世界银行发布的统计数据：截至 2011 年底，全球城市化水平最高的国家是阿根廷，城市化率达到了 92.5%；其次是日本，城市化率水平为 91.3%；澳大利亚排名第三，城市化水平为 89.2%。其他国家中，法国为 85.8%、巴西为 84.6%、韩国为83.2%、荷兰为 83.2%、美国为 82.4%、沙特为 82.3%、加拿大为 80.7%、英国为79.6%、墨西哥为 78.1%、西班牙为 77.4%、德国为 73.9%、俄罗斯为 73.8%、瑞士为 73.7%、土耳其为 71.5%、意大利为 68.4%、南非为 62.0%、中国为 50.6%、印度为 31.3%……从城市化率最高的并不是最发达的国家而论，以城市化作为简单的衡量指标肯定不对。更为重要的是，中国通过工业化将达到多高的城市化率？在这个问题上，革命先行者孙中山在界定中国发展道路时强调的是"实业计划（物质建设）"（包括大六计划与六个附录），似乎更具远见："此后中国存亡之关键，则在此实业发展之一事也。"[2]不过对于这个问题，在中国也似乎总没有得到解决，这从我们现在实践中各地大大小小、远远近近的"工业园"建设即可看出，从众多学者目注心营的唯一的城市化、工业化、市民化研究取向也可以看出。

其实，这关涉的是"三农"在中国现代化甚至在世界现代化格局中的地位问题，其初始表现的则是"农化"与"工化"的关系问题[3]，是一个与中国现代化发展过程的现代文化建设是"孔化"还是"西化"的问题紧密相关的社会结构性方向问题。从 20 世纪 20 年代开始，这个问题曾经被长期争论，其中以农立国论的代表人物是当时北洋政府的教育总长章士钊，其代表作是《农国辨》，此后有

---

[1] 罗荣渠 . 从"西化"到现代化 [M]. 北京：北京大学出版社，1990：23.

[2] 孙中山 . 建同方略 [M]. 北京：华夏出版社，2002.

[3] 罗荣渠 . 从"西化"到现代化 [M]. 北京：北京大学出版社，1990：121.

梁漱溟等；以工立国论的代表有恽代英、杨铨、杨明斋等人，其中又以杨明斋的《评〈农国辨〉》为代表。学界对这一争论概括为四派：一派主张复兴农村，振兴农村以引发工业；一派主张先发展工业，振兴工业才能救济农村；一派主张先农后工；还有一派则主张农工并重。[1] 我们现在回看那些文章的题目，如"论中国不宜工业化""中国能长为农国乎""中国可以不工业化乎""农国辨""评〈农国辨〉""工化与农化""何故农村立国""不复兴农村中国也可以工业化吗""以农立国，以工建国"……对此，罗荣渠先生评论说："各派意见提出的许多论点，特别是有关中国经济的自主发展、农业是基础、工农之间的关系、工业化与政治民主的关系以及中国工业化面临的阻力与困难等问题所进行的讨论，至今仍富有救益。翁文灏在讨论中提出的'以农立国，以工建国'的口号，综合双方观点之所长，反映了具有中国特色的工业化思想，总之，讨论的总趋势是逐步认识到，从世界大势看去，中国的经济发展要取得成功，必须探索一条符合中国国情的工业化道路。"[2] 尽管罗先生提出的探求中国工业化道路与我们强调的不只是工业化道路而是包括工业化在内的现代化道路之观念有所区别，但的确反映了那一代人的思考成果。

毫无疑问，中国现代化发展的实际，已经深刻地反映出了对传统现代化道路认知的狭隘性弊端。其中，传统现代化理论的第一个狭隘性在于以工业化为根本的甚至是唯一的尺度衡定国家或社会发展。全球性现代化作为一个世界历史进程，反映的是人类社会从传统社会向现代社会所经历的历史巨变。但是，人们却狭隘地理解为从传统农业社会向现代工业社会所经历的巨变，完全忽视了人类社会的特殊历史过程，比如不少游牧民族走向现代社会的过程、不少还处于原始社会的诸民族在一些现代民族的带领下直接走向现代社会的过程（可以简称为"直过现代化"）。自然，做这种狭隘理解的原因是客观的，那就是因为这一过程是由西欧开始而逐步扩展于北美和欧洲的其余地区，然后蔓延自亚非拉美。在这个

[1] 罗荣渠 . 从"西化"到现代化 [M]. 北京：北京大学出版社，1990.

[2] 罗荣渠 . 从"西化"到现代化 [M]. 北京：北京大学出版社，1990：27.

过程中，英国是世界上唯一的一个主要依赖内部源泉启动的现代化国家[1]（内源式现代化国家），是当时"世界唯一真正中心"（全球化），因此它"才完成了工业革命"（工业化）[2]。（如果以荷兰的尼德兰革命为西方现代化的起点则是另一景象——在商业化的基础上走向现代化，以后英国丰富为工业革命启动、法国丰富为政治革命启动……）事实上，按英格尔斯的现代化标准，一个国家或社会只要满足了农业产值占国民生产总值的比重在12%—15%以下，人均国民生产总值（GDP）达3000美元以上等条件就算实现了现代化。如果是这样，那包括我们中国在内的许多国家都已经实现了现代化，而不需要再努力奋斗"现代化"了，可是努力还在继续。可见，实现了工业化绝不等于现代化。所以，贝克在《风险社会》中说："工业社会的实际达成，不等于现代化的达成。""现代化与工业社会的等同，是现代化理论构造出来的'文化神话'。"[3]事实上，历史上的荷兰即把商业化当成了现代化，并在世界上第一个实现了人均收入的增长超过了人口增长的国家，因而被认为是与英国并列的世界上两个早发的、内生型的现代社会之一[4]；在当代社会，用商业化工业化应对现代化的民族或国家还有西班牙等，可见"工业化"也不是现代化的唯一模式。所以，"现代化不是指社会向某个特定的现代之境迈进的转变"，而是指社会的自我持续发展过程，指其"不断地革除社会迦皮，又不断地在制造社会迦皮。今天被视为'现代''摩登'的社会状况，明天就成了传统，必须使之现代化、脱离这个传统"[5]。传统现代化理论的第二个狭隘性在于忽视了大国与小国的区别，妄图用一种单一模式普适于全世界。在追求现代化的过程中，大国与小国区别的例子很多，最典型应首推

[1] 谢立中，孙立平.二十世纪西方现代化理论文选[M].上海：上海三联书店，2002：851、977、978.

[2] 布罗代尔.15至18世纪的物质文明、经济和资本主义：第3卷.[M].顾良，施康强，译.上海：上海三联书店，1993：627.

[3] 刘小枫.现代性社会理论绪论[M].上海：上海三联书店，1998.

[4] 诺斯，托马斯.西方世界的兴起[M].厉以平，蔡磊，译.北京：华夏出版社，2009：160.

[5] 布莱尔.比较现代化[M].杨豫，译.上海：上海译文出版社，1996.

中日变法运动的区分：在中国为适应全球性现代化运动之"三千年未有之大变局"而提出的最早的现代化口号是"中学为体，西学为用"，虽然从哲学上分析其对一种文化进行简单的"体用""道器""主辅"二分关系的划分可能谬误，但在承认自己的不足而应向西方学习、坚持自己的民族特性方面，应不可厚非。更何况在以"保"（保种、保教、保国、保民"四保"，一个重要的是"保国"，即国家问题的突出）为重心的"防御性现代化"意图下，通过从御夷图强到变法图强的不同尝试，在现代的环境下来看，大方向并不错。因为这种现代化模式在世界上也有成功的例子，即日本在"尊王攘夷""利魂洋才"的口号下成功地进行的明治维新。只不过因为中国和日本的国情不同，中国的块头太大了，而日本是一个小国（中日象棋的不同规则即说明了这种大国与小国的明确区分）。尽管中国的维新运动就是以学习日本的维新运动而来，甚至可以称为"全盘日化"。但是，日本虽然也有"脱亚入欧"的诉求，但却在总体上以发扬狂热的"神国主义"来保持自己的国本，并通过急速建立超"军国主义的工业制度"且发动侵略战争赢得世界声誉，尽管这是一种"日本精神加西方知识"的畸形的现代化，但也仍然被认为是现代化了。

对传统现代道路认知的狭隘性或许还有其他方面，但上述两个方面对我们中国来说却是最要命的。20世纪20年代末以降先后在河北定县（以晏阳初为代表）、山东邹平（以梁漱溟为代表）、南京晓庄（以陶行知为代表）、江苏昆山徐公桥（以中华平民教育促进会为代表）、北平清河（以燕京大学为代表）等地进行的乡村建设运动，虽然在否认中国社会的根本变革而具有民粹主义倾向方面值得检讨，但这一运动注意到中国的"农本社会""伦理本位社会"之特殊性，突出挽救农村经济衰落、复兴农村的发展目标，直到今天也仍然可见其思想远见。所以，我们有必要对中国现代化发展模式进行更深入的再研究。

事实上，20世纪下半叶以来，特别是中国改革开放以来，学界已就这种传统现代化理论在不断地突破。由于过去我们曾狭义地理解"三农"问题为"农业增产、农民增收"问题，而且还经常发生二者脱节现象，或增产不增收，或增收未增产，总体趋势是城乡发展差距的拉大，所以后来提出"新农村建设"，再进一步则提出"城乡统筹"，再后来则提出"城乡一体化"，但结果也仍然不理想，因为没有把"三农"作为一个整体思考其向何处去的问题，而只是就某一方面或两方面寻找出路，但也就是在这些探索中即不断有新的思想成果，如关于"农民向何处去"的问题，目前即有"就地市民化"与"农民现代化"之说，在"就地市民化"方面的论述如刘双吉、陈殿美著有《江苏农民就地市民化论》[1]，其他复有陈殿美《城镇化进程中江苏农民就地市民化综合评价研究》、李可《城镇化过程中失地农民市民化研究——以江苏昆山苏村为个案》、蒋明慧《我国农民工市民化研究——基于江苏省常州市农民工城市融入调研》、苗文莉《城市化进程中农民就地市民化道路探索——以德州两区同建为例》、李俊凤《城镇化进程中农民市民化问题研究》等，可作为这方面的代表。报刊文献报道的现实实践如《从就地城镇化到就地市民化》《新型城镇化走出诸城路径农民就地变身"城里人"》等，应该说，"就地市民化"是沿着"城市化"方向思考农民的出路。也有"就地现代化"之说，比如杨团即强调"以就地多元化促进中国农民现代化"[2]，那是 2004 年，有关部门曾对 98 名中外著名专家进行关于 2010 年前可能影响中国经济社会持续发展的风险因素的调查，就业问题和"三农"问题名列头两位。占中国人口大多数的农民就业不充分必然转化为全社会的失业问题。中国农民如何走向现代化，是中国非常重要的社会问题。杨团的结论是："中国只有农村实现了现代化，农民实现了现代化才算是中国实现了现代化。而中国农村的现代化、农民的现代化到底怎样实现？城市化？小城镇化？这些路都尝试了，仍不能解决问题。于是，近两年的讨论集中到就地实现非农化的选择上。我将非农化做一修正，改为多元化。"作者还具体强调了"就地多元化"的内涵。此外，贺军亮、丁艳华曾著论《中国农民现代化初探》等，这类文献异常丰富，仅中国知网的主题检索即达 870 多件。至于关于"中国农业向何处去"的问题，则以"农业现代化"为要，复有"农业的工业化"等论说。而中国农村向何处去？则有"就地多

---

[1] 刘双吉，陈殿美 . 江苏农民就地市民化论 [M]. 北京：中国经济出版社，2014.

[2] http://finance.sina.com.cn.

元化""就地城镇化""农村现代化"（"就地发展"：徐杰舜[1]；"乡村现代化"：朱炳祥[2]；"新乡土中国"：贺雪峰[3]）"就地城市化"等诸说，我们主张的是"就地现代化"。在这方面，费孝通先生曾提出"小城镇，大问题"命题，实际上强调的是"小集镇，大问题"，可以看成是最初的"就地现代化"自觉。于是，笔者的看法是："三农"就地现代化的问题，实际上是"三农"向何处去的问题。"就现代化"的"就地"自然是区别于"异地""迁移式"，"就近"也可纳入"就地"的思考范围。

三、"三农"出路的基本判断：中国就地现代化的必然选择

经过漫长的历史发展，中国传统社会进入了由父系家族组成的社会，以父宗为重，并形成一个以水为生、以农立国，以家规补充国法、以宗统维护君统、以族权强化王权、以神权巩固政权的权力维护体系（"父、尹、君"的权力构成层次体系），以传统农业为产业基础，以"重农抑商""崇本抑末"为基本产业政策，以士、农、工、商为居民等级次序，以邑、里、村、社为社会基层组织，以乡绅贤达为社会治理的基础力量，以家庭为基本单位的和谐、宁静的超稳定的社会结构系统。在这样的社会中，"三农"既是社会的基础，也是社会关注的重心。明人耿荫楼[4] 撰《国脉民天》一书（成书于明崇祯年间的1630年前后），全书虽然仅二万余字，但仅从书名即道出了问题的重要性——所研究的问题是关系国之命脉的事，是天大的事，其内容即分区田、亲田、养种、晒种、蓄粪、治旱、备荒七个方面研究农业问题；龚自珍所批判的"避席畏闻文字狱，著书尽为稻粱

[1] 徐杰舜.新乡土中国：新农村建设武义模式研究 [M].北京：中国经济出版社，2006：300.

[2] 朱炳祥.中国农村现代化路径省思——兼评徐杰舜、贺雪峰的"新乡土中国"概念 [J].广西民族大学学报（哲学社会科学版），2015（6）.

[3] 贺雪峰.新乡土中国 [M].北京：北京大学出版社，2003.

[4] 耿荫楼，字旋极，生年不详，卒于明崇祯十一年（1638年），河北灵寿县人，明天启六年（1626年）进士，曾任山东临淄、寿光知县。

谋"从反面说明了这个问题；清代乾隆年间的农书《三农记》[1]不仅形成了"三农"的概念，而且也在一定程度上界定了"三农"的范围……众多关于"三农"的历史著作，本已说明了这个问题的历史必然性。

首先，国家安全中的粮食安全问题，一开始就是中国现代化发展中被极为关注的问题。早在 1933 年 7 月《申报月刊》为创刊周年纪念而发行了特大号第 2 卷第 7 号，内容即为"中国现代化问题"特辑，这也大概是"现代化"这个新概念在中国被正式推广运用的开端。《申报月刊》的这个特辑是通过事先向社会各界知名人士约写专题征文的形式推出的，其编者前言即说明这次征文讨论是在世界经济危机导致国民经济衰落和东北四省丧失的紧迫形势下举行的，其中即说到："须知今后中国，若于生产方面，再不赶快顺着'现代化'的方向进展，不特无以'足兵'，抑且无以'足食'。我们整个的民族，将难逃渐归淘汰、万劫不复的厄运。现在我们特地提出这近几十年来，尚无切实有效方法去应付的问题，作一回公开的讨论。"很显然，这里把"足兵"与"足食"并列，已见其重要性。而"足食"在现在来说即是粮食安全问题，也就是习总书记在第十九次全国代表大会报告中提出的"确保国家粮食安全，把中国人的饭碗牢牢端在自己手中"的问题。其实，"三农"就地现代化的必然性，就在于它是保证中国粮食安全的必然选择。因为中国是一个人口大国，也是一个农业大国，2016 年全国粮食总产量 61623.9 万吨（12324.8 亿斤），比 2015 年减少 520.1 万吨（104.0 亿斤），减少 0.8%，当年中国粮食的进口总量是 11468 万吨，占生产量 19%，接近两成。[2] 事实上，中国的粮食安全问题还不只是关系这两成人口的切身利益问题，中国人必须而且只能通过自己来养活自己还有更深层的原因 —— 即使按

---

[1]　作者张宗法，字师古，号未了翁。清代人，生于四川什邡徐家场（现师古镇师古村）的一个小康之家。他是一位长期生活在农村的知识分子。宗法从小好学，博闻强记，是当地一位很有学问的人。他会作文、写诗，还写得一手好字，由于他的草书苍劲古雅，所以人们能得到他的一条一幅，都感到非常珍贵。宗法傲视豪门权贵，不图功名富贵，却与乡间的"老农、耕父、牧童"交往随和，关系密切，在家乡父老的鼓励支持下，他将主要精力用在研究农业生产上，多年来埋头著书立说，先后撰写了《三农记》和《正情说》。

[2]　2016. 国家统计局 .http://www.grain.gov.cn/Grain/ShowNews.aspx?newsid=73665.

现在的 14 亿人口，如果粮食不能自给，不仅是一个巨大的经济负担，而且是一个巨大的社会风险：一旦国际市场上没有这么多粮食，那不是只有饿死的路了吗？如果中国这么多人没有饭吃，一旦涌向国际，那是任何一个国家、甚至任何一个地区都无法承受的，必然会引起整个世界社会动乱。因此，通过"三农"就地现代化以保证"把中国人的饭碗牢牢端在自己手中"，就是一个必然选项，这是我们对中国工业化极限的一个基本判断。这个判断强调的是，我们在实现现代化过程中，应规划好农业与工业、农村与城市、农民与市民的发展边界，不能只强调工业化、城市化、市民化，而必须确保基本农田、基本农村、基本农民，并通过"三农"的就地现代化得以保证。

其次，中国庞大的人口基数增强了"三农"就地现代化的必然性。一方面是庞大的人口基数，有预测到中华人民共和国建国一百年时会达到 17 亿，按照前述，现在全球城市化水平 90% 左右的只有阿根廷（92.5%）、日本（91.3%）、澳大利亚（89.2%）三国，即使是美国也才达到 82.4%。我们即使排除前述的粮食安全问题不论，按照 90% 的城市化率计算，届时仍然会有 1.7 亿人口为非市民（根据《2001—2002 中国城市发展报告》预测，2050 年中国的城市化率将达到 75%，17 亿人口中即有 4.25 亿仍然为农村人口），这个数据在世界各国人口中的地位是：2016 年世界包括中国在内，只有 7 个国家超过此数，即中国（1405372834 人，占世界比例 18.82%）、印度（1304200000 人，占世界比例为 17.86%）、美国（322760000，占世界比例为 4.42%）、印尼（257740000 人，占世界比例为 3.53%）、巴西（205290000 人，占世界比例为 2.81%）、巴基斯坦（192400000 人，占世界比例为 2.64%）、尼日利亚（182310000 人，占世界比例为 2.50%）[1]，即使仅按 2016 年的中国贫困人口数据即 4 300 多万，不仅在人口的绝对数上与欧洲西班牙全国人口相当，超过这一数据的在欧洲 45 个国家中仅 6 国、在全世界 192 个联合国会员国中仅 30 国。这样庞大的农村人口显然不能等待农村城市化、农业工业化、农民市民化，而必须在整个国家实现充分城市化、充分工业化、充分市民化（鉴于不可能完全地农村城市化、农业工业化、

---

[1]　https://www.liuxue86.com/a/2992428.html.

农民市民化，但要尽可能的农村城市化、农业工业化、农民市民化，因而我们用充分城市化、充分工业化、充分市民化来表述这一过程）过程中，积极实现乡村振兴战略，推动"三农"就地现代化。这是我们对中国实现现代化过程中之市民化极限的判断，这个判断结合前述的粮食安全问题，就使"三农"就地现代化具有了坚定的必然性。过去我们也强调中国人口规模问题，但那是基于在可以预见的未来25—30年中国没有可能将农村人口基本上转移为城市人口的"暂时"性方面，而我们强调的则是农村人口的"永恒"性。另一方面是城市的容量具有极限，这将在适当的时候进行专题阐明，基本思想是：无论中国采取何种城市化战略，城市都无法容纳如此众多的中国人口，而且也不是一个"暂时"现象。

再次，中国广阔的国土空间放大了城市化辐射能力的局限。城市发展有限的辐射能力使得城市对周边地区的经济带动效应呈递减趋势，远离城市周边的农村地区不能与城市之间形成良好的经济、政治、文化互动，周边农村依靠城市带动经济发展的范围有限。城市辐射能力不足这一客观现实导致城市化道路并不能实现中国全面现代化的发展目标，一部分自然地理环境、历史文化习俗相对落后的农村不能通过城市化道路取得各方面发展，其中特别是经济发展。这种城市辐射力不足使得城市化发展受限，周边农村地区依靠城市化道路发展存在不足。更为明显的是，中国农村地区范围广，偏远农村的后续发展力不足，而中国农村的人口基数又特别巨大。根据2020年第七次全国人口普查显示，相较于2010年，中国的农村人口减少16436万人，但依然占总人口的36.11%，这就决定了中国的大部分农民在相当长时间内依然不能离开农村，依然还要依靠土地生活。城市辐射能力有限，农村地区又分布不集中，农村地区的发展非常复杂，偏远地区陷入贫困的原因有的是因为自身的地理条件确实不足，难以通过城市化发展促进地区发展；有的因为历史风俗特色使得城市化存在困难，不同地区的风俗习惯、宗教信仰都可能成为地区城市化发展的障碍，因此偏远农村的发展需要挖掘更多的地区特色，实行"三农"的就地现代化。这是我们在中国实现现代化过程中对城市化能力极限的判断，这个判断结合前述的两个基本判断，就更使"三农"就地现代化具有了坚定的必然性。过去我们也强调城乡的发展差距，但也同样是基于这个差距在未来25—30年内还会加速扩大的"暂时"性，而我们则强调这种差距正在于中国"三农"就地现代化的"永恒"性，即中国将长期存在大量农村、大量农业、大量农民。

基于以上分析，中国"三农"问题在经历了城乡统筹、城乡一体化等发展认知与实践体认过后，现在提出了基于城乡融合目标的乡村振兴战略，决定了农村产业发展、乡村建设、农民进步乃至整个农村社会问题的解决都需要用"三农"就地现代化。中国长期的城乡二元割裂使得城市与农村在政治、经济、社会、文化等方面都有显著的差异，城乡融合建设就是要达到城市与农村在发展水平上的等值，主要内容不仅在于减少城乡居民收入差距，而且在于实现城乡基本公共服务的均等化；既不是要放弃农村地区，也不是用单纯的城市化、工业化、市民化来解决所有的"三农"问题，而是通过充分的就地现代化正好与充分的城市化、工业化、市民化道路并驾齐驱，用两条腿走路。

四、"三农"的整体联动与乡村振兴 —— 就地现代化的模式建构

"就地现代化"的"就地"显然区别于"异地""迁移"地而属"当地"，至少也是"就近"，其在空间上是"乡村就地"，这应该包括有多层含义：一是乡村的自然地理、人文地理（不包括行政地理）方面大体上维持原貌而不发生根本上的改变，仍然有相当比例的基本农用土地——或山林或水体或农耕土地，"传统"的村庄文化也大体得到保持；二是农民仍然保持原有的农民的身份，并没有变成城市居民，哪怕是"准市民"；三是农民的谋生方式虽然可以多元化，但基本是在农村当地而不是外出就业，尽管其职业可能已多元化，甚至在当地从事第二、三产业，自然也可能是农林特产的生产与加工等。一句话，人们仍然在当地、本地；"地"应该是"原地"。在时间上是现代化，这同样有几层含义：一是在发展水平上，农民虽然在职业上可能仍然是农民（不排除农民从事第二、三产业），但却已不是传统意义上的农民，而是现代农民，即实现了人的现代化；二是"农民"与城市居民一样享受社区公共设施和公共服务，即实现了所谓城乡居民基本公共服务的均等化，并且，这种均等化是与"五位一体"的发展理念相一致的，是与"生产发展、生活宽裕、乡风文明、村容整洁、管理民主"的新农村发展相

一致的（按照第十九次全国代表大会报告则表述为"产业兴旺、生态宜居、乡风文明、治理有效、生活富裕的总要求"）；三是虽然有按照《中华人民共和国城乡规划法》等规范性文件确认的城乡发展边界，但"农村"并不是一个封闭的体系，而是一个发展着的、开放的、动态的、充满活力的、城乡互动的现代空间体系，最终目标应是城乡融合。在这里，"与社区外更多交流与互动，人口聚居的程度更高，形成了一种既不同于传统的封闭的农村社会，又不同于脱离自然生态创造出来的现代城市社会的居民的生活方式。比起城镇，它的人口构成的同质化程度要高得多，人口也没有那么集中，社区形态相对也比较单纯，它是在广阔的自然空间内被建构出来的更符合人性和人的需求的社会空间。"[1] 我们认为，第十九次全国代表大会提出的"乡村振兴"战略，就是要实现"三农"的就地现代化。习近平总书记对"实施乡村振兴战略"的论述虽然只有428字（含标点），但却实际上描述了以"三农"来界定"乡村"的就地现代化模式的整体建构。

首先，重申基本国情与基本政策，即中华人民共和国成立以来就一直强调农业、农村、农民问题是关系国计民生的根本性问题，这是对基本国情的重要认知，是"三农"问题的"国情"地位，因而是国家建设中的必然性、规律性或本质；基于这样的"国情"地位，强调我们必须始终把解决好"三农"问题作为全党工作的重中之重，这里的时间界定是"始终"（长期性而非暂时性）、目标界定是"解决好"（方向性与目的性）、对象界定是"三农"（整体性而非单一性）、地位界定是"重中之重"（坚定性与实在性）、范围界定是"全党工作"（全局性与战略性），这样的界定，其重要性自不待言。为此，报告还有两点指示"三农"问题重要性的内容：一是保障农民权利，即"深化农村集体产权制度改革，保障农民财产权益，壮大集体经济"；二是"确保国家粮食安全，把中国人的饭碗牢牢端在自己手中"。自然，国家强调的粮食安全是主粮安全，而不是所有粮食的完全自给自足。

其次，对"乡村振兴"进行战略规范。一是在国家发展的顺序上，现在已经进入了一个"坚持农业农村优先发展"的时代，这里不仅强调的是农业优先发展，

---

[1] 杨团.就地多元化：促进中国农民现代化的社会政策选择[J].红旗文稿，2005（21）.

而且也同时强调了农村的优先发展，这两优先自然内在地包含了农民的优先发展，强调的是"三农"的整体联动。二是规范和完善了"乡村振兴"的目标，即战略名称叫"乡村振兴"，不是把"三农"分开，而是把"三农"统一叫作"乡村"，因而"乡村振兴"实质上就是要实现"就地现代化"或"乡村现代化"，于是在报告中提出了农业、农村现代化，这显然超越了过去只说"农业现代化"且把其与工业化、信息化、城镇化并列的提法；其总的要求是"产业兴旺、生态宜居、乡风文明、治理有效、生活富裕"，这显然比社会主义新农村建设的"二十字方针"具有更为深刻而丰富的内容，也是就地现代化的未来情境，在一定程度上有利于走出过去比照城市化做法搞出的新农村建设误区，如农村刷墙、拆村并村等；其发展愿景是城乡融合，即建立健全城乡融合发展体制机制和政策体系以加快推进农业农村现代化，这已经回归到了马克思主义经典作家所强调的城乡融合思想的轨道上。很显然，从中国共产党第十六次全国代表大会报告开始提"城乡统筹"及后来修改为"城乡一体化"，到中国共产党第十八次全国代表大会报告"城乡发展一体化"，再到现在提的"城乡融合"，前二者都是前向的，即向城市看齐，而后者却是并列的"城乡等值"，是因城乡共同存在而融合，是就地发展与就地现代化。

再次，基于"乡村振兴"而提出了一些带有根本性、全局性的政策措施。一是保证承包制度在时间上的长期性连续性、在运行上的灵活性，前者即强调"保持土地承包关系稳定并长久不变，第二轮土地承包到期后再延长三十年"。这对过去所讲的承包期长久不变做了明确界定。第二轮土地承包 2028 年到期以后，以前虽然讲长期不变，但"长期"到底是多长？是没有期限的长？还是像国有土地一样为 70 年？还是在原有 30 年基础上再延长或 10 年或 15 年或 30 年？这次明确为 30 年，延长到两个一百年目标实现后的相当长时期。后者是强调"巩固和完善农村基本经营制度，深化农村土地制度改革，完善承包地'三权'分置制度"。这里特别值得重视，我们原来讲巩固和完善农村基本经营制度强调的是集体所有、农户承包经营，是两权分离的。但是从中共十八届三中全会起、经十八届五中全会已经讲得十分明确，即将农民承包经营权分开，分成承包权和经营权，承包权是集体组织成员所有，经营权分离到本村或者村外其他种地的人手上，这就是所谓承包地的三权分置。今后，中国农村土地制度的基本架构就是这三权分置，这为农地流转、为发展社会主义现代大农业提供了制度性保障。二是实施"乡村振兴"之战略主体培育措施，这有两个方面：一方面是"培育新型农业经营主体，健全农业社会化服务体系，实现小农户和现代农业发展有机衔接"。这方面，中国共产党第十七次全国代表大会报告以来，一直关注，多次强调除了小农户以外，还要培养新型的农业经营主体，如合作社、家庭农场。中共十八届三中全会还放开了公司准入，主体的扩大意味着未来农村的公司化经营会更加广泛而普遍；另一方面是要"培养造就一支懂农业、爱农村、爱农民的'三农'工作队伍"。综合这两个方面，实际上是强调通过培育新的经营主体，使小农户也能和现代农业发展有机衔接，也就是强调农民自身要现代化。三是发展体系与发展道路融通，构建现代农业产业体系、生产体系、经营体系，完善农业支持保护制度，发展多种形式的适度规模经营；促进农村一、二、三产业融合发展，支持和鼓励农民就业创业。显然，这里强调在农村地区除了农业以外，农业（一产）可以和二产、三产融合，这是对农村产业状况的表达，也是"就地现代化"的一种重要方向标。四是振兴"三农"需要发展"三治"，即强调"加强农村基层基础工作，健全自治、法治、德治相结合的乡村治理体系"。这里既有中国乡村治理的特点，更有未来现代国家的治理体系的指向。

乡村振兴：中国现代化道路探索的新成果

中国共产党第十九次全国代表大会报告中提出了"乡村振兴"战略，是中国长期以来对农村现代化实践不断探索总结的成果，是对农村发展规律性、趋势性问题的把握，是对在农村地区长期实践把握的基础上做出的新判断，是农村发展探索的新阶段、新境界、新模式，是当今环境下中国现代化道路探索的新突破。农村与城市如同车之双轨、鸟之两翼，同等重要不可忽视，这一突破打破了工业化、城市化的单一现代化道路。论文就乡村振兴的世界观、发展观、价值观和动力观加以阐释，从而为乡村振兴与农村就地现代化理论的丰富提供建议，同时为世界各国的现代化提供新的道路和模式。

2017 年 10 月 18 日，中国共产党第十九次全国代表大会在北京召开，习近平总书记做了报告，报告中对农村发展提出了一系列指导性意见，首次明确提出对农村地区实行乡村振兴战略，将农村工作作为重点，强调乡村振兴战略要以"产业兴旺、生态宜居、乡风文明、治理有效、生活富裕"为总目标，坚持农业农村优先发展，建立城乡融合机制，加快推进农业农村现代化。2018 年中央一号文件对乡村振兴战略做出了进一步部署，明确了乡村振兴三个阶段的目标，到 2050 年实现乡村全面振兴，首次提出走中国特色社会主义乡村振兴道路，实现城乡融合。乡村振兴理论和农村就地现代化道路的提出，肯定了农业、农村、农民的发展地位，是基于中国长期发展实践做出的新判断，是在掌握农村发展现状、规律的基础上形成的新模式，是全球性现代化背景下中国农村发展的新境界，是中国发展的新阶段，是新的城乡平等二元结构的建立与城乡融合趋势的开启。

一、新的世界观：全球性现代化成为一种发展传统

全球性现代化起源于欧洲大陆特别是极具代表性的英国。17 世纪英国的政治革命正式将英国带入现代化道路，标志着世界现代化正式开启了新阶段。随着第一次工业革命到第四次工业革命的陆续展开，世界各国逐渐迈入现代化国家的征程，虽然现代化程度不一，但也基本完成了由农业社会向工业社会再向知识社会的过渡。那么，现代化的具体内涵到底是什么，是以何种指标来衡量的呢？

在现代化理论的萌芽阶段，韦伯认为"理性""合理性"即为"现代性"，而理性化的这一过程就被认为是"现代化"，因此理性的发展是社会走向现代化的动力。在现代化理论的形成时期，帕森斯主要从结构功能的角度研究传统社会向现代社会的转变，认为现代社会分工明确，专业化程度较高，各个系统高效运行；亨廷顿则主要从实证方面对各个国家的现代化进行研究，认为各个国家的现代化具有不同特点，现代化是一个复杂的、系统的、长期的过程；在现代化的近现代发展阶段，主要在探讨后发现代化国家建设中的传统与现代的处理关系。总

体说，学者们主要倾向于将现代化看作一个过程。美国学者本迪克斯认为现代化是社会变迁的一种类型；布莱克认为现代化是"反映着人控制环境的知识亘古未有的增长，伴随着科学革命的发生，从历史上发展而来的各种体制适应迅速变化的各种功能的过程"[1]；罗荣渠认为现代化实质上是工业化，是经济落后国家实现工业化的进程，而且是从工业领域拓展到政治、知识、心理等各个层面，以科学革命带动社会调整的过程。因此，现代化适用领域的不断扩大促使现代化概念也在不断发展，不同阶段、不同学科对现代化有不同的解读，但都普遍认同现代化是一个历史的、发展的概念，是全社会范围内全要素、全方位的变革过程。

现代化是在传统的基础上讨论的，要想更好地认识现代化，就必须清楚把握"传统"，把握传统与现代的关系。希尔斯认为在最基础的意义上传统只是世代相传的东西，即任何从过去延传至今或相传至今的东西。具有同一性的相传事物在延传过程中发生了变化，这种传统的延传变体链也是传统。伽达默尔在哲学的意义上认为传统是一种存在，是人类历史长河中流动的一部分，通过人类活动不断转化、创新，形成新的传统。如此看来，传统在不断地被传承、被发展、被创造，传统作为现代化的基础，在传承中被发展、创造成了新事物，经过实践反思逐渐"过滤"传统，并运用不同时空的新兴价值和内容对传统进行改造和创新，可以看作是一个现代化的过程，而随着时间的发展和现代化进程的加快，在此基础上又不断地进行更新和再创造，新事物变成旧事物成为传统不断被传承，传统又不断现代化，如此循环往复，甚至可以看作一个永恒的过程，这就是传统与现代之间的转换。传统与现代化这种不可分割的循环模式，是一种全方位、全要素、全动态的相互交融关系，既肯定了传统的价值，又加入了新兴元素，赋予了现代化新的生命力。

同时，在传统与现代的交融关系中产生了全球性现代化视角，并作为中国社会一种新的传统正在不断被生成、消化和发展。全球性现代化包括空间和时间两个范畴，全球性是空间领域的全覆盖，现代化是时间范畴的全覆盖。全球性现代化并不等同于西方化，它是一种客观存在的历史进程，不以人的意志为转移，是

---

[1] C. E. 布莱克. 现代化的动力 [M]. 段小光，译；刘东，校. 四川：四川人民出版社，1988：9.

人类社会发展的整体化趋势，而不是一种终极状态，日益成为一种新的传统被广泛运用于国家各个领域和各种政策中。

我们在对现代化特别是中国农村现代化进行发展探讨时，更应该运用全球性现代化的视角，在全球的场域下、纵横的时间观中看待农村的传统与现代，并以此来处理农村的现代化发展问题。正是在这个意义上，全球性现代化就是一种新的世界观，是指导中国当代现代化发展必须贯彻的世界观。

二、新的发展观：通过乡村振兴实现城乡融合发展

从发展观的层面来看，中国社会发展经历了"以经济建设为中心"到"以人为本发展"到"可持续发展"再到"五位一体的布局发展"，农村社会的现代化发展经历了"以工业建设带动农业发展"到"农村城镇化建设"再到"农村就地发展"，我们可以看到，中国社会的发展越来越注重整体性和协调性，注重开发地区内生发展动力。

在 20 世纪 50 年代前后，第二次世界大战后许多国家百废待兴，此时发展的核心是经济增长，重视经济重建问题。中华人民共和国刚成立不久，追求"大干快上"，追求经济产量，并设立三年内赶超英美的目标。到了 20 世纪 60 年代后期，单纯经济增长的发展理论受到越来越多的批判，依附理论认为发达国家的发展是建立在对不发达国家剥削的基础上，世界体系理论将全球社会看作一个整体，将发展与经济增长进行了区分。此时的中国围绕"如何建设社会主义国家"，开展政治建设和发展工作。20 世纪 80、90 年代，提出了可持续发展战略，开始在经济发展的同时重视人类生存环境的可持续发展，不仅满足当代人的需求，还要不损害后代人的生存环境，并达到经济、社会、生态的可持续、协调发展。此时邓小平提出了"发展才是硬道理"的口号，以经济建设为中心，坚持四项基本原则，以提高生产力水平。20 世纪 90 年代后，随着经济的飞速前进，发展的内涵不断扩大，不仅重视经济、政治、社会、生态等的发展，也逐渐转向人本身的发展，重视人的需求，提出了科学发展观战略，坚持以人为本，树立全面、协调、可持续的发展观，促进经济社会和人的全面发展。2012 年，胡锦涛在中国共产党第

十八次全国代表大会上作的报告中正式提出经济建设、政治建设、文化建设、社会建设、生态文明建设五位一体的总体布局；2015 年，习近平总书记在中国共产党第十八届中央委员会第五次全体会议上提出了"创新、协调、绿色、开放、共享"的五大发展理念。由此可见发展观念随着时代的变化、经济水平的提高而逐渐成熟、全面。2017 年，在中国共产党第十九次全国代表大会上，宣告中国特色社会主义进入新时代，中国现代化进程不断加快，主要矛盾发生变化，转化为人民日益增长的美好生活需要和不平衡不充分发展之间的矛盾，中国发展进入了新时期，为实现中华民族伟大复兴的中国梦提出了新的要求。

中华人民共和国成立之初，农村进行了土地改革，农业发展重在为国家经济建设服务，1954 年中国第一届全国人民代表大会第一次提出了农业现代化，与工业现代化、国防现代化、科学技术现代化并称为"四个现代化"，但此时并不能算真正意义上的农村现代化。1978 年国家开始实行改革开放政策，在中国整体经济腾飞的情况下，农村的现代化发展经历了不同的时期。

第一阶段，大致可称为城乡统筹发展时期。这一时期农业进行了家庭联产承包责任制改革，朝着农业现代化方向发展，城乡统筹作为一种工作思路和工作方法，运用到农村发展中，推进了农村城市化、工业化。1982 年，中国第一个关于农村发展建设的中央一号文件肯定了家庭联产承包责任制，并在全国范围内进行农村土地制度改革，大大解放了农村生产力，是农村真正意义上的又一次现代化实践，农民开始从农业生产活动中脱离出来，投身于第二、第三产业。随着城乡二元差距越来越大，国家开始极力倡导农村城镇化、工业化发展以缩小城乡差距。2002 年，中国共产党第十六次全国代表大会报告中首次提出统筹城乡经济社会发展，建设现代农业，发展农村经济，增加农民收入，是全面建设小康社会的重大任务。[1]2003 年，胡锦涛总书记在讲话中提出包括统筹城乡发展在内的五个统筹工作方法，作为科学发展观的一部分推进国家建设。2005 年，中国共产党第十六届中央委员会第五次全体会议提出了建设社会主义新农村、加快农村城

---

[1]　江泽民 . 中国共产党第十六次全国代表大会关于十五届中央委员会报告的决议 [N]. 人民日报，2002-11-08.

镇化的任务，提出"生产发展、生活宽裕、乡风文明、村容整洁、管理民主"的社会主义新农村建设总要求，践行科学发展观，从经济、政治、文化、社会、法制等层面综合建设农村现代化，通过农村工业化转移农村剩余劳动力，走农村城镇化、农民市民化的道路。2007年，国务院提出大力发展农村机械化、信息化、科技化，推进现代农业的发展。2010年，中央一号文件发布加大统筹城乡发展的意见，通过城乡统筹战略，资源向农村倾斜，改善农村经济发展环境，协调城乡经济和社会，解决城乡问题，缩小城乡差距。

第二个阶段，是诉求城乡一体化发展时期。这一时期农村的发展打破固有的城乡二元结构思维，在城乡统筹发展阶段的基础上，进行城乡一体规划，通过城乡统筹手段，促进城乡互惠，推动农村城镇化、中国社会整体协调和可持续发展，并将城乡一体化作为工作任务和实现目标，消除传统城乡二元结构推进农村城市化、农民市民化进程。2012年，胡锦涛总书记在中国共产党第十八次全国代表大会报告中提出解决"三农"问题的根本途径是城乡发展一体化，重点放在农村农业问题，通过以工促农、以城带乡、工农互惠等方式，建设新型工农、城乡关系。2014年，一号文件针对城乡二元结构体制进行农村改革，健全城乡一体化发展，城乡联动，让农民参与现代化进程并共享现代化成果，推动农村现代化发展。2014年，国务院在关于户籍制度改革意见中提出取消农业户口和非农业户口区分，统一登记为居民户口，打破城乡户籍界限，引导农业人口向城镇转移，从制度层面推进农民市民化，推动城乡一体化发展。2016年，中央办公厅、国务院办公厅印发了《完善农村土地所有权承包权经营权分置办法意见》，明确农村土地所有权、承包权、经营权分置，农民土地可以流转、承包，符合当前农村发展现状，有利于激发农村生产活力、提高土地资源利用率，是农村土地制度的一大改革，促进农业现代化发展。2017年，中央一号文件明确提出农业供给侧改革，在农村土地三权分置的基础上发展适度规模经营，通过科技与互联网发展现代农业，在保障基本粮食需求的基础上优化农业体系，发展绿色、现代、可持续农业，打造绿色现代农村。同时，打造乡村旅游产业，培育田园综合体，以旅游带动和激活农业农村内生发展动力，推动农村现代化，打造城乡一体化。至此，立足农村就地现代化发展的战略呼之欲出。

第三个阶段，是乡村振兴时期，即农村就地现代化发展。这一时期在正视城乡二元差距的基础上，认识到农村发展规律，提出乡村振兴理论，坚持农村农业优先发展，将农业作为国家发展的根基，农村以就地为空间范围，走多元现代化道路，实现城乡融合。2017年，习近平总书记在十九大报告中首次提出"乡村振兴"战略，坚持农业、农村优先发展，按照产业兴旺、生态宜居、乡风文明、治理有效、生活"富裕"的总要求，建立健全城乡融合发展体制机制和政策体系，加快推进农业农村现代化。[1]同时完成生态保护红线、永久基本农田、城镇开发边界三条控制线划定工作，确保农村耕地完整、农村生态环境友好，保证国家粮食安全，由农村城镇化、城市化发展转向农村就地发展。同年12月29日，召开农村工作会议，并在2018年2月4日发布了《中共中央国务院关于实施乡村振兴战略的意见》的一号文件，文件中详细列出了乡村振兴时间表，传承和发展农村优秀传统文化，提升农耕文明，走中国特色社会主义乡村振兴道路，全面精准脱贫，激发农村人口内生动力，打造新时代中国特色社会主义新农村，实现乡村振兴。至此，国家逐渐摸索出农村发展规律，农村现代化道路从单一的工业化、城市化向同时进行就地化现代化发展转变，从单一农民市民化出路向同时进行农民内生化就地化调整，从城乡统筹发展路径向城乡融合转型。

在中国不同阶段的发展中，对农村现代化的界定和侧重点不同，对农村发展的整体把握也不同。早期的农村现代化更多地是从农业现代化方面着手现代农业，是用现代工业装备农业、现代科学技术武装农业、现代管理方法经营农业、经济发展与生态环境优化协同、健全有效的农业服务体系，使农业在形态上成为科学化、集约化、市场化和社会化的农业。[2]进入21世纪，学者们逐渐从农村整体发展来界定农村现代化，从农村社会经济综合发展的角度出发，农村现代化应包含农民现代化、农业现代化、经济现代化、社会现代化、制度现代化五个方

---

[1] 习近平. 决胜全面建成小康社会夺取新时代中国特色社会主义伟大胜利：在中国共产党第十九次全国代表大会上的报告 [M]. 北京：人民出版社，2017.

[2] 田魁祥，毕绪岱，王智平. 对实现我国农业现代化的思路与途径的认识 [J]. 农业现代化研究，1998（5）.

面。随着实践和社会的发展，更多学者认为农村现代化应该是全方位的进步，不仅包含物质水平的提高、经济的现代化，还应使农民的精神文化状态得到改善，实现政治、文化等的全面现代化。从国家政策层面来看，从城乡统筹到城乡一体化再到城乡融合，不仅仅是工作方法的改进、工作目标的变化，更重要的是乡村振兴作为新时代提出的战略体系，是基于中国农村长期现代化发展实践，是对中国乃至全球现代化发展做出的新判断，承认城乡二元结构，将农村、农业、农民作为国家发展重点，将城乡融合作为发展目标，探索出的一条符合农村发展规律的现代化道路。

这条现代化道路有两个基本内涵：一是从全球性现代化层面看，这条道路区别于其他国家已经走过或正在走的以工业化、城市化、市民化为取向的单一化取向，而是立足于乡村振兴与就地现代化。二是乡村振兴形成了乡村传统与现代的特殊关系，从而形成了中国乡村振兴战略所代表的新发展观、新现代化观。

农村社会的现代化不应仅仅是现代化的流入和普及，更应是现代化与农村社会的彼此适应和融合。在农村现代化的发展过程中，应注重把握和处理好传统与现代的关系，以农村社会为空间范围，以农村居民的日常生活为现实基础，以农村社会多要素生产力为发展动力，在就地现代化中探索多元现代化发展道路。因而乡村振兴道路是新时代中国农村社会发展的一大路径，就地现代化是乡村振兴战略的内涵，可以通过多元的方式实现农村现代化。

三、新的价值观：乡村振兴的就地现代化目标取向

在中国发展进入新时代背景下，主要矛盾发生了转换，地区不平衡不充分发展问题日益凸显，乡村振兴战略的提出即是为了解决农村发展不充分问题，改善城乡发展差距，实现城乡融合。从国家粮食安全问题、城市辐射范围和人口容量等方面来看，农村社会的就地发展是必然趋势。在乡村振兴战略中，农村社会的就地发展既是一种方式，也是一种发展目标，通过以农业为基础进行多元化的发展，实现农村居民的现代化发展，提升农村居民的获得感和幸福感。

中国是一个农业大国，农业是社会发展中不可或缺的一环，中央在近几年的

农村工作会议中多次提到国家粮食安全问题，凸显了农业的重要性。农村、农业、农民问题是关系国计民生的根本问题，农村现代化是国家现代化道路中必须要解决的问题。从 2004 年至今的中央一号文件持续关注农村、农业、农民问题，从最初农村城镇化、工业化、城乡一体化融合发展到最新的乡村振兴战略，可以看出中央对农村工作的战略目标、战略重点的转向，农村的问题最终应该落实到农村来解决；中国农村地域广阔，农村人口占总人口相当大的比重，城市难以全面覆盖和辐射到每个角落，农村必须寻找自身发展的动力；长期以来城乡二元结构使城市与农村的差距逐渐拉大，大量农村人口进城，导致农村出现一系列空心村、留守村等问题，农村社会缺乏活力；从农民个体来看，农民是构成整个社会的一个分子，但农民具有两种含义：一种是与市民相对应的称呼，是地理空间意义上对居住在农村地区人民的代称；另一种是从事以农业相关产业为职业的身份代称。农民应该得到正确的认识，农村社会应从农村居民最基本的生存和发展着眼，解决农村、农业问题应从农民问题着手。因此，农村问题应该在农村解决、依靠农民解决，以农村就地发展为抓手。同时，从中国农村现代化发展实践来看，走单一工业化、城市化道路不可行，乡村振兴战略应运而生。

从十九大报告所提的乡村振兴战略到 2017 年底中央农村工作会议、2018 年中央一号文件对乡村振兴战略的具体部署可以看出，在国家现代化发展的道路上，以农村、农业优先发展为总体布局，将农村发展问题作为工作重点，并提出了七种方式推进中国特色社会主义乡村振兴的建设。同时，农村、农业问题归根结底是农民问题，农民作为农业、农村工作的实践主体，只有农民得到了解放和发展，农业、农村问题才有可能得到改善，乡村振兴战略在重视农业、农村问题时，特别强调农民的发展。第一，以农民的获得感和幸福感作为衡量社会主义现代化发展质量的指标，解决当前不平衡不充分发展问题，实现全体人民的共同富裕。第二，重点关注农村整体环境、公共基础设施、保障体系等的建设，为农民的发展提供强有力的后勤保证。第三，重视农村传统文化的复兴，提升农民精神风貌，充实农民的精神文化生活。第四，精准扶贫工作坚持质量优先，重点在贫困人口内生发展动力的挖掘和激发，改善农民生活质量的同时提高幸福感、获得感、满足感。第五，重视农村人才建设，建立职业农民制度，打造农村专业人才队伍，形成人才向农村基层流动机制，推进农村现代化进程。

2012 年，胡锦涛总书记在十八大报告中提出"五位一体"的总体布局，"五位一体"是集经济建设、政治建设、文化建设、社会建设、生态文明建设于一体的发展理念，2015 年，在中国共产党第十八届中央委员会第五次全体会议中进一步提出了"创新、协调、绿色、开放、共享"的新发展理念，在实践的发展中，中国共产党和政府不断丰富、完善国家发展理念，并将这些理念广泛应用于农村建设中。在"五位一体"和"新理念"指导下，乡村振兴的战略部署将"三农"问题作为工作重点，坚持完善对农村地区的政治领导，坚持推进农业改革，坚持农业、农村绿色生态发展，坚持遵循农村自身发展规律，坚持传承和发展农村优秀传统文化，带动宜居乡村社会的建设，解决不平衡不充分发展的问题，推动新时代乡村全面振兴，实现全体人民共同富裕。

同时，2017 年 10 月 24 日通过的《中国共产党章程》中新增了"在构建社会主义和谐社会的过程中要不断满足人民群众获得感"内容，由此可以看出国家发展更加重视人民群众的幸福感、获得感、满足感，将人民的利益放在重要位置，更注重人民生活水平和生活质量的提高，在农村进行供给侧结构性改革、产业建设的基础上，让农村居民真正获得实惠。人民群众的获得感可以看作是人民群众对国家发展成果的共享，是国家发展理念的转变，是现今国家主要矛盾变化的体现，是对中国共产党为人民谋幸福使命的要求，是习近平新时代中国特色社会主义思想的内涵。通过实施乡村振兴战略、全面实现精准脱贫，坚持以人民为中心、一切为人民、以人民利益为国家发展衡量标准，坚持人民群众的主体地位，发挥人民的积极性和主动性，使农村居民能够参与社会建设，保障农村居民享受发展成果的利益，使农村居民获得真正实惠，让农民实现现代化，并最终实现共同富裕。

在具体农村发展问题上，乡村振兴战略以农村产业建设为重点。第一，深化农业供给侧结构性改革，提升农业质量，以质量兴农。供给侧结构性改革是打破原有需求改革思路，从供给层面考虑，对产品、产业经营方式等进行改革，在农村进行供给侧结构性改革是基于当前经济发展环境变化、人民消费水平提高、消费观念革新，大力发展绿色、生态农业，在增量的同时注重提升农产品质量，保证农产品的生产能力。第二，强化农村制度性供给，通过完善农村产权制度，延长土地承包期，完善农村土地"三权分置"制度，巩固农村人地关系，保障农业产业的发展基础；通过完善要素市场化配置，激活农村主体、要素和市场，打破城乡界限，吸引资本和人才入村，为农村产业发展提供市场环境。第三，积极培育新型农业经营主体，新型农业经营主体包括新型农民、专业大户、家庭农场、农民合作社、龙头企业等，以农村各地实际情况为出发点，选择适合当地农业发展方式，并培育相应农业经营主体。同时，要以培育新型农民为重点，加强农民文化、科技、互联网等现代知识的学习，以农民为主体，在家庭经营式农业的基础上，加快与现代农业的衔接，推进现代农业体系的构建。第四，积极培育新型农业产业，构建现代农业体系，提高农业竞争力。在经济和科学技术飞速发展的前提下，将农业与第二、三产业相融合，发展新型"第六产业"。坚持"创新、协调、绿色、开放、共享"理念，转变农业生产和发展方式，注重农产品质量和内涵的打造，实现向农业强国的转变。

从以上几个方面可以看出，乡村振兴战略坚持农业、农村优先发展，重塑城乡关系，以城乡融合为目标，重视农村自身的发展，重视农村居民的发展，是推进农村就地现代化发展的重大举措。中国农村就地现代化是指农村居民利用近现代工、农业科学技术，提高农村生产力水平，发展农村经济，优化农村社会结构，逐步缩小城乡差别，最终实现城乡共同现代化。[1]

四、新的动力观：乡村就地现代化的文化动力探寻

从中国社会的现代化发展路径来看，中国属于后发现代化国家，自上而下由政府主导，逐渐推动了经济社会的现代化发展。在新时代中国社会发展不平衡的背景下，国家提出了"乡村振兴战略"，从整体布局和战略决策的高度来主导和推动农村社会的现代化发展。与此同时，农村社会可以借国家政策和力量，结合自身优势资源，开发、利用自身人才、文化、资源等要素，围绕农业打造多种产

---

[1] 戴维，梁博强，萧洪恩 . 农村就地现代化发展模式初探 [J]. 商业时代，2008（7）.

业发展，并吸引外来人才进入农村，把握发展机遇，打造"三农"工作队伍，推动农村社会的持续发展。在现阶段，农村发展应该坚持以文化为核心，打造文化产业，并积极开发产业文化化，提高农村社会发展的独特性、开拓性和持续性。

从全球性现代化背景来看，第一生产力已经发生了文化转向，文化在经济社会中的作用越来越凸显。古代社会，因受制于大自然的强大力量，第一生产力表现为"劳动力"，即"人"本身。直到马克思主义的生产力定义时，依然把劳动者作为生产力的第一要素。随着科学技术的发展，"知识就是力量"得到了广泛认可，知识推动科学技术的发展，经过英法双元革命的成功，"科学技术是第一生产力"席卷欧洲与北美，得到前所未有的认可。随着20世纪末计算机应用的推广，使得人们对于信息的分享空前膨胀，知识的生产与传递非常迅速，在此过程中，文化的作用日益凸显，以至于成为民族国家发展的核心竞争力，人们开始重视文化的作用与意义。

在文化与经济的逐渐交融中，文化力与经济力并驾齐驱，将现代化推向更深和更广的方向发展，文化经济已经成为时代主流，并深刻影响着人类政治、经济、文化和社会生活的各个方面。在当前社会，文化已经深深融入经济当中，文化与经济已经相互依存甚至可以说实现了一体化，当前几乎所有物质产品和经济活动都打上了文化的烙印，包含着各种文化要素，文化因素已成为当代社会生产力的原发因素与经济增长的根本推动力，有文化作为支撑，生产力将获得质的提升和大的跨越。同时，文化作为精神财富的一部分，被广大人民群众所接受、熟知和传播，而文化的精神形式也逐渐被外化，融入到有形的物质中，成为发展的重要动力，2016年更是将"文化自信"纳入国家发展理论中，充分展示文化的重要性。

在当前文化对社会发展发挥重要作用的环境下，我们必须走好文化现代化道路。狭义的文化指社会的意识形态以及与之相适应的制度和组织机构，广义的文化指人类在社会历史发展过程中所创造的物质财富和精神财富的总和，包括物质文化、制度文化以及心理文化三方面。本节的探讨基于广义文化而言，认为人人都是文化的创造者和承载者。在这个基础上，走文化现代化道路时必须树立"大文化"观念，正确认识和对待文化，强调文化是人们对自然、社会万千世象的创造、领悟及其成果；必须向开发文化产业、经营文化管理、挖掘文化经济价值转变；必须树立文化兴国兴区理念，认识到文化生产力的重要性，看到一切要素中的隐藏文化，并使之转化为生产力，全方位多要素运用文化资源，通过文化带动地区经济社会的全面发展；必须树立大众文化观念，以人人都是文化人的观念对社会中的人进行文化要素的发掘，充分发挥人的文化能动性，进行文化活动，创造并形成新的文化模式。同时，文化现代化道路应包含以下几个方面：第一，不是单纯意义上的农业现代化、农民现代化，而是整个地区的全面现代化，不是传统农业通过工业化实现的现代化，而是以文化为载体实现农村产业现代化，进而实现农村社会的现代化。第二，通过文化实现现代化的地区在整体的形象上也必须是具有地方文化特色的，整个地区的经济、生态等五位一体的发展应该以文化为背景和支撑。第三，对于一个地区的经济发展来说离不开人的活动，要实现文化现代化必须要有文化人的参与，而要打造全面现代化，必须挖掘人的文化要素并运用，培养和运用人的文化性。

综上所述，从内容层面来看，文化是从上到下各个阶层、各个群体、每个人都存在的、都拥有的一种资源，文化具有大众性、普遍性，人人都是文化人，走文化现代化道路具有现实可操作意义。因此，在农村现代化道路上应该重视文化的重要性，明确一切要素都可以文化化，通过打造文化内涵提高农村发展的内生动力和可持续性，提高农村社会的整体活力，实现农村社会的现代化大发展。

五、结语

在全球性现代化世界观的影响下，国家发展越来越重视整体的均衡和个体的（包括农村与城市、农民与市民每一个部分）发展，乡村振兴战略在这个基础上应运而生。中国共产党第十九次全国代表大会将解决"三农"问题依旧作为中国共产党工作的重点，并首次提出乡村振兴战略，推进精准扶贫工作，努力全面实现小康社会。在2017年的中央农村工作会议中提到在精准扶贫工作中必须坚持精准扶贫、精准脱贫，把提高脱贫质量放在首位，注重扶贫同扶志、扶智相结合，激发贫困人口内生动力。[1] 精准扶贫和脱贫发展到现阶段已经不仅仅是数字上或指标上的脱贫，更加注重农村地区的全面发展和乡村振兴，注重农村地区人的发展。而本节所提到的就地现代化是内涵化的乡村振兴，通过以文化为主导的开发和发展模式，挖掘、整合和利用优秀的传统文化资源，与现代科学技术、新文化相结合，在全域旅游的背景下，以文化产业化和产业文化化的方式，可以促进农村地区的文化繁荣，激发农村内生动力。在这种基础上，农村居民可以自由选择工作地点、工作方式，农民作为一种职业可以兼业化，农业可以在原有的基础上获得多种方式的新生，农村社会经济发展拥有持续的动力，农村社会拥有良好的生活环境，农村社区原住居民愿意留下来，还能吸引人才，农村社会整体和谐可持续，使农村居民生活的幸福感和舒适感得到增强，因而又可以促进农村经济社会整体向前发展，推进农村社会现代化进程，形成一个良性的循环。因此，走以文化为动力的就地现代化道路对于实现乡村振兴具有重要意义，对于实现农村全面可持续发展具有可操作性，对于解决当前人民日益增长的物质文化生活需求与不平衡不充分发展之间的矛盾具有重大现实意义。

乡村振兴战略是中国政府在对农村地区长期实践把握的基础上做出的新判断，城乡融合是农村发展的新阶段、新境界、新模式，是当今环境下中国发展的新理论，走特色乡村振兴道路对其他发展中国家的现代化具有极强的借鉴意义，中国特色现代化道路可以避免走西方工业化、城市化的单一现代化道路，以各国具体国情为出发点，以农村、农业问题为重点抓手，以农村自我发展为强大动力，探索多层次、多元化的现代化发展道路，为各国现代化尤其是农村现代化发展提供思路，丰富全球现代化发展模式。

---

[1] 郝云宏，雷原. 农村现代化的基本涵义和衡量指标 [J]. 甘肃社会科学，1999（4）. 中央农村工作会议在北京举行习近平作重要讲话 [N]. 人民日报，2017-12-29.

第三篇
实践反思

理论观照与实践反思：
乡村振兴道路背景下的产业融合探究 [1]

全球性现代化概念表明现代化运动是时间空间统一而不可分割的整体。从全球性现代化的视野观察中国现代道路，"乡村振兴"从"战略"提升为"道路"，表明中国式"两条腿走路"的现代化道路认知正式成形。本文据此研究认为："乡村振兴道路"在本质上讲是"农村就地现代化道路"，以农业为基础的农村就地现代化道路的关键是农村产业的融合发展，为此，本文特别强调走乡村振兴道路，必须坚持政府是"主导"、乡村是"主场"、就地现代化是"主道"、产业融合发展是"主业"、内生发展是"主流"、三农工作队伍是"主体"、城乡等值发

[1] 本文为中国烟草总公司湖北省公司 2019 年改课创新课题《打造湖北烟叶产业"三个典范"的实践与探索》课题的阶段性成果。作者简介：萧洪恩（1961— ），男，土家族，湖北武汉人，哲学博士，华中农业大学社会学系教授。研究方向：民族哲学与民族文化、农村社会学、民俗学。姜芳（1984— ），男，中国烟草总公司湖北省公司农艺师，主要从事烟叶栽培与现代烟草农业建设方向。

展是"主向",因而必须强力推进乡村振兴中的产业融合工程。

自全球性现代化运动在世界上形成以来，一直走着工业化、城市化、市民化、理性化、民主化的现代化道路。然而，后工业社会对理性化的反思、"拉美陷阱"、"东亚陷阱"对城市化及市民化的冲击、全球环境问题对工业文明的挑战，及至中国现代化探索过程中的思想激荡、观点碰撞、理论争论与实践反思等，也一直让人们对中国现代化道路问题进行反复追问，并形成了一系列的反思性成果。"农村就地现代化"的中国现代化发展道路就是在这一过程中形成的思想成果之一。

一、就地现代化：中国现代化道路的理论观照

自 20 世纪初叶在中国形成"现代化"概念以来，理论上、实践上就开始了对中国现代化道路的有益探索。"中体西用"还是"全盘西化"，"农化"还是"工化"的争论，成为中国人初始探索时期的反思成果。不过，人们似乎更热衷于"工化"，以至于罗荣渠先生在其《现代化新论》中即认为："广义的现代化主要是指工业革命以来现代生产力导致社会生产方式的大变革，引起世界经济加速发展和社会适应性的大趋势；具体来说，这是以现代化工业、科学和技术革命为动力，实现传统的农业社会向现代化工业社会的大转变，使工业文明渗透到经济、政治、文化、思想各个领域并引起社会组织和社会行为深刻变化的过程。"[1]从以上定义中可以看出，这种现代化认知主要表现为经济领域的工业化和市场化、政治领域的民主化和法制化、思想文化领域的理性化和科学化等。

不过，自改革开放以来，由于在实现现代化的道路上，我们长期坚持单一而片面的"工业化、城市化、市民化"的现代化道路，导致中国"城市病"与"农村病"并行且日益严重，于是自 2004 年以来中共中央连续下发一号文件，2006年更决定建设社会主义新农村，但实施的结果却并不尽如人意，因为在不同程度上存在着用"工业化、城市化、市民化"的思想观念解决新农村建设问题，于是自 2015 年以来中央从"产业融合"的角度出台了一系列的政策以便克服"城市

---

[1] 罗荣渠.现代化新论——世界与中国的现代化进程 [M].北京：商务印书馆，2004.

病"与"农村病"二病，如 2015 年下发《关于推进农村一二三产业融合发展的指导意见》、2016 年下发《关于落实发展新理念加快农业现代化实现全面小康目标的若干意见》、2017 年下发《关于深入推进农业供给侧结构性改革加快培育农业农村发展新动能的若干意见》，等等。特别是中国共产党第十九次全国代表大会上提出"乡村振兴战略"以后，2019 年又在《中国共产党农村工作条例》中把其上升为"乡村振兴道路"，于是在全党以"三农"问题为总抓手的大背景下[1]，"产业融合"已经被纳入了一个全新的中国现代化道路框架中。既然有融合，自然是先有界限，因而是一种有城乡边界的融合。

邓小平在论及社会主义本质时曾有一个形象而生动的阐明："社会主义是一个很好的名词，但是如果搞不好，不能正确理解，不能采取正确的政策，那就体现不出社会主义的本质。"[2] 这里强调了一个理论变成有效现实的三个基本环节及一个社会效果：实践上能不能搞好、理论上能不能正确理解、政策上能不能正确实施，并进而影响其正常功能的发挥。邓小平的这一思想一直是我们看待当代中国发展问题的根本方法论，即理解准确、政策正确、实践科学。落实到对待中国的现代化道路问题时，即是如何正确地理解中国的现代化道路，并且进行科学实践，也就一直是我们所关注的问题。

早在 2005 年，当新世纪中央关于农村工作首份一号文件发布以来，我们在梳理 20 世纪 80 年代以来中央关于农村一号文件的基础上发现，中央的政策在实施过程中明显地受到"不能正确理解"的影响，特别是 2004 年的一号文件实施以来，我们更是努力调查研究并进行理论反思，结果发现：中央关于农村工作一号文件的有效落实，一个重要的思想因素就是人们在中国现代化道路问题上，基本局限于农业工业化、农村城市化、农民市民化的"老三化"道路。于是笔者在 2005 年底提出了中国农村就地现代化道路的问题，并于 2006 年初发表了一篇短文。[3] 其中特别提出了中国应走中国特色的现代化道路："在西方，甚至包括东

[1] 习近平.把乡村振兴战略作为新时代"三农"工作总抓手[J].社会主义论坛,2019(11): 4-6.

[2] 邓小平.邓小平文选[M].北京：人民出版社,1994：313.

[3] 萧洪恩.对"传统三农"进行现代化改造[N].湖北日报,2006-02-24（3）.

方的日本在内，现代化建设走的是一条农村城市化、农民市民化、农业工业化的发展道路。在这一过程中，农村因城市化而出现'过疏化'问题，并被认为是现代化过程中的必然产物，中国农村当前也有了这种现象。但是，这种现象、这种现代化模式的普遍价值在中国这样的国度遇到了最大的挑战是：中国庞大的国土面积、庞大的人口基数、中国的文化传统与中国共产党人的宗旨等中国特色的背景。"在新农村建设进行的近两年实践以后，我们在 2008 年更是直接提出了中国"农村就地现代化道路"的明确观念[1]，认为"所谓就地现代化的道路，就是指农村居民利用近现代工、农业科学技术，提高农村生产力水平，发展农村经济，优化农村社会结构，逐步缩小城乡差别，最终实现城乡共同现代化。只有这样，才能使我国农村实现经济、社会、文化的现代化，让广大农民变成具有现代观念的'新民'"[2]。此后，中国农村的就地现代化问题一直是我们关注的焦点，并先后发表了一系列文章进行阐明。

目前，就地现代化已经获得了日益广泛的认知。曾主张"就地多元化"的学者杨团女士承认了"就地现代化"[3]，并在开讲《探索乡村治理的创新范式》中特别强调"就地现代化"问题；全国性的学术会议以此为主题进行讨论，认为当中国 90% 的乡村处于凋敝时，特色小镇的建设解决了一个非常重要的问题，就是就地现代化。这一定是对我们过去做的方式的一个革命性的转变[4]；从网上有培训课件《建设综合农协实现农村就地现代化与新型城镇化》来看，已经有了相关"就地现代化"培训，还有的在培训中也阐明这个问题，如《农村就地社会化课件》的首页标题即是"中国农村就地现代化道路"；在介绍地方经验时，如《乡

---

[1] 梁博强，戴维.农村现代化模式的发展与创新 —— 以鄂尔多斯市农村的就地现代化为例 [J]. 内蒙古农业大学学报（社会科学版），2008，10（4）：41-43.

[2] 戴维，梁博强，萧洪恩.农村就地现代化发展模式初探 [J]. 商业时代，2008（7）：105-106.

[3] 杨团.就地多元化：农村现代化的一种选择 [J]. 中国改革，2005（11）：57-59. 杨团."三农"就地现代化与城乡等值 [N]. 中国旅游报，2016-3-18（B01）.

[4] 成琪，魏金金.深度对话：特色小镇的建设重在解决就地现代化问题 [EB/OL].[2017-08-15].http://www.ce.cn/culture/gd/201708/15/t20170815_25004634.shtml.

村文化旅游大有可为》一文在介绍"江苏常熟尚湖里的'水中森林游'是游客的最爱"时即强调："乡村旅游发展对于农村就地现代化和就地城镇化意义现实而又深远，它助推城乡统筹发展和优势互补，真正让全国老百姓'望得见山，看得见水，记得住乡愁'。"[1] 在《2020 年支持 6000+ 试点村发展乡村旅游》中则提出："乡村旅游是主客共享的，是就地现代化和就地城镇化。城里的人不用跑得很远就可以享受到乡愁，村里的人就地就可以城镇化和现代化，所以就是两个就地实现城乡的统筹一体，这个意义是非凡的，但意义可能比单纯做一个假日改革带来的社会影响更综合、更深远。"[2] 海南在邀请专家学者座谈时，也明确了按照"不砍树、不拆房、不占田，就地城镇化、就地现代化"的原则，着力走出一条具有琼海特色的城镇化道路，为海南乃至全国探索一个成功的实践范例，谱写了美丽中国琼海新篇章。[3] 有学者更是强调"乡建的核心价值是重建和恢复农村，让农村就地现代化"，并探讨了"乡村就地现代化应该如何实现"的问题[4]；强调"苏南模式"即是农村就地现代化发展的典型[5]；强调探索中国特色的农村现代化道路，认为农村就地现代化的道路能缓解"三农"难题和乡村治理难题[6]；强调农村人口与资源就地现代化，可以走农村就地现代化以分担城市职能之路[7]……由此可以看出，"就地现代化"已经日益成为当代中国农村现代化发展的共识。为

---

[1]　涧河．乡村文化旅游大有可为 [N]．中国文化报，2016-01-07-010．

[2]　国家旅游局．2020 年支持 6000+ 试点村发展乡村旅游 [EB/OL].[2019-07-14]. http://www.sohu.com/a/326829383_99899537.

[3]　魏巍．海南侨乡琼海走不砍树不拆房不占田城镇化之路 [EB/OL]. [20174-01-11].https：//news.rednet.cn/c/2014/01/11/3249198.htm.

[4]　钮小雪．未来五到十年中国将形成一个返乡高潮 [EB/OL]. [2014-11-14]. http://www.csrworld.cn/article-3441-1.html.

[5]　虞锐．新苏南模式下的农村现代化研究 —— 以江苏溧阳市社渚镇为例 [J].青年与社会：上，2015（11）：183-184.

[6]　杨团等．探索中国特色的农村现代化道路 [EB/OL]. [2017-09-28].http：//whb.cn/zhuzhan/kandian/20170928/104915.html.

[7]　谢麓．也许：现代化≠城市化 [EB/OL]. [2014-02-04].http://blog.sina.com.cn/main_v5/ria/private.html?uid=1402047045.

此我们已经另外进行了相应的专文梳理。

二、基础与现状：乡村振兴中的产业融合成就

为了加深对探索新的中国式现代化道路的理解，从 2019 年 4 月起，我们对城乡融合发展中的产业融合进行了又一轮的综合考察，先后在湖北西部（鄂西南、鄂西北）、渝东南、贵州（六盘水、遵义、黔东北等）等地进行了深入的调查研究，特别是以"产业融合"为具体考察对象，且专门对烟草行业综合体建设等进行了更为深入的解剖，形成了一系列的解剖材料，厘清了实践中的成就与局限，现初步分析如下。

在本节的调查范围内，产业融合有两个不同的层次：

一个层次是城乡融合背景下的产业融合，本质上是以产业融合为城乡融合的基础和核心，其关键是通过加强相对发达的非农产业部门和相对落后的农业部门之间的经济交流与合作，实现生产要素的合理流动和优化组合，逐渐缩小城乡收入差距直至趋同从而实现经济一体化。[1] 这个层次强调的是在城乡有边界关系视角下的产业融合，需要关注城乡的联系与互动，既有农村一般意义上的一二三产业融合与空间上的集聚，也包括城市与农村之间产业的融合性互动，目的是通过将资源要素在城乡之间优化配置，实现产业链延伸、产业关联、产业集聚、技术渗透，从而使农业与其他产业有机整合、融合发展，进而实现增加农民收入、发展农村经济、推进农业和农村现代化的目的。

另一个层次是在特定地域范围内不同产业或同一产业内的不同行业之间的相互渗透、相互交叉，最终融为一体，逐步形成新产业的动态发展过程。[2] 据此，可以在城市或乡村形成不同的产业融合格局。就农村地区来看，农村产业融合主要指的是农村一、二、三产融合，其中特别强调的是在乡村振兴战略背景下以农业为基本依托而实现的产业联动、资本集聚、技术渗透、体制创新、要素集约，

---

[1]　黄小明．收入差距、农村人力资本深化与城乡融合 [J]．经济学家，2014（1）：84-91．

[2]　历无畏，王慧敏．产业发展的趋势研判与理性思考 [J]．中国工业经济，2002（4）：5-11．

使农业生产环节、农产品的加工与销售、餐饮、休闲以及其他业态有机地结合在一起，从而实现农村一、二、三产业之间紧密相连、协同发展。

本次调查特别针对的是农村地区的产业融合问题，并可从上述两个层次展开。第一个层次是城乡产业关系。这一层次的产业融合使城乡边界日益模糊，城乡产业发展越来越表现出综合性、交叉性，从而呈现分工合作、优势互补、共生共享的产业发展新格局。[1] 第二个层次是在农村区域内部。在 2015 年中央文件首次明确提出推进农村三次"产业融合"政策下，原本就已经日益展开的产业融合工作更加自觉地成为促进农业提质增效、农民增产增收、农村繁荣发展的重大战略目标，这种自觉在更加广阔的范围内打破了传统农村产业发展的隔离状态，日益突破产业边界、城乡边界、行业边界，逐渐形成了推动城乡融合发展的理论框架、政策指导、内在机理、关键路径、根本保障、多元模式。

根据上述两个层次，如果综观全国，并以农村产业融合发展对城乡居民收入差距的影响为尺度，则农村产业融合在整体上呈现出快速发展态势，这种融合发展通过延长农业产业链条（我们分析为莲花式产业融合、轮式产业融合、网络式产业融合、多种经营式产业融合等类型）、发挥产业多维功能性（我们分为经济发展功能、文化传承功能、生态维护功能、教育引导功能、科教培育功能、示范带动功能等）以及促进农村服务业等第三产业融合发展之途径，有效地促进了农民收入的持续快速增长、农村现代化因素的有效积累。有学者已经通过数据分析发现其对农户增收效应高达 50% 以上，从而有效地缩小了城乡居民收入的差距，提高了农地生产率和劳动生产率，并进而有助于缩小城乡发展差距。

（一）农村产业融合的深度拓展

农村产业融合的基本标志是能够促进产业升级，走好传统产业的现代转型发展之路。具体表现在产业规模的不断壮大和产业层次的不断提升、三次产业相互交叉的互动增强与相互渗透的能力拓展、主导产业的辐射广泛与多业共荣趋势的明显增加、转型升级势头强劲与发展模式多元格局等方面。

---

[1] 任迎伟，胡国平. 城乡统筹中产业互动研究 [J]. 中国工业经济，2008（8）：65-75.

延长了农业产业的纵向融合以拉长产业链，如笔者考察的恩施、十堰、襄樊、宜昌的烟区，是湖北省的重要烟叶生产基地，各地立足烟叶种植业这一优势产业，积极推动"种子研选—育苗—种植—烘烤—捡选—销售—设备后续利用……"这一农业产业链条的纵向融合，并形成了相应的烟肥生产、烟水烟路配套、其他产业配合等，有的地方还形成了"互联网＋农业"模式，推动辅助农产品的流通销售网络化。

推动了农业横向融合以开发农业的多元功能，如烟叶行业在提升烟叶产品的基本经济功能而外，还努力提升烟叶生产的生态保育、文化传承、科普教育、示范带动等其他方面的功能，这方面的典型如恩施的望城坡、房县的项家河等，都是烟草农业与休闲观光、会展旅游与教学科研融合的较好典型，实现了田园综合体、文旅与农产相结合的综合发展模式，现代农业、智慧农业、创意农业与会展旅游、住宿餐饮等得到较好的结合；重庆九黎城以九黎文化为主导、安子镇罗家坨、黔江土家十三寨、恩施枫香坡等，都形成了自己的特殊横向拓展模式。

勇于推动三次产业的跨界融合以增强农村发展的全要素生产力（我们多次强调"当代要坚持全要素生产力发展观"），如兴山榛子在不断增强实体经济的同时，努力实现农业与高级生产要素，如农用科技、农用工业的协同发展能力，强化推动工业、农业与科技创新、现代金融、信息技术的深度融合等（不少地方提出的是"第六产业"的形成与发展，实质上是三次产业产生的相乘效果）。

（二）坚守有城乡边界的产业融合

城乡"二元社会结构"一直被学界诟病，认为城乡差距等问题都因之而起，现代化的目标就是要消除城乡"二元社会结构"。但是，按照我们"两条腿走路"的中国现代化道路模式，为了解决中国人的饭碗牢牢地端在自己人手上、为了守卫中国的广大边疆国土，加上中国城市的辐射力有限、中国庞大的人口基数、中国共产党人的根本宗旨等因素，"在现代化进程中，城的比重上升，乡的比重下降，是客观规律，但在我国拥有近14亿人口的国情下，不管工业化、城镇化进展到哪一步，农业都要发展，乡村都不会消亡，城乡将长期共生并存，这也是客观规律"[1]。因此，"城乡二元社会"将是一个永远的存在，从而也就决定了城乡融合始终有一个城乡边界（非传统意义的"二元社会结构"）。因此，在笔者考察的产业融合试点中，始终坚持了这种城乡边界。

城乡有边界恰好是城乡融合的基础。虽然最初出现的边界加深了城乡二元的区隔，但到了一定的发展阶段后又会由于社会分工的逐渐深化、出于节约交易成本的考虑，在技术进步与灵活管制放松的支撑下出现城乡产业边界的打破，进而出现一个主体范围更大的产业融合，产业融合过程中又更进一步打破产业之间的边界，从而实现新时代的城乡融合发展。比如咸丰县根据建设美丽烟区打造"三个典范"现代农业综合体总体的思路，围绕"以烟为主、板块流动、产业互补、融合发展"的原则，积极抢抓乡村振兴战略的重大历史机遇，结合咸丰实际，推进咸丰县坪坝营镇走马岭村烟叶产业综合体基于"烟叶壮大、多业兴旺、优势互补、融合有序"的产业集群思想，基于绿色、生态、宜居、和谐、美丽的农业农村建设示范区理念，全面提升综合体内基础设施、公共设施、烟区烟田基础设施，就是一个很好的范例，并取得了一定进展。[2]

（三）探索各有特色的产业融合模式

目前，产业融合的模式正在不断丰富和创新，比如有代表性的研究成果、江苏省农业科学院休闲农业研究所结合实地调研情况选取的 91 个案例编辑而成《中国休闲农业与乡村旅游发展经典案例》[3] 即总结了这方面的田园农业开发模式、休闲度假开发模式、科普教育开发模式、农业主题开发模式、民族风情开发模式、村落乡镇开发模式、回归自然开发模式七种开发模式；张军[4] 提出城乡产业融合应大力推进产庄融合、产城融合、产业链融合和互联网融合四种模式，等等；另

---

[1] 习近平.把乡村振兴战略作为新时代"三农"工作总抓手[J].社会主义论坛，2019（11）：4-6.

[2] 本节中有关烟草产业融合的基础素材，均来自于调查过程中参与座谈后形成的总结报告，在此不一一注明。

[3] 潘利兵等编.全国休闲农业和乡村旅游经典案例[M].北京：中国农业出版社，2018.

[4] 张军.城乡产业融合的规律、平台与模式研究[J].农村经济，2018（8）：31-36.

有关于互联网＋农业、种养加一体、小农户＋社会化服务等新兴经营模式的总结，并强调农村电商、乡村旅游、农业休闲、农业观光等新兴经济业态的意义与价值。[1] 我们的调查也发现了不同的融合模式，但主体体现在文旅、农旅等模式上，特别是在鄂西生态文化旅游圈内更是这样。

产业融合发展有明显的地区差异，如东部发达地区通过高度发达的城市群辐射作用而形成以有机农业、休闲旅游度假、教育养老等为代表的质量型经济、服务型经济模式，并伴生了休闲农场、特色民宿等新型产业形态（所谓"第六产业"）。相比而言，中西部虽然也有发展，但却明显滞后；另一方面，"互联网＋农村"的发展也是东部更加发达、西部稍迟但却发展很快等。

三、问题与思考：乡村振兴中的产业融合研判

根据我们的考察研究，如果以 2035 年为尺度，"产业融合"的问题还有许多关键的问题必须解决，有不少理论或观念问题需要厘清，这就是笔者的研判。

（一）产业融合的指导思想不明："两条腿"的现代化道路认识有待清晰

前面提到，早在 2005 年，我们就根据中国农村的实际情况，提出不能走单一的"工业化、城市化、市民化道路"，而应该走传统"老三化道路"与"农村就地现代化道路"相结合的"两条腿"走路的中国式现代化道路，并针对"农村就地现代化道路"有多篇论文论证。事实上，当中共中央关于"新农村"建设的文件发布以后，已经更明确地体现出中央对中国农村发展道路问题的深刻认识，但学界及实践中并没有完全认识到该问题的实质是中国现代化道路问题，以至于在"新农村"建设过程中按"城市化"思路建设而忽视了现代农业和现代农村、现代农民发展的统一性（"三农"问题的本质所在，传统的"三农"，在清代即有学者著《三农论》一论），以至于中央再次提出"乡村振兴战略"，习近平总

---

[1] 李军刚，王瑶．试析毛泽东城乡融合发展思想及其现实价值 [J]．长春工程学院学报（社会科学版），2019，20（1）：1-5.

书记在阐明乡村振兴战略时，在《把乡村振兴战略作为新时代"三农"工作总抓手》[1]一文中，事实上提出"乡村振兴道路"问题（实质上是"农村就地现代化道路"），其要点有五个方面：

第一，特别强调"没有农业农村现代化，就没有整个国家现代化"的农业和农村现代化发展目标，而不是单纯地强调农村城市化、农业工业化、农民市民化（我们所称的"老三化"），并认为这是解决"中等收入陷阱"的必由之路。

第二，提出了解决"两条腿"共同进步的问题，认为"同快速推进的工业化、城镇化相比，我国农业农村发展步伐还跟不上，'一条腿长、一条腿短'问题比较突出"。

第三，强调中国的独特的国情与社会发展规律，即"在现代化进程中，城的比重上升，乡的比重下降，是客观规律，但在我国拥有近14亿人口的国情下，不管工业化、城镇化进展到哪一步，农业都要发展，乡村都不会消亡，城乡将长期共生并存，这也是客观规律"。为此还规定了城乡界限："即便我国城镇化率达到70%，农村仍将有4亿多人口。"因而要有底线意识，其中特别是城乡边界、基本农田保护红线、生态红线等。

第四，对"农村就地现代化道路"的内容做了具体规定："农村现代化既包括'物'的现代化，也包括'人'的现代化，还包括乡村治理体系和治理能力的现代化。我们要坚持农业现代化和农村现代化一体设计、一并推进，实现农业大国向农业强国跨越。"

第五，提出了一些明显的不同于西方现代化道路的显著特征，如在经营主体方面强调"资源禀赋决定了我们不可能各地都像欧美那样搞大规模农业、大机械作业，多数地区要通过健全农业社会化服务体系，实现小规模农户和现代农业发展有机衔接"；在发展方向上强调"我们一开始就没有提城市化，而是提城镇化，目的就是促进城乡融合"等，所以，文中强调"我国乡村振兴道路怎么走，只能靠我们自己去探索"的"道路"问题。

在《中国共产党农村工作条例》中更是直接强调了"道路"问题："坚持走

---

[1] 习近平.把乡村振兴战略作为新时代"三农"工作总抓手[J].社会主义论坛,2019(11):4-6.

中国特色社会主义乡村振兴道路，推进乡村产业振兴、人才振兴、文化振兴、生态振兴、组织振兴。"但是问题在于，不仅学界没有普遍地从"道路"上来认识中国的现代化建设道路问题（从已经召开的数次有关乡村振兴战略的研讨会论文及发言中即可见出，查阅知网论文也可见出），而且实践上也还在相当多的地方按照传统的"老三化"思想指导"乡村振兴"工作，甚至在一些十分偏远的地方，也仍然以"工业园区"引领。所以，笔者认为，应在全国进行一次中国现代化特殊道路的教育，对指导思想来一次根本性变革，将乡村振兴与产业融合统一在有中国特色的社会主义现代化的特殊道路上来（电视专题片《我们走在大道上》可以参见）。

（二）产业融合的空间规划不足：应根据城乡区域分布的边界明确产业方向

《中共中央国务院关于建立国土空间规划体系并监督实施的若干意见》提出：建立全国统一、责权清晰、科学高效的国土空间规划体系，整体谋划新时代国土空间开发保护格局，综合考虑人口分布、经济布局、国土利用、生态环境保护等因素，科学布局生产空间、生活空间、生态空间，是加快形成绿色生产方式和生活方式、推进生态文明建设、建设美丽中国的关键举措，是坚持以人民为中心、实现高质量发展和高品质生活、建设美好家园的重要手段，是保障国家战略有效实施、促进国家治理体系和治理能力现代化、实现"两个一百年"奋斗目标和中华民族伟大复兴中国梦的必然要求。按照这一要求，产业融合必须解决以下一些问题：

第一，根据国家的国土规划方案确立城乡边界，乡就是乡，城就是城，真正根据城乡融合格局建构产业融合模式，但现在不少地方对此并没有引起重视，因而在产业选择上目标不明确，如果能像湖北长阳、重庆彭水和黔江等地区那样长期坚持文旅产业融合，就一定能走出一条产业融合的适合道路。

第二，如何坚持一张图绘到底，让土地流转长期化以使产业有长期发展的打算，这不仅需要有长期的空间规划，而且也需要有长期的资金投入，这就需要有农村金融的介入。所以，空间规划的尽快落实，是目前产业融合必须解决的根基性问题，其基础又是农村土地资源的合理而高效利用的问题。

（三）产业融合的基础工作不牢："农村产业发展"不平衡不充分

笔者的详细调查涉及 19 个点，襄樊、十堰、恩施、宜昌、彭水、黔江、仁怀、六盘水等，各地在产业融合方面都做了不少努力，除一般村庄的乡村空间格局规划缺位、村庄"空壳化"、业态不丰、各产业融合不够，从而导致产业结构失衡、居民收入来源单一、生活质量不高等问题之外，在笔者所调查的地方，"产业融合"的问题还有几个关键的问题需要解决：①融合方向上过分依赖城市带动而忽视农村的自我发展，传统产业、传统文化、传统技术的现代转型不够；②不少地方产业还不适应中国经济结构不断转型升级与产业发展的未来需求，加强产业、行业的融合不紧。比如笔者调查的烟草产业，融合性发展要有效突破传统烟叶生产与其他产业相分离的情况，借助于已有空间内全部要素（全要素生产力）与域外空间内的适宜要素，逐步产生以烟叶生产为基础，培育各类与烟叶发展相融合的优势产业，不断强化融合性产业在生产、加工、销售、服务方面的烟叶依赖性，提升各类种养加、产供销、农旅文的烟叶发展一体化，最终形成适应市场而不失特色的现代烟叶生产综合体，形成以烟叶为基础的产业链式融合发展机制，行业以烟叶、烟叶生产专业化服务、烟叶生产技术为基础，充分依托地方政策、依靠自身发展优势，不断适度、合理、有效地介入烟叶融合性产业的生产、加工、流通、销售等环节，增强其他产业的发展后劲，不断推动烟叶产业融合性发展，提升其他融合型产业的产品收益与基本效益，最终实现烟农的常态化增收。为此，我们特别强调要实现链式融合。

烟叶产业融合链涉及烟叶种植、初次加工、分拣等基本流程，以及烟叶种植服务和相关融合性产业。结合烟叶生产的具体实际，我们认为坚持以烟叶专业合作社为带动的烟叶融合发展模式是当前烟区的主要创新，也是烟区需及时关注的问题。烟叶产业融合是以烟叶生产为主导，是逐步将烟叶生产技术及其他高新技术引进综合体的过程，不断加强烟叶发展技术的共享力度，强化职业烟农的市场经营能力。增加烟叶综合中融合型产业的"增值机会"和"增值空间"，逐步拓宽、拉长烟叶融合性发展产业链。坚持在烟叶的各个环节提升增值空间、提高融合性产业的附加值。我们认为融合性链式当前具体可分为三类，即纵向一体化产业链、横向一体化产业链、综合一体化产业链，这三类产业链形式既有区别也有联系。纵向一体化产业链强调以产业的发展时序、程序为基础，深化在发展时序、程序上的深度融合；横向一体化产业链强调多重产业间的相互融合，重点在于多个产业间的配合、协调、集成，使得某一产业具有多重功能、多项行业属性、多种收益可能；综合一体化强调区域经济、文化、生态、主体的全面发展，是以区域的整体规划为前提，目标是实现区域的整体发展。

四、愿景与重点：乡村振兴中的产业融合工程

从"两条腿"走路的中国特色现代化道路（含"乡村振兴道路"）出发，根据农村产业融合发展、农业农村现代化（其中包括城镇化）、城乡融合发展的传导机制，培育区域支柱产业，高度重视和倾力支持产业融合发展工作，把产业融合发展按照全面现代化发展的需要、走好乡村振兴的道路、保持产业持续高质量发展要求，紧盯产业发展有保障、农民增收有后劲、农业农村有发展，算好产业发展的地位账、可持续发展的长远账、农民增收的明细账，强化引导、精心组织、凝聚合力，蹄疾步稳地推进产业融合发展，确保产业融合实现"三稳三提"（稳规模、稳区域、稳农民、提技术、提质量、提效益），有效解决产业融合的突出问题，加快建设现代化产业、发展现代农村、培养现代农民工作。

（一）战略愿景

为此，我们曾结合各地实际提出了不同地区的产业融合目标，具体情形如下。

1. 开辟一条中国式乡村振兴道路（就地现代化道路）

实施乡村振兴战略的本质就是中国农村的就地现代化，故而已经被上升为乡村振兴道路。

中国农村就地现代化是指三农工作队伍在农村利用近现代工、农业科学技术，提高农村生产力水平，发展农村经济，优化农村社会结构，逐步缩小城乡差别，

最终实现城乡共同现代化。[1] 从萧洪恩对农村就地现代化的定义来看，农村就地现代化应在地方政府主导下（地方政府是"主导"）体现以下方面特征：①从地理空间来讲，"就地"是在原处在当地，即以农村原有地理范围、生态环境、实际情况等为基础，进行现代化"改造"以实现农业农村农民现代化（乡村是"主场"）；②从发展路径来看，不是过去单纯的城市化、工业化、市民化之"老三化"，而是以农村具体情况为背景，多元化选择现代化道路，城镇化、工业化、就地农业农村现代化等都可以是一种手段，坚持"两条腿走路"的中国现代化道路（就地现代化是"主道"）；③从发展动力来看，不是单纯工业化或农业现代化，而是农业与第二、第三产业的结合，以科技＋农业、互联网＋农业、旅游＋农业、文化＋农业等的"第六产业"（不是第一二三产业相加而是相乘）为内生动力，是城乡融合框架下在产业深度融合（产业融合发展是"主业"）；④从性质来看，不是单纯依靠城市或政府单向输血的方式，而是基于农村自身特点，形成一种自我支持、自我约束的良性发展机制，与城市化共同构成中国社会发展的两大并行路径（内生发展是"主流"）；⑤从发展主体来看，是以农村常驻居民及具有农村户籍的进城务工返乡人员为主，与城市的反哺结合形成强大的"三农工作队伍"，并通过发展产业融合，激发农村主体人员就地从业以留住农村人才，同时又通过发展农村现代化服务于农村居民，形成广泛而有力的三农工作队伍（三农工作队伍是"主体"）；⑥从发展目标来看，不是消除城乡差异和距离，而是在保持城乡边界的基础上，缩小城乡发展差距，努力实现城乡等值式的城乡融合性发展。

2. 形成试点产业融合典范，稳步推进就地现代化

根据多次调研，特别是与基层干部群众的交流沟通，笔者认为应实现"五个典范"的融合发展目标，具体表现在：

（1）通过多层次的产业连接，形成产业综合体的典范。目前的乡村，多数乡村仅具有多种经营的特色，还算不上产业融合，更没有形成产业链条，下一步

---

[1] 戴维，梁博强，萧洪恩. 农村就地现代化发展模式初探 [J]. 商业时代，2008（7）：105-106.

的产业融合工作，就是改变目前乡村产业的机械组合状况，形成真正的产业融合，并打造一种产业综合体典范。这要根据实际情况进行产业培育，特别是新兴产业的培育。

（2）通过多产业的内在连接，形成产业融合发展的典范。根据我们所选择的试点，在全面厘清产业融合发展基础条件后，结合村情（乡情、县情）及资源状况，适时安排融合、合理、高效型产业，特别要加强纵向融合一体化的产业发展，自然也不放过横向一体化产业融合，初步培育集成性、融合性产业发展典范乡村。

（3）通过产业融合的推动，形成乡村全面振兴的典范。按照乡村振兴战略的构想，产业融合要通过产业振兴推动人才振兴、文化振兴、生态振兴、组织振兴的全面振兴，构成"五位一体"的总体布局（通常讲的"五个振兴"），从而统筹推进农村经济建设、政治建设、文化建设、社会建设、生态文明建设和党的建设等全面发展，促进农业全面升级、农村全面进步、农民全面发展。不过，我们还应有更具体更丰富的振兴，包括组织振兴、人才振兴、产业振兴、文化振兴、生态振兴、法治振兴、服务振兴等多方面的振兴，并应规范组织强乡、能人回乡、产业立乡、环境美乡的具体发展规划。

（4）通过乡村的全面振兴，形成新的乡村精神典范。乡村振兴或农村就地现代化，关键是"三农工作队伍"的建设问题，其中最为基础的是培育"中坚农民"的内源性素质，生成一种新时代的乡村精神，我们在调查过程中看到基层组织不忘初心的为民精神，广大农民热心公益的奉献精神、勇于进取的开拓精神等，从中可见出从整体上打造新时代的乡村精神的全面实践。

（5）通过城乡的融合发展，打造好农村就地现代化道路的实践典范。"乡村振兴"战略是中国长期以来对农村现代化实践不断探索总结的成果，是对农村发展规律性、趋势性问题的把握，是在对农村地区长期实践把握的基础上做出的新判断，是农村发展探索的新阶段、新境界、新模式，是当今环境下中国现代化道路探索的新突破。农村与城市的双重现代化如同车之双轨、鸟之两翼，同等重要而不可忽视，这一突破打破了工业化、城市化的单一现代化道路。正是在这个基础上，我们强调"村还是那个村，但路已经不是原来的那条路"。所谓"村还是那个村"，就是说我们仍然还在努力为解决农村农业农民问题而奋斗 —— 对象的确定性；所谓"路已经不是原来的那条路"，就是说我们不完全指望原来的工业化、城市化、市民化之现代化道路，而是谋求通过"三农工作队伍"的努力，实现农村与农业的现代化。从这个意义上，我们来理解国家设立"农业农村部"的深意就会顺当一些。于是，我们强调乡村产业融合的最终目标不仅是乡村全面振兴，而且是形成中国特色的现代化道路之特殊实践方式。

（二）战略重点

从国内外城乡产业融合成功的典型经验及我们调查所了解的实际情况看，乡村振兴背景下的产业融合已经在逐渐破除传统二元社会结构体制的基础上建构新型的城乡二元社会关系，并按照城乡等值目标建构城乡对等发展格局，为此有以下一些基本问题必须作为战略重点加以突出：

（1）理顺权利义务关系，确立长时段的土地流转关系，建立银地紧密联系。这就要求按照产业长期发展的要求，至少以 2035 年为时间界限长期流转土地并组织相关产业。为此，必须建立银地的良性互动关系，把金融资金的注入与农地流转相结合，国家应出台相应的配套规范；应该建立全域的农村土地流转交易平台及相应地加强土地流转平台信息化建设。

（2）清理相应的政策法规，从立法精神上改变管理本位法为发展促进法，如我们的合作社法，一开始强调规范管理，但仔细分析中国当前的合作社发展实际，不少方面因管理过死而不利于发展，以至于不少的合作社在经过一轮巡视以规范"管理"后，就根本无法运行了，说到底就在于超越中国当前合作社的发展阶段；又如如何引导我们的农民种地，过去计划经济时代，农民纯粹是一个种地的责任主体——必须种地（为自己、为国家），但自改革开放以后，农民已经成为一种种地的权利主体——在多种职业选择中可以放弃自己种地的权利，于是农民从自己需要种地转向了可以不种地而从事其他职业，而国家又需要农民种地，因此，国家有必要调整农民的身份观念，并出台相应政策，真正使农民在农村产业发展中"工人化"，并进而使农民种地收入"工资化"，这就需要修订相应的农补政策，以利于农村产业的长期发展而改变农村的空壳状况。

（3）主导产业的选择与培育。按照《中共中央　国务院关于实施乡村振兴战略的意见》，到 2035 年，乡村振兴取得决定性进展，农业农村现代化基本实现。农业结构得到根本性改善，农民就业质量显著提高，相对贫困进一步缓解，共同富裕迈出坚实步伐；城乡基本公共服务均等化基本实现，城乡融合发展体制机制更加完善；乡风文明达到新高度，乡村治理体系更加完善；农村生态环境根本好转，美丽宜居乡村基本实现。到 2050 年，乡村全面振兴，农业强、农村美、农民富全面实现。可以看出，产业的选择与培育是根本基础。

（4）建构共享经济平台。共享经济也称分享经济，是个体借助第三方创建的网络平台，交换闲置物品，分享经验知识，或者向企业、某个创新项目筹集资金的平台。在中国乡村振兴背景下，个体或群体都同时既是生产者又是消费者，也都各自从生产与消费两方面拥有创造价值的能力。因此，通过共享经济平台实现暂时性转移闲置资源的使用权以形成价值增值，借以将城乡个体所拥有的特定时段在沉没的闲置资源进行社会化共享或利用，如以城乡产业融合的形式建设共享农场以提供创新空间，从而为顺利推进城乡产业融合发展奠定坚实的基础。

其他还有如建设园区聚集平台（不只是工业园区，还要丰富文化园区、农业园区等园区内涵）等，都是值得突破的方面。

（三）培育示范工程

根据笔者所调查的对象与范围，已经向有关部门提出了相关建议（初步建议，拟再跟踪调查后提出完整的建设方案），仅在湖北各地即以省域规划的形式打造六个农区美、农民富、农业强的产业融合的综合体典范，这种典范的目标是通过农村一二三产业的深度融合（相乘而不是相加），并强调以农业产业为基本依托，通过产业联动、产业集聚、技术渗透、体制创新等方式，将资本、技术以及资源要素进行扩界集约化配置，形成全要素生产力，使农村生产、农产品加工和销售、餐饮、休闲以及其他服务业有机地整合在一起，使得农村一二三产业之间紧密相连、协同发展，最终实现农村产业链延伸、产业范围扩展和农民收入增加。有学者将其整理成农村网络式产业融合，并绘制了相应的图式。笔者则按照全要素生产力（坚持"全要素生产力观"）图式，在中国农村地区按照"两条腿"走路的现代化发展格局，分别坚持科学技术是第一生产力观（"老三化"的现代化道路）

和"文化是第一生产力观（文化是第一生产力观）"背景下的中国现代化模式与地区特点，在针对园区建设提出建议的同时，特别针对烟区的产业融合发展做出了初步规划，现从整体上阐明如下重点工程。

1. 强化思想引导工程

思想引领工程是基于树立中国特色现代化的特殊道路观念而言的，目的是在理论武装、世界眼光、战略思维、党性修养、能力增强的框架下，形成走乡村振兴道路或农村就地现代化道路的思想自觉。

之所以要走这条现代化道路，是基于我们所强调的以下判断，并在习近平总书记的讲话中得到深刻阐明：①中国人口基数大，将始终有庞大的农村与农业人口不可能城市化与市民化（习近平总书记强调的是城市化、市民化70%），但他们又必须实现现代化，即只能在传统现代化道路之外寻找出路；②由于上面的原因，中国人必须自己解决自己的吃饭问题，这是回答"谁来养活中国人"的问题，即中国人的饭碗一定要端在自己的手上，而中共十九大报告正是这样强调的；③中国广大的边疆地区、农村地区的国土安全问题，即不能都住在城市，而必须有人生活在、守卫在这些广大的国土上；④基于以上原因，中国必须做好国土空间规划，其中的一个重要空间规划就是城乡边界的确定与确保；⑤根据世界特别是中国现代化的实践，最直接的是大中城市周边的发展实践，深刻证明农村发展不能等、靠城市化、工业化、市民化的辐射，而必须努力发展自身的现代化，实现双向互动；⑥中国共产党人全心全意为人民服务的根本宗旨决定我们必须发展农村的就地现代。现在我们看到，全国各地已经有不少地方明确了自己的就地现代化目标。

之所以强调要进行思想引领工程，一个重要原因，是学术界、实践中都还有人没有完全明确这条中国式的特殊现代化道路，于是在学术论文中还强调按城市化或城镇化来指导乡村振兴（比重还特别大），实践中还热衷于"工业园区"而按工业化来指导"乡村振兴"（从政府工作报告、党代会报告中可以看出），所以必要做好思想引领工程，具体包括以下工作：要在全国开展一次中国特色现代化道路教育，形成一个专门文件，并在此基础上加强对乡村振兴道路（农村就地现代化道路）的研究；针对特定地区，在根据国家整体空间规划确定的乡村振兴区域进行思想武装，端正乡村振兴道路（农村就地现代化道路）的方向，并具体确认相应的产业融合发展规划，这项工作包括产业研究、产业选择、空间规划等，如果以县域空间为单位进行规划，则可以更长远一些。目前，在笔者所调查的对象中，有的地方已经做得不错，但还有不少工作要做。

2. 拓展产业培育工程

产业培育工作是根据各地实际进行的，目前我们所确认的区域是位于鄂西生态文化旅游区域或重庆城乡融合发展试点区类，因而骨干产业培育的方向是农旅结合，这就决定其原则是：

（1）在遵循文化是第一生产力（区别于工业社会的科学技术是第一生产力）原则的基础上，按照大众文化观的要求培育农旅主导产业（主导产业培育），这部分的投入资金巨大，按照各地的规划，可实行招商引资工作。

（2）按照产业融合的要求培育相应的产业链条，或轮式或链式或莲式，目前我们所调查的 19 个点都有了相当的基础，这是解决农民农村长期稳定发展、可持续发展的基础问题。

（3）按照城乡融合发展的要求，实现城乡等值发展，根据各地具体情况完善农村基础设施，这笔资金应由国家投资或招商引资解决，各地情况不同。

3. 夯实队伍建设工程

这是按照"三农工作队伍"建设的要求，特别是按照《中央农村工作条例》的要求，培育基层组织干部（最好是干部下乡、驻乡、入乡）、培养精干农民（主体培育），通过招引、培训、挂职锻炼等形式，以此形成一支持续稳定、能打肯干的"三农工作队伍"，这些投入根据范围的大小会有不同，但必须要有政府投入。

4. 搞好示范推广工程

这里有两个方面：一是学习考察，二是宣传推广。

其他方面不再申论。

现代烟草农业生产合作社模式的创新研究

从 20 世纪 70 年代末开始，中国农村开始逐步实行家庭联产承包责任制，随着市场经济的发展，农村新型合作经济组织大量涌现并发展迅速。但是，按照一些学者的认识，目前中国的合作社是基于家庭承包经营基础成立的，在某些方面背离了合作社的基本原则，合作社的本质规定性正在发生漂移 [1]，它们中的绝大多数都不是严格意义的合作社，而是通过中国知识分子剔除合作主义在西方所具有的社会主义和无政府主义的革命性，演变为温和、改良、本土化了的合作组织。[2] 本研究中的烟草农业生产合作社作为生产合作社的一种，在全球性现代化背景下，在特殊地理区域中，其性质、职能等方面存在怎样的特殊之处，正在形成中的利川模式又如何运行并获得怎样支持才能够有效实践自身社会角色？……一系列的问题曾困扰着我们的实践介入。尽管在当代中国对合作社的讨论已超越了理论与实践争论而进入到法律及事实层面，本研究也曾据《中华人民共和国农民专业合作社法》中定义的农民专业合作社 [3]，强调合作社是一种特殊的社会形式且不同于国家、政党、村落、家庭，更不同于人民公社、集体经济。然而，笔者在实践介入中却发现了一些有待更进一步讨论的问题，本节的结论即是一种实践介入的反思，即黑格尔笔下的跟随在事实后面的反复思考。[4] 由此我们也不难发现，合作社形成一种制度并在世界各国普及后，其形式和内容都有哪些差异？

---

[1] 黄祖辉，邵科. 合作社的本质规定性及其漂移 [J]. 浙江大学学报，2009（4）：11-16.

[2] 陈意新. 二十世纪早期西方合作主义在中国的传播和影响 [J]. 历史研究，2001（6）：89-102.

[3] 中国网新华社. 中华人民共和国农民专业合作社法（全文）[DB/OL].[2006-11-01].http://www.china.com.cn/policy/txt/2006-11/01/content_7301833.htm.

[4] 黑格尔. 小逻辑 [M]. 贺麟，译. 商务印书馆，2003：7.

与此相应，合作社的定义在不同时期、不同国家会有哪能些不同？尽管在中国的《辞海》（1979 年版与 1999 年版）中，合作社定义出现了一致性[1]，但很明显的是，《辞海》叙述有明显的意识形态倾向，与我们当今所认同的合作社也有区别。所有这些问题表明，必须从实践反驳理论的层面进行再认识，因为认识过程的目的即在于克服这种分离和差别而恢复其统一。[2]

一、角色丛林：现代烟草农业生产合作社的性质定位

现代烟草农业生产合作社作为本研究的探索对象，首先要弄清楚的就是它自身性质定位。对于研究对象而言，只有准确把握了它的定位，才能深刻揭示它的本质特征和发展规律，科学有效地预测其未来发展方向。

全球性现代化运动曾快速推动着社会结构的演进，并曾在一定程度上把人类的活动领域肢解为政治领域和经济领域两大重心，社会组织也相应地被分解为政府和企业两类主体。然而，从 19 世纪中叶开始、20 世纪强力展开的社会重组，使合作社这一新的社会组织形式得以迅速发展。中国自 19 世纪末 20 世纪初也曾形成了广泛的合作主义思潮，并曾有过深刻的合作实践。经过 20 世纪中叶的合作化运动，无论是从社会阵痛的角度还是从社会制度创新的角度，都对中国的现代化进程、对中国人思维方式及决策模式、对中国农民的生活习惯与生产习惯造成了广泛而深刻的影响。因为我们自己创造着我们的历史，但是我们是在十分确定的前提、条件等传统基础上进行创造的[3]，并且也正是这些传统让我们必须思考现代烟草农业生产合作社的角色丛林问题。这一事实表明：在中国社会迅速现代化的今天，在新农村建设以及发展现代大农业背景下，现代烟草农业扮演着多重身份。一方面是烟草行业要利用自身资源优势，积极探索现代农业生产方式，不断寻求最优生产组织模式，形成科学合理的服务模式；另一方面要充分发挥现代烟草农业在新农村建设中的促进作用；另外，烟草行业还要率先步入中国特色

---

[1] 辞海 [M]. 上海：上海辞书出版社，1979：318；1999：910.

[2] 黑格尔. 小逻辑 [M]. 贺麟，译. 商务印书馆，2003：422.

[3] 马克思，恩格斯. 马克思恩格斯选集（第 4 卷）[M]. 人民出版社，1995：696.

农业现代化道路，有效发挥现代烟草农业在大农业中的示范作用。从这一意义上说，现代烟草合作社已不单纯是具有经济法人或社团法人的社会组织或者一般意义上的农民自组织。可以说，在传统的社会组织模式下已不可能找到一个合适的角色定位。要想准确把握烟草合作社的基本定位，必须弄清现代烟草农业生产合作社较之于其他合作社的独特之处。由于现代烟草农业生产合作社的产生是烟农获得增收与公司追求优质烟叶双向动机结合的产物，因此，它不是纯粹烟农自主的产物，也不是公司意志的结晶，而是农民自愿和公司组织意愿双向碰撞的结果；合作社的运作资金不仅仅有烟农自筹资金，还有公司资金等多种资金来源。加上其他各种社会角色的介入，从合作社组织动力源层面看，它事实上成了多种角色的延伸或触觉。其特殊之处具体表现在以下几个方面：

首先是上下联动的组织程序。利川的现代烟草农业生产合作社在建立过程中，在国家或行业（企业）自上而下、农民的自下而上的两种驱动模式中，找到了一个交合点，这个点就是基地单元。基地单元的建立不仅能够有效改变基层散而乱的局面，而且是由下到上搞好原料保障基地化、烟叶品质特色化、生产方式现代化发展规划和基础设施建设规划，实现烟叶可持续发展的有效路径。同时，利川现代烟草农业生产合作社的组织还得到了相关高校的实践介入。

其次是多元发展的组织规模。利川现代烟草农业生产合作社紧紧依靠地方政府，在稳定和完善以家庭承包经营为基础、统分结合的双层经营体制前提下，根据依法、自愿、有偿的原则，尊重农民意愿，按照"明确所有权、稳定承包权、搞活使用权、强化经营权"的原则，建立和完善土地使用流转机制，以烟叶合作社、股份制经营和独资经营等形式，促进烟田向种烟能手集中，培育新型职业烟农，推动烟叶生产组织方式变革。综合利用利川的自然生态优势，成就利川特色的烟叶生产组织模式以及生产专业化服务体系。

再次是理念先行的组织资源。2010年2月，在恩施州的统一领导，市委、市政府统一指导下，利川市成立了现代烟草农业工作领导小组，将现代烟草农业建设上升到全市现代农业建设的战略高度来抓。为统筹利川市现代农业建设工作，充分发挥现代烟草农业在现代农业中的引领作用，发挥各级各部门在发展现代农业中的职能作用，政府出台了一系列文件，要求部门联动、整合项目、确保建设成效。同时，利川分公司也将整市推进现代烟草农业建设作为头项任务来抓，成立了专门的现代烟草办公室。烟农更是积极响应，大力支持。种烟大户带头发起成立了综合服务合作社，并积极探索多元化种植，充分利用生产设施，为提高农户的收入锐意进取，做出了不懈努力。

最后是统筹协调的组织体系。烟草作为大农业的范畴，在追求自身发展的同时与农业其他产业相协调，从结构优化上保证现代烟草农业生产的可持续发展。烟叶合作社不仅学习其他合作社的成功经验，也在努力尽可能地与他们合作，共同进步，实现由传统向现代农业的跨越。

二、车间前置：现代烟草农业生产合作社的核心职能

合作社的基本理念是为社员提供完善的服务，这是合作社生存和发展的基础。国外的早期合作社，要么是通过建立专业合作社为社员提供专门的服务，要么是组建综合合作社为社员提供多项服务以解决农民各种生产困难。比如日本农协，不仅为农民提供购销服务，还提供信用与保险以及技术教育培训和生产服务；德国的购销合作社提供完善的社会化服务；法国的专业合作社为社员提供产前、产中、产后的系列化服务，组合成生产、加工、销售一体化的产业链；欧洲最大的农民合作社——瑞典的农家人合作社，不仅提供市场信息、技术和质量检测等多方面服务，还建立农产品收购和销售网络，专门销售社员的农产品；澳大利亚的生产合作社引进新品种和技术，指导农民提高产品产量和质量。[1] 当然，美国等西方国家的新一代合作社，已经在很多方面实现了一种超越。[2]

国外在早些时候就有一些国家根据自己本国的国情组建了烟农专业合作社，较好地促进了本国烟叶生产的发展。如美国的烟叶生产合作组织，其目的是为开拓烟叶市场、提高烟农收入，巴西以监督烟草公司、维护烟农利益为目的，日本

---

[1] 葛文光．农民专业合作经济组织发展的理论与实践 [M]．北京：中国农业出版社，2008：73-115．

[2] 傅晨．"新一代合作社"：合作社制度创新的源泉 [J]．中国农村经济，2003（6）：73-80．

以提高烟叶生产科技水平为目的，津巴布韦以为烟农提供生产服务为目的。[1] 但在中国专卖体制下，烟草合作社还是一个已经出世却没断奶的孩子。现代烟草合作社最终发展靠什么？是通过经营自我约束、自我发展，还是提供优质烟叶获得补助来发展？前者是靠自身经营谋取发展，最终的性质是合作社法人化。后者是靠行业补助与自身经营共谋发展。如果认同前者，现代烟草农业生产合作社就不仅面临着中国其他合作社所面临的一般问题——合作动力不足、合作资源难筹、合作管理难办等，而且会面临现代烟草农业生产合作社自身的问题——基地不稳、烟质难保、烟农流失等。如果认同后者，则就必须对现代烟草农业生产合作社的功能进行重新定位，这就是通过获得并提供各种渠道的优化服务，保证烟农获得经济效益、行业获得行业利益、地方获得社会效益与生态效益，其最可能的选择即是：现代烟草农业生产合作社应该是整个国家烟草行业（企业）的车间前置。从现实实践看，笔者认同后者，并且认为合作社的主要职责是通过获得并提供各种服务，形成多方效益统一的利益共同体。

从海外农民合作经济组织发展的经验看，合作社的可持续发展必须以为农民服务为宗旨，合作社是实实在在的群众性服务组织，农民合作社不是政府部门的职能管理机构，也不是农民零散的组合。[2] 烟草部门帮助成立合作社的实质是深度介入农户，"烟草公司＋合作社＋农户"的模式，既不改变千家万户务农生产的格局，又把分散的以家庭为单元的生产用共同利益凝聚起来。烟草公司以农户生产发展作为自己发展的基础，农户与公司签订合同，依赖公司使自己的产品进入市场，实现商品价值，获得利润，公司成为农户农产品进入市场的桥梁。公司和农户受共同利益目标的驱使，具有很强的凝聚力，结成稳固的利益共同体。在这个意义上，合作社是烟草公司的生产车间的延伸，提高农户经营的规模效益。农户生产通过合作社这座桥梁，变成烟草专卖局原料大生产的一个车间，即现代

[1] 王丰，唐新苗. 从国外经验看我国烟叶生产合作组织的职能定位 [J]. 中国烟草学报，2009（4）：72-75.

[2] 冯飞. 中国西部地区农民专业合作经济组织发展研究 [M]. 北京：中国社会科学出版社，2009：104-126.

烟草生产合作社呈现车间化趋势。

三、特色服务：现代烟草农业生产合作社的车间建构

利川市拥有丰富的土地资源和较好的宜烟气候条件，本即具有烟叶生产基地化、规模化、特色化的"三化"特征。但自 20 世纪 90 年代中期以后，即有相当程度的萎缩。经过多方努力，21 世纪初又开始恢复，并于 2010 年承担了全国整县推进现代烟草农业试点建设的重大历史任务，全市上下按照整市规划、单元实施的工作思路，围绕一基四化建设要求，将新型的生产组织与专业化服务体系的建立——烟农综合服务合作社作为重点内容之一探索实践，以期实现减工、降本、提质、增效的现代烟草农业建设目标。正是基于这一实践需求，使利川市现代烟草农业生产合作社一开始就具有了行业（企业）车间化的服务特色和专业职能。

首先，行业科研导向——积极探索科学合理的现代烟草农业生产组织形式。利川市的现代烟草农业生产合作社的建立，一开始即具有现代企业科研的导向，与整个行业的文化建设结合在一起，从而形成了科研院所、行业载体、社区行政、基地农户等一体化的合作社产生模式，超越了一般合作社的产生方式。其基本诉求是努力探索部门协调、环节衔接、运转高效、具有利川特色的烟草农业生产组织形式与服务体系，以培植烟叶种植专业户、推进烟叶种植家庭农场为重点，建立起烟叶生产组织与服务的利川模式。

其次，专业服务导向——积极探索车间化专业化服务方式和服务体系建设。利川为贯彻落实国家局、省局、州局关于发展现代烟草农业的指示精神，切实提高烟叶生产设施综合利用率，增加烟叶生产综合经济效益，全市紧紧围绕"两场一机"开展了设施的综合利用工作，以专业化服务队（合作社下设六个专业服务队）为载体，加强多元服务主体建设，努力解决在育苗、机耕、植保、烘烤、分级、运输等烟叶生产关键环节的劳力问题和技术问题，实现烟叶生产减工增效。就目前的状况来看，利川市两个基地单元的生产设施综合利用运行良好，在育苗大棚综合利用方面，柏杨烟叶专业合作社联合南坪蔬菜合作社共同种植从以色列

引进的西红柿新品种；汪营则由合作社的主要负责人合伙种植香菇；在烘烤工场的综合利用方面，目前主要有对香菇或黑木耳进行烘干，工作人员正在积极联系柏杨豆干、中药材等生产商，在烤房闲散季节提供烘干初加工服务。

再次，多元经营导向——充分利用基地单元基础设施，走以烟草为主多元种植相结合的发展道路。按照普惠制、广受益的政策要求，结合基地单元实际情况，努力发展副产业，一方面提高综合设施的利用率，另一方面也增加了农户的收入。只是在发展副产业探索之初，由于技术尚缺乏、管理跟不上、市场未打开等多方面原因，致使大家信心不足。在这个意义上，政府、公司和农户三方都要努力。政府的政策要引路，公司给予适当的补贴助推，农户积极学习相关技术，充分利用基地单元完备的综合设施，使农户得到最大的实惠，增加烟叶生产综合经济效益。

四、政府助推：现代烟草农业生产合作社的永续支撑

后发现代化国家发展中的基本特征之一是政府主导型发展。中国农业合作社的特征，从而中国现代烟草农业生产合作社的特征，表明它是特殊的经济组织形式，它兼顾社会公平，因此，政府有义务为它提供各种政策优惠，以补偿效率损失。[1] "农民通过合作能够办好的事，就放手让农民办；适合农民进入的领域，都放手让农民通过合作进入；能够减免的税费，都尽量减免。"[2] 政府通过"反哺"对农民合作社实行财政支持和补贴是必不可免的，这是由农业弱质性和合作社的组织特性决定的；通过合作社执行某些农业补贴职责，已经成为各国普遍遵循的惯例之一。[3] 根据利川模式的实践，发展综合性农民专业合作社，政府助推表现

---

[1] 应瑞瑶. 合作社的异化与异化的合作社——简论中国农业合作社的定位 [J]. 江海学刊，2002（6）：69-75.

[2] 温铁军，杨春悦. 综合性农民专业合作社的发展问题 [J]. 中国农民合作社，2010（2）：26.

[3] 徐旭初，黄胜忠. 走向新合作——浙江省农民专业合作社发展研究 [M]. 北京：科学出版社，2009：33.

在以下方面：

首先，行业平衡售烟价格或缺，确保烟农的利益获得。利益分配上按照合作社章程按交易额分配与按资分配相结合，按股金分配的红利不得超过法定比例。合作社建立初期，社员需要可观的分红来坚定继续维持社员身份的决心。《中华人民共和国农民专业合作社法》规定"盈余主要按照成员与农民专业合作社的交易量（额）比例返还"[1]。按照交易量返还利润是合作社采用得最为普遍的分配方式，也是合作社的一条基本原则。[2]根据笔者实践介入的体会，认为合作社的利益分配机制完全可以按照交易额来确定，但交易额不仅仅局限于销售额，而是社员对合作社的综合利用程度。如销售时按照销售额，烟苗购买时按购买额，机械共同使用按照使用量等。社员有自己的合作理性，尽管平时在育苗、机耕等方面也会获得一些隐性补贴，但是他们最关心的还是最后的烟叶能卖个好价钱。由于之前和合作社（实质上烟草公司通过合作社）签订了销售合同，如果最后合作社的收购价格与当地市场持平，或略高于市场，社员会满心欢喜地将烟叶销售给合作社，如果合作社的收购价格低于当地市场，社员销售的积极性不高，社员会认为合作社损害了他们的利益。因此如何在价格上使社员得到实实在在的实惠还需要花一番心思。在育苗、机耕等服务方面，虽然公司是按照最低服务价给了烟农实惠，但多数烟农似乎没有察觉，可以尝试改变返利的方式，假如烟叶没有卖到好价钱，公司视情况对其予以保护，不至于打消他们种烟的积极性，也不会因调价搞坏市场。

其次，积极探索行业投入补贴形成的生产经营性资产管理形式。这其中的重点是合作社财产产权明晰。从历史来看，从吃大锅饭走过来的农民都深知，无主的资产最容易被人拿走，公地悲剧与搭便车的教训是惨痛的；同时无主的资产也最容易成为滋生腐败的温床。从现实来看，中国虽然有合作社法，但还没有完善的合作社组织体系。于是，在我们的实践介入中，我们尝试把烟草等行业投入形

---

[1] 中国网新华社. 中华人民共和国农民专业合作社法（全文）[DB/OL].[2006-11-01]http://www.china.com.cn/policy/txt/2006-11/01/content_7301833.htm.

[2] 韩俊. 中国农民专业合作社调查[M].上海：上海远东出版社，2007：235.

成的资产产权实行合作社的受权使用，而不是直接确认为专业合作社所有，以此为基础量化到烟农。这样，既可保证行业、合作社及农户之间形成监督关系，又可使产权明晰化，还能让农户看到直接的效益。

再次，倾力打造社区文化，完善组织的文化生命。合作社成立初期，社员可能会积极去维护各种生产设施，时间久了没有外力约束是行不通的。在市场经济利益的驱使下，只考虑个人利益最大化的行动者，为了满足个人利益，必然会使社区陷入"人对人是狼"的囚徒困境。克服囚徒困境的有效办法，就是将此行动者嵌入到社会结构（最好是文化）中，使个人行动不只是受个人利益驱动，而且受到公共权力如法律等外在规范的约束，或受到社会舆论、文化等诸方面内在规范的约束。如在村中加强文化建设，发展文化性民间组织，发挥少数民族地区的特色文化的优势。一方面可以满足村民对生活质量的需求，提高对未来生活的预期；另一方面可以强化人的社会文化性的方面，将农民的经济活动嵌入到一个有着舆论约束的社会文化结构之中。在这种情境下，从个人利益来看划算的搭便车行为，被一个强有力的社会文化结构所否定，村民不仅仅蔑视这些搭便车的人，而且在农村社区这个熟人社会会通过口口相传的方式将其名誉搞臭，使有想搭便车想法的人望而却步 [1]。

综上所述，经过一年多的探索与运作，正在形成中的利川模式的现代烟草农业生产合作社值得认真总结，其成功之处在恩施州山区具有重要的推广意义，但是该模式还需要在实践中不断创新和完善，才能更好地为整个恩施州新农村建设以及现代农业发展服务。

---

[1] 贺雪峰.退出权、合作社与集体行动的逻辑[J].甘肃社会科学，2006（1）：213-217.

合作社框架下的全要素运行模式：
现代烟草农业基地单元组织与服务体系实践研究

　　湖北省现代烟草农业合作社运行已有较长历史，但在运行过程中都或多或少地存在一些问题。笔者在介入利川市现代烟草农业合作社运行实践中发现，困扰合作社运行的因素固然很多，但总体上说是因发展现代烟草农业诸生产要素的有机联系困境。到目前为止，利川基地单元烟草合作社经历了两个阶段，几乎同样反映出中国农村合作社发展的一般问题——动力不足、效益不佳等。两轮的实践为我们提出了相应的完善现代烟草农业组织与服务体系的关键问题。为此，经过笔者的实践及反思，特别是对各地合作社发展经验的思考，觉得在理论、实践上都应有新的突破，提出"合作社框架下的全要素运行模式"，作为利川市现代烟草农业生产合作社的改进型，以供理论与实践界批判、指正。

一、合作社框架下的全要素运行模式的现实背景

　　为了阐明本研究的基本问题来源及类型，我们使用"实践介入"一词，作为我们的研究方法。从理论上说，整个研究方法的大的类型，一是理论研究，二是实践总结，通常所说的实证研究，无非是介于二者之间的一种结合态。我们主张的实践介入，也同样是一种结合态，但其实践性又强于实证研究，颇类社会实验，但又没有社会实验那样具体、细致。实践介入方法的基本内涵在于：与全面实践相比，实践介入并不着眼于直接实践的具体操作，而着眼于全程关键环节的指导、控制；与一般的考察、视察、调查的局外人相比，实践介入表明我们是当局者，是局内人；与直接主持、领导的工作相比，实践介入又相当超脱，通常用观察渗透理论来表现；与单纯的经验总结或理论研究相比，实践介入又强调实践反驳理

论，显示出研究的批判性、实践的验证性。正是通过笔者的实践介入，我们提出了"合作社框架下的全要素运行模式"，其提出的具体现实背景如下。

（一）内部体制风险：烟农合作社的创生动力

合作社的成立是为了规避各种风险。我们的实践介入表明，现代烟草农业生产面对的各种风险并不像其他农业生产类型，比如，并不直接参与国际、国内两大市场的竞争，而由专卖管理体制与"统分结合，双层经营"体制实现了对接，一定程度降低了市场风险，并相应地把这一风险转型为内部体制风险，即烟叶收购政策风险及一定程度上的烟叶交售风险。至于其他风险，如自然风险、产品质量安全风险、生产环节，则主要是生产力自身发展的问题，但可以通过特定的组织方式，强化组织生产力，把烟农及其他利益相关者组织起来加以化解。

（二）行业主导型：烟农合作社的组织类型

由于专卖管理体制，使现代烟草农业在总体上表现为行业主导型发展格局，并相应地经历着体制变革。如利川烟草农业在产业化过程中的重大变革即是由利川烟厂主导的"本土化龙头企业＋农户"的企业带动型转向了"行业（或公司、企业）＋农户"的行业主导型。在"本土化龙头企业＋农户"体制下，企业控制着烟草生产环节，通过保证金融支持解决发展资金短缺难题，在保证龙头企业与农民之间的适宜利益联系的基础上，事实上形成了订单农业的农业产业化模式，保证了利川烟草农业的规模化、标准化生产，曾使利川烟草农业达到了极盛。但随着卷烟工业的结构调整和农村产业结构的深刻变化，"本土化龙头企业＋农户"的订单农业产业化模式的驱动力逐步衰弱，从而使利川烟草农业本身发生了严重的萎缩，烟草种植甚至逐渐退出了利中盆地。在行业／公司化体制下，如何在传统订单农业的产业化模式基础上，由"本土化龙头企业＋农户"的企业带动型转向"行业（或公司、企业）＋合作社＋农户"的行业主导型，探索一种新的现代烟草农业生产组织模式，则成了利川现代烟草农业发展过程中的重大问题。利川市第一、二阶段的烟草农业生产合作社即此一特殊背景下的产物。

（三）全要素生产力：烟农合作社的生产力本质

从本质上说，现代烟草农业生产合作社是烟草产业纵横一体化过程中的生产要素重组组织，其纵向结构是"烟草工业企业＋烟草公司＋合作社＋（烟草）农户"，横向结构则是"行业＋村委会＋合作社＋基层农户"，正是这种纵横统一的新型组织模式，从本质上适应了现代烟草农业而进行了生产力全要素重组——资金上实现了烟草工业企业投资、烟草行业及其他各行业补贴、社区及农户资金的统筹使用，实现了包括农业支持政策资金在内的多元资金的有机整合；土地上，不仅实现了山地向盆地的扩展，而且实现了适度的规模经营，使利川烟草农业收复了部分失地；劳力上，不仅整合了当地现有劳力资源，而且实现了劳动力的跨地域流动，适当弥补了烟区的劳动力缺失；身份上，随着纵横一体化的展开，整个组织体系可以运用多重身份获得相应发展支持，从而拓展发展的多元资本。总之，实行纵横一体化组织体系发挥的是全要素生产力。

二、合作社框架下全要素运行模式的基本内涵

与上述第一、二代烟农合作社相比，"合作社框架下的全要素运行模式"力图协调现有专卖管理体制。因为"中国特殊的国情决定了烟草行业的特殊性在于上游订单农业与下游专卖管理的特殊结合"，这便使得烟农合作组织从性质到职能到运行模式方面都与一般的农业合作组织应有重大的差别。笔者认为，现有的烟草合作社在本质上还是以产品购销合同为制度基础的，属传统农业产业化模式下的订单农业类型，在这种模式下，当季间自然灾害发生时，行业／公司和农户／社区之间就可能出现风险／利益的争议，因而随即出现严重毁约、退社现象，从而导致多败俱伤的情形。为此，完善的现代烟草农业生产组织模式应在一定程度上打破现有制度或体制框架，通过整合企业、行业、社区、农户、相关事业单位、科研院所及政府的所有优势资源，实行合作社框架下的全要素运行模式，从而使各要素所有或持有者各得其益，并据此推动现代烟草农业的可持续发展。

合作社框架下全要素运行模式的核心是围绕现代烟草农业发展过程中可能存在的全部要素，通过一系列的组织架构，分层次、分渠道地整合所有现代烟草农业生产要素，形成一种以合作社为组织基础的现代烟草农业产业化模式。这一模式的基本诉求是通过组织与服务体系创新，整合、统筹各要素所有者或持有者的优势资源，其中包括企业/行业的管理、专利、技术、物流、市场、品牌……，烟农的土地、劳动力、身份、乡土文化、社会资本……，政府/社区的组织、资金、政策、动员力等，实行捆绑式进入生产过程，从而推动烟草农业的产业扩张和规模效益；通过要素核定，明析各要素所有者或持有者的权利义务，确立与各要素特征相适宜的利益分配机制，从而使各要素所有者或持有者各得其所、各得其宜，在目前烟草专卖体制下，烟草行业应加大对烟叶专业合作社的投入，使烟农更多地分享烟草产业发展利润，形成较为紧密的利益共同体；社区、行业、政府、农户则通过合作社建立良性的社会发展机制，从而在坚持社会共益/互益本位的前提下，形成社会和谐发展、科学发展格局。

合作社框架下全要素运行模式的内涵可以简要地概括为"创新一个组织，聚合全部要素；培育一个产业，发展一方社会；协调各方利益，和谐合作关系"。"创新一个组织，聚合全部要素"是指在相关现代烟草农业各生产要素所有者或持有者之间，通过不同的组织形式进入组织体系，其中烟农可组织土地股份合作社、劳动力银行、实用技术如运输与机耕等合作社组织，分别对各自的烟草农业生产要素核定进入组织与服务体系内（基础层）；企业/行业则将自己的管理、专利、技术、物流、市场、品牌等各要素与相关的烟农组织匹配，并核定相关权益，成立股份合作组织（主干层）；然后是政府/社区的组织、资金、政策、动员力等，通过适当的途径纳入股份合作组织的权利义务关系内，设立社区发展项目组织（统筹层），从而有效地聚合各要素所有者或持有者的相关烟草农业生产要素，形成优势聚合效应。"培育一个产业，发展一方社会"，是指在整个地方现代农业生产体系的框架下，突出特定社区的烟叶主导产业，通过现代烟草农业的一基四化，推动整个社区的现代发展，并形成社区现代烟草农业发展的内生机制。"协调各方利益，和谐合作关系"是指通过科学合理的利益共享机制，使各要素所有者或持有者形成利益共同体，"你有我有大家有，该出手时就出手"。上述三个要点有一种逻辑上的递进关系，即只有通过组织创新才能为生产要素聚合提供制度基础，只有生产要素聚合才能为产业扩张与地方发展提供必要条件，而获得发展才有可能实现利益共享，并形成利益共同体。

从组织架构讲，全要素合作社模式应包括三个层次的组织关系，实质上是形成三层核心：核心层（基础层）是"烟农生产合作社"，该层次组织通过核定烟草农业发展中烟农所具备的各烟叶生产要素进入合作社，如农民以土地承包经营权析价入股、以技术入股、以专利入股、以劳力入股、以社会资源入股等，成立合作社形成相应的合作社章程等，这一层面基本上可以按《中华人民共和国农民专业合作社法》运行；主干层是"烟农合作社"与企业／行业／公司形成"股份合作公司"，拓展相关的外部业务，形成"共担风险、共享利益"的利益共同体，并根据相关业务形成组织机构，这一层面按相关的《中华人民共和国公司法》运作；宏观保障层（统筹层）由"股份合作公司"与地方政府／社区等方共同组成，形成"现代烟草农业发展协调机制"，理想的方式是以社区发展项目组织方式组织，由"股份合作公司"与地方政府或社区订立双边保障协议，明确双方的权利义务关系，确保"培育一个产业，发展一方社会"目标的实现。

合作社框架下的全要素运行模式建构的关键在于组织与服务体系的综合考量，正是这种综合性使得各要素所有者或持有者的各自优势资源得到有效聚合，各要素所有者或持有者都得到相关的利益保障，首先是烟农合作社实质上形成了现代卷烟工业的"烟草生产车间"，而烟农则成为现代烟草农业的实践者，成为烟叶产业"工人"。其次，由于以"股份合作公司"为依托，合作社最终发展也才能成为烟草生产原料的车间，为烟草提供优质的烟叶，从而保证烟草原料上水平，真正推进现代烟草农业建设。最后，包括政府／社区在内的要素所有者或持有者也同时获得了合理的回报，如环境改善、产业发展、农民增收、政绩凸显等，从而实现了有效的经济激励、行业效益、社会效益、生态效益，甚至还形成了政治效益，从而能有效地保证这一模式的可持续性运行。据此，我们可以明确合作社框架下的全要素运行模式的制度特征为：以农户、行业、社区同受益为目的诉求，以全要素生产力为利益纽带，要素收益保障为风险规避路径，以专物专用来保证要素的烟草性等。

三、合作社框架下全要素运行模式的政策效益

从本质上说，现代烟草农业组织与服务体系建设解决的是烟叶生产过程中如何有效进行专业化分工、社会化服务的问题，是适应烟叶生产周期长、环节多、劳动强度大、生产风险高等诸问题而谋划的提高资源配置效率和促进生产力发展的有效方式，特别是在积极推进育苗、耕地、移栽、采收、绑烟、烘烤、分级、物资供应、病虫害防治等烟叶产前、产中、产后全过程的专业化分工和社会化服务体系，不断延伸专业化服务范围方面，充分发挥专业化服务组织的作用，实际上成了现代烟草农业的基本实现形式，并成为现代烟草农业的基本特征。正是这种本质规定，促成笔者提出实行合作社框架下的全要素运行模式。从理论上讲，对烟农合作社而言，其所承载的政策性使命主要有以下四个方面：

第一，车间前置：实现现代烟草产业的纵向一体化，反映现代烟草农业发展的历史大趋势。在中国烟草农业的长期发展过程中，实际上存在着两个缺环：一个是面对散户经营的订单农业与专卖体制下的行业关系中缺少统合组织一环，另一个是烟叶原料生产者的微观利益与整体（行业）宏观利益（包括与烟叶初次加工、精加工及至卷烟工业、卷烟销售市场等纵向一体化产业链）的关系中缺少桥接组织一环。[1] 正是这两个缺环，使烟农、烟草公司、卷烟工业企业等难以形成利益共同体。通过合作社框架下的全要素运行模式，卷烟工业企业可以直接进入产业链前端控制品种、中端控制生产、末端控制销售；烟草公司可在前端介入生产，中端保证品质，末端保证销售；烟农可在通过末端获得品质要求（市场要求）、中端获得专业化服务，前端获得风险保证等，正是这种现代烟草产业的纵向一体化，反映出现代烟草农业发展的历史大趋势，成为打造特色品牌，提高产品市场影响力与竞争力、形象力，获取市场控制权及提高现代烟草农业效益的有效途径。当然，相应的制度保障也还应当完善。

---

[1] 王丰. 美国现代烟草农业及启示 [M]. 中国农业出版社，2009：149-155.

第二，社区发展：实现三个层次的纵横组织关联，反映以现代农业为基础的新农村建设战略要求。全要素合作社运行模式通过三个层次的组织关联，使城市／工业与农村／农业、行业／企业与社区／农民等各要素所有者或持有者，紧密围绕烟区现代农业整体规划中的现代烟草农业建设，通过"一机四化"，实现现代烟草农业与其他产业相协调，从"结构优化"上保证现代烟草农业生产的可持续发展；实现农地流转模式与组织服务体系相协调，从"基地稳定"上保证现代烟草农业生产的可持续发展；实现现代烟叶生产全过程各个环节与组织服务资源的科学合理配置，从"环节协调"上保证现代烟草农业生产的可持续发展；实现烟农、村级组织、合作社组织、地方政府、烟草公司等合理介入现代烟叶生产的组织与服务，从"有为有位"上保证现代烟草农业生产的可持续发展。因此，全要素合作社运行模式，对烟区来说，在本质上已不只是一个烟草合作社问题，而是整个烟区的社会主义新农村建设问题。因此现代烟草农业是建设新农村的重要实践者、现代农业的示范者与引领者。

第三，优化配置：实现烟草农业要素市场的整体发育，反映以农村产权制度改革为基础的社会大变革。要素市场在中国整个社会主义建设过程中都是一个软肋。经过改革开放以来的多年实践，城市要素市场获得了长足的发展，但农村，其中包括现代烟草农业生产，其要素市场还极不完善，其中市场发育严重不足的要素包括土地、资金、技术、劳动力等，有所发展但并不完善的如其他农用生产资料、化肥、农药等，其中既有对这些生产要素的认知问题，如对土地权益的认知即是；也有传统生产方式的影响问题，如活劳动不计入成本核算、只计显性成本不计隐性成本等；还有国家的制度缺失，如对土地权属的规定含混、对农村劳动权益的保障、农地流转规定的柔化等。因此，笔者主张全要素合作社运行模式，目的正在于使现代烟草农业生产诸要素的优化配置和充分组合，在一定程度上说也是为了通过全要素合作，实权实有实受益。可以这样说，这才是合作社组织的根本宗旨所在。

第四，项目管理：实现政策性反哺的有效供给，反映农村基本公共服务均等化的和谐社会诉求。长期以来，各级政府都曾用很大精力支持农业发展，但是总免不了陷入农业支持政策效率偏低等效益瓶颈，这固然有包括农户在内的各相关主体的认识偏差，也有支持体系的机械性而非有机性的体制原因，还有利益多元化导致的非利益共同体格局等，因此，如何使包括政府支持在内的各方支持达到富一方百姓、促一方发展、带一批产业、育一批人才等发展目标，就事实上成为当前一个亟待解决的现实问题。全要素合作社运行模式在这方面强调的是充分利用政府资源整合和利益协调的作用，以现代烟草农业基地单元项目建设为平台整合各要素资源，协调维护好各方利益，既加强了新农村建设，改善农民生产生活方式，又按照国家良好农业规范（GAP）要求，积极整合项目资源，把社区发展与产业发展（如大规模开展土地整理、新村建设、农业综合开发等项目）结合起来，收到聚零为整之效；还可从利益协调角度在保证要素烟草性的基础上，实现广受益的合作社目标。

主要参考文献

M. 麦克卢汉 . 理解媒介：人的延伸 [M]. 何道宽，译 . 商务印书馆，2000.

唐纳德·沃斯特 . 自然的经济体系 —— 生态思想史 [M]. 侯文惠，译 . 商务印书馆，1999.

西里尔·E. 布莱尔 . 比较现代化 [D]. 杨豫，译 . 上海译文出版社，1996.

稻盛和夫 . 活法 [M]. 周庆玲，译 . 东方出版社，2005.

《中国老区建设》编辑部 . 学者观点摘编 [J]. 中国老区建设 .2015（9）：20.

F.E.Iann 哈米尔顿，李文彦 . 对工业地理研究的回顾 [J]. 地理译报，1988（12）：44-48.

白志华 . 组织化视角下的农村发展机理研究 [D]. 西南交通大学，2011.

本刊编辑 . 特色小镇的"生命力"之洋为中用 古为今用 [J]. 中国房地产，2017（8）：34-37.

本刊观察员 ."十一五"将开启一场"新农村建设"运动 [J]. 领导决策信息，2005（40）：22.

卞壮飞 . 新农村建设下辽沈乡村旅游可持续发展的探索 [J]. 农村实用科技信息，2010（3）：51-52.

陈超 . 大丰市新农村建设发展探析 [D]. 南京林业大学，2006.

陈文玲等 . 琼海：打造田园城市构建幸福家园 [N]. 中国旅游报，2014-01-

22-26.

陈耀，黄丽，王健生 . 全域旅游与新型城镇化协同发展的琼海模式 [J]. 中国旅游报，2017-10-16-A06.

陈耀，王健生 . 发展全域旅游　建设幸福琼海 [J]. 今日海南，2017（3）.

成琪，魏金金 . 深度对话：特色小镇的建设重在解决就地现代化问题 [DB/OL].2017-08-16. 中国经济网 http://gotrip.taizhou.com.cn/ 2017-08/16/ content _3642167. htm.

程旭 . 乡村产业选择与发展研究 —— 以陕西省富平县岔口村为例 [D]. 西北大学，2018.

戴维，梁博强，萧洪恩 . 农村就地现代化发展模式初探 [J]. 商业时代，2008（07）：105-106.

邓 . 就地多元化—— 中国农民走向现代化的必由之路 [J]. 资料通讯，2005（12）.

费尔南·布罗代尔 .15 至 18 世纪的物质文明，经济和资本主义 [M]. 第 3 卷 . 三联书店，1993.

郭津佑，石白玉，萧洪恩 . 乡村振兴：中国现代化道路探索的新成果 [J]. 贵州民族研究，2018（12）：1-8.

韩雨伦 . 从传统农民到花卉产业工人的现代化转变 —— 以石林县月湖村花卉公司员工为个案 [D]. 云南大学，2018.

何玲玲，吕翠丽 . 广西易地扶贫搬迁与人口市民化耦合路径研究 [J]. 钦州学院学报，2017（12）：76-81.

胡衡，文青 . 扶贫领域的创新之举 民间力量的智慧结晶 —— 首届"招商局扶贫创新奖"圆满落幕 [J]. 社团管理研究，2011（1）：55-56.

湖州市委政研室 . 加快发展乡村旅游的实践与思考 [J]. 政策瞭望，2016（2）：34-36.

黄涵荪 . 开发山区商品经济的战略思考 [J]. 南方经济，1987（2）：28-31.

黄榕榕 . 旅游引导下的礼泉县白村转型发展规划策略研究 [D]. 西安建筑科技大学学位论文，2018.

黄旭，柯玲 . 成都市统筹推进城乡教育现代化的基本模式 [J]. 教育与教学研究，

2011（7）：1-5.

贾康等.制度创新释放新型城镇化红利 [N]. 社会科学报，2013-05-16-02.

蒋好书.特色小镇，根在文化 —— 从中国与欧美小镇"特色"对比说起 [N]. 建筑时报，2017-07-24-007.

郎富平.浙江乡村旅游提升发展研究 [J]. 小城镇建设，2017（3）：91-96.

李飞.新农村建设发展模式研究 —— 以涪陵区营盘村，蒿枝坝村为例 [D]. 成都理工大学，2009.

李国武.影响农村青年进城的微观机制 —— 内蒙古 S 村青年进城诱因的个案研究 [J]. 社会，2003（2）：57-59.

李文泽."嘉陵江三峡乡村建设"时期北碚的城市与建筑（1927-1949）—— 重庆乡村就地现代化样本研究 [D]. 重庆大学，2018.

李祥忠.中部山区农村家庭人情消费研究 —— 基于一个农村社区的实证调查 [D]. 华中农业大学，2008.

梁博强，戴维.农村现代化模式的发展与创新 —— 以鄂尔多斯市农村的就地现代化为例 [J]. 内蒙古农业大学学报（社会科学版），2008（4）：41-43.

林树枝.关于城市建设与城市管理若干问题的思考 [J]. 福建建筑，2005（1）：1-2+10.

刘佳英，黄硕琳.城镇化过程中厦门渔村面临的问题与对策 [J]. 海洋开发与管理，2007（1）：145-149.

刘小枫.现代性社会理论绪论 [M]. 上海三联书店，1998.

刘月月.蔓藤城市：崔愷的跨界实践 [N]. 中国建设报，2017-01-18-005.

吕冰.保定市住房价格的 hedonic 分析 [D]. 河北农业大学，2008.

马克思，恩格斯.马克思恩格斯论中国 [M]. 北京：解放出版社，1950.

马克思，恩格斯.马克思恩格斯选集 [M]. 第一卷.人民出版社，1995.

媒体声音.守住粮食安全底线 [N]. 光明日报，2017-06-07-07.https://baike. baidu.com/item/%E9%AC%BC%E5%9F%8E/69439?fr=aladdin.

莫壮才，陈德江，辛俊桦.海南热带现代农业发展情况及农发行信贷支持建议 [J]. 海南金融.2014（3）：60-64.

穆克瑞，范贤权，王维，郭嘉玮，许虹，李柏青，汤康，张忠惠.坚持点线面结合 推进全域景区化 —— 琼海全域旅游建设的经验及做法 [J].今日海南，2016（3）：23-25.

潘凡平.湖南省郴州市乡村产业发展调查与研究 [D].河南科技大学，2019.

潘美薇.公共经济学视角下的国家粮食安全问题研究 [D].河南大学，2015.

琼海市委宣传部.城在园中 村在景中 人在画中 —— 琼海市全面推进全域 5A景区建设打造田园城市升级版 [J].今日海南，2016（3）.

邵长春，许毅.我们问道城镇化 —— 海南赴苏黔特色小城镇和农村新型社区取经记 [N].海南日报，2013-10-17.

石培华.多级联动分类推动创建工作 —— 全域旅游系列解读之六 [N].中国旅游报，2016-02-22-003.

石培华.全域旅游是新阶段旅游发展总体战略 —— 全域旅游系列解读之二 [N].中国旅游报，2016-02-05-004.

石培华等.中国乡村度假新模式 —— 湖州乡村度假的实践探索与理论观察 [M].北京：中国旅游出版社，2014.

石远成.从两个农民合作组织发展看我国综合农协的成长路径 [J].农业部管理干部学院学报，2014（2）.

司马向南."就地现代化"学习札记 [2014-08-14 14：36：11].http://blog.sina.com.cn/s/blog_7 ff7c8240102uzj1.html.

孙弘宇.以产权保护为核心的土地管理模式 [D].同济大学，2005.

孙立平.全球性现代化进程的阶段性及其特征 [J].社会学研究，1991（1）：9-21.

孙恰.烟台市农民就地市民化综合评价研究 [D].烟台大学，2019.

王涤心.论新农村建设的四大关系 [J].山东省农业管理干部学院学报，2007（6）：26-27+193.

王广学.乡村城市化道路：来自韩国的经验与借鉴 [J].韩国研究论丛，1999-10-31：114-126.

王金宝.大力发展休闲农业与乡村旅游为全域城市化建设做出更大贡献 [J].中国乡镇企业，2014（4）：14-17.

王娜.基于农民主体地位的媒体三农传播改革研究 [D].湖南大学，2017.

王赵洵.解码琼海特色的新型城镇化实践范例 [N].中国旅游报，2014-01-22-26.

文兴吾，李后卿.创新驱动发展战略如何落地西部农牧区 [J].社会科学战线，2017（2）：195-202.

吴必虎，李凤.全域旅游发展靠智慧 [N].中国旅游报，2015-12-28-011.

伍嘉冀，杨君.走向"终结"抑或迈向转型：传统"小农"的现代转向 [J].西北农林科技大学学报（社会科学版），2018（1）：83-88.

习近平.把乡村振兴战略作为新时代"三农"工作总抓手 [J].农村.农业.农民（B版），2019（6）：5-8.

习近平.把乡村振兴战略作为新时代"三农"工作总抓手 [M].求是，2019（11）：

习近平.决胜全面建成小康社会 夺取新时代中国特色社会主义伟大胜利——在中国共产党第十九次全国代表大会上的报告 [M].人民出版社，2017.

习近平.之江新语 [M].浙江人民出版社，2007.

夏波光.农民工社会保障：中欧圆桌上的碰撞 [J].中国社会保障，2006（11）：10-13.

夏锋.人口城镇化是经济转型最大潜力 [N].中国经济时报，2013-05-08-006.

向春玲.城镇化给我国现代化带来新的发展机遇 [J].哈尔滨市委党校学报，2013（1）：51-54.

向林生，宋才发.关于民族地区人的城镇化的法律思考 [J].黑龙江民族丛刊，2015（5）：22-28.

肖尧.就地现代化视角下山区农村主导产业选择研究——基于农民需求的实证调查 [D].华中农业大学，2016.

谢立中，孙立平.二十世纪西方现代化理论文选 [M].上海三联书店，2002.

谢志强.现代田园城市："人"的城镇化之路——对琼海新型城镇化探索的调查与思考 [J].国家治理，2016（18）：20-28.

邢桂平，吴会朝.未来农庄——三G农庄的四面八方 [M].中南大学出版社，2017.

徐明正. 认识新常态，推动陕西乡村旅游转型发展 [N]. 中国旅游报，2016-07-11-004.

杨敏. "三不"实践成范例 [N]. 江西日报，2014-01-19-002.

杨团，冯颖. "三农"就地现代化　实现"城乡等值" [N]. 中国旅游报，2016-03-18（B01）.

杨团. "三农"就地现代化与城乡等值 [J]. 中国乡村发现，2018-01-31：61-65.

杨团. 就地城镇化或解"乡愁" [J]. 纺织服装周刊，2014（15）：23.

杨团. 就地多元化：促进中国农民现代化的社会政策选择 [J]. 红旗文稿，2005（21）：19-21.

杨团. 就地多元化：农村现代化的一种选择 [J]. 中国改革，2005（11）.

杨团. 综合农协：中国三农改革的突破口 [J]. 西北师大学报（社会科学版），2017（3）：5-13.

杨团. 综合农协是"三农"改革的突破口 [J]. 中国乡村发现，2016-06-30.

"十一五"将开启一场"新农村建设"运动 [J]. 领导决策信息，2005（40）：22.

尹保云. 病态发展：城乡差距与分配不平等的根源 [J]. 战略与管理，2004（2）：12-20.

张建云. 工作在广袤的田野上 生活在现代化的城市里 —— 黑龙江农垦农村就地城市化及其启示 [J]. 天中学刊，2011（12）：41-44.

张建云. 农业园还是工业园？ —— 传统农业区以农业现代化带动农村就地城市化的意义 [J]. 求实，2011（7）：87-89.

张伟，李长健. 耦合动力，外部作用与农地流转的优化路径 [J]. 改革，2015（6）：91-99.

张义凡. 农村土地集体所有制的历史贡献与中国社会主义现代化 [D]. 上海社会科学院，2019.

张永柱. 讲坛话"寰观" —— 萧洪恩谈稳定，改革和发展 [N]. 鄂西报，1995-4-30（03）.

张震.新常态下陕南旅游产业的升级发展 [J].北方经贸，2015（11）：2.

赵民，李仁熙.韩国，日本乡村发展考察 —— 城乡关系，困境和政策应对及其对中国的启示 [J].小城镇建设，2018（4）：62-69.

赵香春.把握城市化大趋势推进民政工作重点转移 [J].民政论坛，2000（6）：21-24.

郑晨.转移劳动力 让农民安居又乐业 [N].中国县域经济报，2012-3-8-013.

朱艳莉.乡村旅游的扶贫效率和驱动机制研究 [D].新疆大学学位论文，2018.

后 记

在当代中国，"三农"迎来了一个前所未有且无与伦比的新时代。

在中国，自清代学者写出《三农论》一书即提出"三农"概念以后，经历了数百年的历史发展，"三农"问题在 20 世纪 80 年代又获得了前所未有的重视，自 20 世纪 70 年代末改革开放以来的 40 多年时间里，中国共产党中央或国务院对"三农"主题出台的中央一号文件就达到了 23 个。其中在 1982—1986 年连续五年发布以农业、农村和农民为主题的中央一号文件（五连发），对农村改革、农民发展、农业农业做出具体部署，开创了中国"三农"工作的新阶段；2004—2021 年，更是连续十八年发布以农业、农村、农民"三农"为主题的中央一号文件，强调了"三农"问题在中国社会主义现代化发展中的"重中之重"的地位，开创了中国"三农"的新时代。仅从中央一号文件的重视层面就表明"三农"即将迎来了一个无比无与伦比的时代。

为了解决"三农"问题，不仅有 23 个中央的一号文件，而且还有国家的立法，如全国人大的立法《中华人民共和国乡村振兴促进法》（2021 年 4 月 29 日第十三届全国人民代表大会常务委员会第二十八次会议通过）、国务院的行政法规《国务院关于促进乡村产业振兴的指导意见（国发〔2019〕12 号）》《国家乡村振兴战略规划（2018—2022 年）》等，再加上汗牛充栋的地方性法规，配合着各种各样的"三农"政策，使整个中国"三农"问题的解决进入了一个"依法治三农，依法发展三农”的无与伦比的新时代。

在中国现代化思想的本土资源中，"三农"从来都没有"过去时"的感觉而始终是"进行时"，并充满"未来时"，即使是面向西方现代化的思想资源时，"三农"的"国脉民天"地位也未曾根本动摇。20 世纪上半叶"农化"与"工化"的争论本身即表明"三农"的历史地位与现实愿景，20 世纪 60 年代至 70 年代的"四个现代化"，农业也有其巩固的地位，只是到了 20 世纪 80 年代的改革开放以后，一些人醉心于西方的现代化理论，以城市化、市民化、工业化作为现代化的唯一模式，因而在行文的字里行间，"三农"成了暂时性，农民最终要"市民化"、"农民工"是"准市民"，农村要"城市化"，农业要"工业化"，但即使如此，党和国家的政治视野却始终是清晰明确的，中央的一号文件及众多的规范性文件，始终超越着传统的城市化、工业化、市民化思维，始终强调"三农"问题的长期性、永恒性，从而"三农"发展道路具有长期性；始终超越传统现代化思想对"三农"地位的功能性认识，坚持对中国"三农"地位的社会结构性认识，因而超越传统的"二元社会结构"认知，突出城乡融合发展的新的有边界的城乡社会结构论；由对农业农村现代化发展的战略性认识，发展到对农业农村现代化的道路性认识，坚持将"三农"问题作为全党工作的重中之重、总抓手，突出走乡村振兴道路，"全面实施乡村振兴战略，促进农业全面升级、农村全面进步、农民全面发展，加快农业农村现代化，全面建设社会主义现代化国"，所有这些都构成了一个对中国现代化发展道路的全新的认识，形成了中国式的全球性现代化背景下的现代化模式，使中国的"三农"发展进入无与伦比的新时代。

伴随着中国共产党人对中国现代化道路的认识，我们自身也获得了成长。生于偏远农村、学于大城武汉、干于革命老区、教于华中农大，这样的经历使我们对中国"三农"有了更深刻的生命体验。因此，我们在对中国现代化道路的认识中，早在 20 世纪 80 年代的农村实践中，就充分地认识到中国的大部分农村地区，不必要、不可能、不应该完全地城市化、市民化、工业化，认识到了不同地区的特殊的现代化道路，因而形成了我们独特的现代化观并始终相随于整个国家的现代化发展，在世界观上由"寰观"定型于"全球性现代化观"，在动力观上形成了第一生产力的文化转向观、全要素生产力观、大众文化观、文化国土观、产业文化化观，在现代化道路探索了形成了我们的"两条腿走路的农村就地现代化发展观"、多元现代化模式观，等等。正基于此，当我们"教于华中农大"时，即于 21 世纪初叶起强调中国农村的就地现代化道路的问题，并把 2006 年的"新农村建设"看成是国家对就现代化道路的清晰认知，于是我们连续发表论文加以论述，并始终对研究生加以强调。特别是在 2017 年中国共产党的第十九次全国代表大会上，中央提出了"乡村振兴战略"，后来又发展到"乡村振兴道路"，并特别地提出中国农业农村现代化的一些关键性的问题，都获得了明确的认知，如说"要牢牢地把饭碗端在中国人自己的手上"，要保证特别是城乡的基本边界和底线，要坚持小农户经营为基础的中国农村现代化主体建设等，也正是基于此，我们在这里将我们的探索汇集在一起，形成了一部《乡村振兴和农村就地现代化研究》著作。

本书共分三个部分：第一个部分属于文献综述性质的，描述的是学界对这一类问题的一些基本思考，分别由邓翔、黄登辉、史宇颖、李梦月、陈新明、郭津祐、马丹等同志完成。第二部分主要是理论探讨，是近年来我们思考所凝结成的一些代表性论文。第三部分则是我们的实践探索，主要是在我们现代烟草农业的实践中所做的探索。

我们以《乡村振兴和农村就地现代化研究》为书名，同样本着"道路而非著作"的精神，目的是为了为乡村振兴走好乡村振兴道路贡献我们自己的微薄力量，我们的核心理念即在《世界观与价值观：乡村振兴的就地现代化趋势探论》中。

作者 2021 年 5 月 25 日于双耕堂